Christian Kreiß

Profitwahn

Christian Kreiß

Profitwahn

Warum sich eine menschengerechtere Wirtschaft lohnt

Tectum Sachbuch

Christian Kreiß
Profitwahn
Warum sich eine menschengerechtere Wirtschaft lohnt

ISBN: 978-3-8288-3159-9

Umschlagabbildungen: fotolia.com © shyshka (Wassermotiv);
fotolia.com © Yuriy Panyukov (Haken)
Umschlaggestaltung: vogelsangdesign.de
Satz und Layout: Norman Rinkenberger | Tectum Verlag
Druck und Bindung: Finidr, Český Těšín
Gedruckt in der Tschechischen Republik

MIX
Papier aus verantwortungsvollen Quellen
FSC® C014138
FSC www.fsc.org

Besuchen Sie uns im Internet
www.tectum-verlag.de

Bibliografische Informationen der Deutschen Nationalbibliothek
Die Deutsche Nationalbibliothek verzeichnet diese Publikation in der Deutschen Nationalbibliografie; detaillierte bibliografische Angaben sind im Internet über http://dnb.ddb.de abrufbar.

Statements

Prof. Dr. Max Otte
(Erfolgsautor u.a. des Bestsellers *Der Crash kommt*)
»Äußerst kenntnis- und faktenreich beschreibt Christian Kreiß das Grundübel der modernen Wirtschaft: die extreme Ungleichverteilung des Vermögens. Diese hat mittlerweile Ausmaße angenommen, die mit Fug und Recht von einem neuen Adelsstand sprechen lassen – den Superreichen, der Plutokratie oder ‚Finanzoligarchie', wie sie der berühmte amerikanische Verfassungsrichter Louis Brandeis bereits 1912 identifiziert hatte, als wir eine ähnliche Ungleichverteilung hatten.
All dies geschieht im Namen der Marktwirtschaft oder des Kapitalismus, eines angeblich effizienten und fairen Systems. Kreiß weist nach, dass dieses System keinesfalls fair und stabil ist, sondern in vielen Bereichen krebsartige Tendenzen aufweist, die ungefähr alle 70 Jahre zu Krisen führen. Er befindet sich dabei in guter Gesellschaft: John Maynard Keynes oder John Kenneth Galbraith sehen dies ähnlich.
Die Lösung dieser Probleme wäre keine Utopie, wenn der politische Wille vorhanden wäre. Ein faires Steuersystem mit progressiver Besteuerung und einer signifikanten Erbschaftssteuer würde erheblich dazu beitragen, die Mängel des Systems zu beheben. Da waren wir in der alten Bundesrepublik schon einmal weiter, wie auch das Grundgesetz ‚Eigentum verpflichtet' und viele Länderverfassungen zeigen.
Es ist zu hoffen, dass das Buch viele Leserinnen und Leser findet.«

Matthias Weik/Marc Friedrich
(Erfolgsautoren des Wirtschafts-Bestsellers *Der größte Raubzug der Geschichte*)
»Christian Kreiß ist es mit seinem hervorragenden Buch gelungen, die Finanzblasen der Vergangenheit zu erörtern und einleuchtend zu erklären, warum es immer wieder crasht. Er zeigt aber auch wegweisende Alternativen auf, die wir in Zukunft implementieren müssten.«

Prof. Dr. Margrit Kennedy
(Gründerin von *Occupy Money*, Autorin u.a. des Erfolgsbuches *Geld ohne Inflation und Zinsen*)
»Dieses Buch bietet eine große Überraschung: Es ist einem Wirtschaftswissenschaftler endlich gelungen, sein Berufsfeld mit der nötigen Distanz und gleichzeitig Unvoreingenommenheit zu sehen, die ihm erlaubt, genau die Schwachstellen aufzudecken, die unsere Wirtschaft in den letzten Jahren immer deutlicher in den Abgrund führen, und darüber hinaus auch (noch) gangbare Wege aufzuzeigen, wie dies verhindert werden kann. Ein äußerst seltener Glücksfall! *Profitwahn* ist für Fachleute und Laien ein unverzichtbares und zukunftsweisendes Werk.«

Hans Well
(*Biermösl Blosn*)
»Es ist schon frappierend zu lesen, dass in der Wirtschaft solche Übertreibungen und Blasenbildungen schon immer da waren, immer wiederkehren und regelmäßig ungut ausgehen. Dieses Buch analysiert präzise die Zutaten für die jetzige (Euro-)Krise. Fach- und Sachbücher sind meist schon durch ihre Sprache einem Fachbuch-Publikum vorbehalten. Das Besondere an diesem Buch ist die Missachtung dieser Regel. Scheinbar komplizierte Zusammenhänge werden hierin auf eine auch Laien verständliche Art und Weise nachvollziehbar dargestellt. Dieses Buch erscheint genau zum richtigen Zeitpunkt. Die Auswirkungen einer sozial ungerechten Umverteilungs- und unsoliden Haushaltspolitik wird in einen logischen Zusammenhang zur ungesunden Blähung des Euro-Raumes gestellt. Fragen Sie bezüglich der Erkrankung unserer wirtschaftlichen und gesellschaftlichen Balance und wie diese therapiert werden kann lieber nicht ihren Arzt oder Apotheker, sondern lesen Sie dieses Buch!«

Prof. Dr. phil, Dr. rer. Pol. M.A. (Econ) Wolfgang Berger (Leiter Business Reframing Institute, ehem. Personalchef der Schering AG)

»Christian Kreiß deckt Wahrheiten auf, die für die Glaubenskrieger unangenehm sind: Unsere Finanz- und Eigentumsordnung führt zu extremem Reichtum auf der einen und zunehmender Armut auf der anderen Seite. Diese Entwicklung beschleunigt sich historisch etwa alle siebzig Jahre und endet immer in einer großen Krise – einem großen Krieg oder einer gewaltigen Katastrophe mit ähnlicher Zerstörungswirkung. Kreiß belegt diesen Zusammenhang mit historischen Fakten und aktuellen Zahlen.

Mit diesem Buch beweist der Wirtschaftswissenschaftler Christian Kreiß großen Mut. Er stellt sich gegen das Establishment seiner Zunft und widerlegt zentrale Glaubenssätze der ‚Mainstream-Ökonomen' – also derjenigen Fachkollegen, die über Berufungen auf gut dotierte Lehrstühle entscheiden, die die Regierungen der Welt beraten und deren Lehre der Öffentlichkeit von den Medien als ‚wissenschaftliche Wahrheit' verkauft wird.

Damit befindet er sich in der guten Gesellschaft mit einer Reihe anderer Außenseiter seines Fachs:

1. dem Nobelpreisträger George Stigler, der auf einen mathematischen Ableitungsfehler im Standardmodell der Volkswirtschaftslehre hingewiesen hat,
2. Steve Keen, der in seinem Buch *Debunking Economics* nachweist, dass die Aussagen über die positiven Effekte der Globalisierung sich nach der Korrektur dieses Fehlers in ihr Gegenteil verkehren,
3. Jürgen Kremer, der in seinem Buch *Grundlagen der Ökonomie* zeigt, dass es in der Standard-Volkswirtschaftslehre (die er nicht als Wissenschaft, sondern als „Ideologie" sieht) kein Modell eines langfristig stabilen Wirtschaftssystems gibt.

Es ist zu befürchten, dass Christian Kreiß – gerade weil das, was er nachweist, für das Establishment unangenehm ist – das Schicksal seiner ‚Vorgänger' teilen muss: Totgeschwiegen zu werden.

Die Realwirtschaft sichert unsere materiellen Lebensgrundlagen. Die Finanzwirtschaft macht aus Geld mehr Geld. Eine extreme Vermögenskonzentration koppelt Geldvermögen von der Realwirtschaft ab und zerbricht den gesellschaftlichen Zusammenhalt. Die

Finanzwirtschaft ist längst mächtiger als die Politik. Es besteht die Gefahr, dass sie die Realwirtschaft mit in den Abgrund zieht und den gesellschaftlichen Frieden zerstört. Kreiß präsentiert die Fakten und weist auf Zusammenhänge hin, die erst wenige sehen. Eine Pflichtlektüre für jeden, der seinen Kindern und Enkeln eine lebenswerte Welt hinterlassen will.«

Vorwort

Massenarbeitslosigkeit in Spanien und Griechenland, neue Höchststände der Arbeitslosigkeit und schwache Wirtschaftslage im Euroraum. Labile Wirtschaftsentwicklung und hohe verdeckte Arbeitslosigkeit in den USA, Japan kämpft seit Jahren mit Stagnation und Deflation. Die 2007 ausgebrochene weltweite Finanz- und Wirtschaftskrise will und will in den Industrieländern nicht aufhören, obwohl die wichtigsten Notenbanken der Welt frisches Geld in nie dagewesenem Ausmaß drucken, obwohl die meisten Regierungen der Welt weit mehr ausgeben als sie einnehmen und dadurch die Wirtschaft stützen. Ohne diese historisch einzigartigen Stützungsmaßnahmen befände sich die Weltwirtschaft vermutlich schon längst in einer großen Depression.

Warum will die Krise einfach nicht aufhören?

Im vorliegenden Buch wird dafür ein Erklärungsansatz geliefert, den es in der gängigen Ökonomietheorie nicht gibt: Wir befinden uns derzeit in der Schlussphase eines langen, mächtigen, knapp 70-jährigen Wachstumszyklus, der sich nun mit innerer, eiserner Notwendigkeit seinem Ende zuneigt.

Solange wir die Kräfte und Prozesse, die diesen 70-jährigen Zyklen zugrunde liegen nicht erkennen, können wir auch wenig dagegen tun. Zweck des vorliegenden Buches ist daher, diese in der Geschichte unerbittlich wirksamen Mächte und Prozesse aufzuzeigen und damit eine Diagnose für die derzeitigen Krankheitszustände in großen Teilen der Weltwirtschaft zu liefern. Denn ohne richtige Diagnose keine richtige Therapie.

Ändert sich die Einsicht in die bestehenden Kräfte und Prozesse, ändern sich die ökonomischen und gesellschaftlichen Denkansätze und damit die gesellschaftlichen Weichenstellungen, so lassen sich neue, menschliche Wege in eine menschen-, tier- und umweltgerechte Zukunft beschreiten. Hierzu möchte das vorliegende Buch beitragen.

Unsere sozialen und ökonomischen Zustände sind nicht das notwendige Resultat von anonymen Marktgesetzen, sondern die Ergebnisse von Regeln und Gesetzen, die Menschen gemacht haben. Unsere sozialen Gegebenheiten sind nicht die Folge von Naturgesetzen, sondern von Menschengesetzen. Wir können diese Regeln und Gesetze jederzeit in Richtung mehr Menschlichkeit ändern. Die Zukunft liegt in unserer Hand.

Aalen, April 2013

Inhalt

1 Die Botschaft des Buches

Unsere Wirtschaftsordnung führt dazu, dass sich etwa alle 70 Jahre periodisch wiederkehrende Blasen bilden, die schmerzlich bereinigt werden müssen, sei es über Wirtschafts- und Finanzkrisen, die Elend und Not mit sich bringen, oder zerstörerische Prozesse wie Aufruhr, Chaos, Bürgerkrieg oder sogar Krieg. Auch die derzeitige Finanz- und Wirtschaftskrise ist das Ergebnis ungehemmter, unhaltbarer, krebsartiger Akkumulationsprozesse der letzten knapp 70 Jahre seit 1945, die nun zu einer Bereinigung drängen:

Ungleichverteilung und ökonomische Machtkonzentration nahmen im Zuge dieser Akkumulationsprozesse in den letzten Jahrzehnten weltweit kontinuierlich zu. Kapital konzentriert sich seit mehr als einer Generation in immer weniger Händen, viele Länder bewegen sich hin zu einer Plutokratie, der Geldherrschaft von wenigen Menschen über die große Mehrheit der Bevölkerung. Enorme Fehllenkungen von Kapital- und Güterströmen weltweit, krebsartige Strukturen sowie eine kommende dramatische und sehr schmerzhafte Bereinigung dieser traurigen Missstände mit sozialen und politischen Erschütterungen sind die Folgen dieser Entwicklungen.

In Artikel 151 der Bayerischen Verfassung heißt es: „Alle wirtschaftliche Tätigkeit dient dem Gemeinwohl" doch unsere Wirtschaftsordnung hat schon lange nichts mehr mit dem Gemeinwohl zu tun. Es sollen daher – nach einer ausführlichen Analyse der bestehenden Fehlentwicklungen – Wege zu gesellschaftlichen Rahmenbedingungen aufgezeigt werden, die Mensch und Umwelt gerecht werden, Maßnahmen, die zu Chancengleichheit und einer wirklich freiheitlichen Gesellschaftsordnung führen können, sowie Weichenstellungen, die ein menschenwürdiges Dasein und echte Demokratie ermöglichen.

Jetzt hätten wir die Gelegenheit, durch die konkrete Einführung vermögensumverteilender Maßnahmen auf friedlichem Wege einen wirtschaftlichen Zusammenbruch, der nach der obengenannten 70-Jahre-Regel nun kurz bevorzustehen scheint, zu vermeiden. Dies wäre auch im Sinne der vermögendsten Schichten, da sie bei einer geordneten Vermögensumverteilung weniger Einbußen hinnehmen müssten als durch eine große Depression, soziale Unruhen oder gar Kriege.

2 Der Grund für die Misere: Unsere Eigentumsordnung

»Ich für meinen Teil glaube, dass es eine soziale und psychologische Rechtfertigung für die signifikante Ungleichverteilung von Einkommen und Wohlstand gibt – allerdings nicht für derart große Missverhältnisse, wie sie heute existieren.«

John Maynard Keynes, britischer Ökonom[1]

Ungehemmte Vermögenskonzentration ist ganz legal

Unsere Eigentumsordnung – sowie die fast aller anderen Länder – erlaubt mengenmäßig und zeitlich unbegrenztes Eigentum an den drei Hauptvermögensarten 1. Grund und Boden mit den darauf befindlichen Immobilien, 2. Produktionsvermögen (Eigentum an Unternehmen in Form von Aktien oder anderen Unternehmensanteilen) sowie 3. Geldvermögen.[2]

Dadurch können sogenannte *Ultra High Net Worth* (UHNW) *Households* entstehen, also superreiche Haushalte mit einem Nettovermögen von über 100 Mio. US-Dollar. Es gibt weltweit etwa 9.000 solcher Haushalte (entsprechend etwa 0,0005 % aller Menschen auf der Erde), auf die, global gesehen, etwa 8 % des Weltvermögens entfallen.[3]

Was bedeutet nun mengenmäßig und zeitlich unbeschränktes Eigentum?

39 % des weltweiten Vermögens befinden sich in den Händen von lediglich 0,9 % der Weltbevölkerung

Einzelne Bürger können Verfügungsgewalt über Ressourcen in Form von Geld, Produktionsanlagen, Grund und Boden in beliebiger Höhe und ohne jegliche Rechtsgrenzen anhäufen und dadurch beliebig große ökonomische Macht erringen. Und in der Tat ist die ökonomische Verfügungsgewalt über Ressourcen weltweit äußerst ungleich verteilt. Eine sehr kleine Gruppe von Menschen verfügt über die weitaus größten Teile der weltweiten Ressourcen.[4]

Der deutsche Boden ist in Händen von 11 % der Bevölkerung

Beispielsweise kann Grund und Boden mit den gegebenenfalls darauf befindlichen Immobilien – wie Wohnhäuser oder Gewerbeimmobilien – von einzelnen Menschen in beliebiger Höhe erworben werden. Es gibt keinerlei rechtliche Beschränkungen für Großgrundbesitz landwirtschaftlichen oder anderweitig genutzten Bodens. Einzelne Menschen können tausende Hektar Ackerboden oder zehntausende von Wohnungen besitzen. Tatsächlich befindet sich der größte Teil des deutschen Bodens in Händen von etwa einem Zehntel der Bevölkerung.[5] Gleiches gilt für Unternehmensanteile: einzelne Menschen können Millionen, ja Milliarden von Aktien oder andere Anteile an verschiedenen Unternehmen besitzen. Die gesamten deutschen Unternehmen, soweit sie in Besitz von Inländern sind, gehören ebenfalls etwa einem Zehntel der deutschen Bevölkerung.[6] Dasselbe gilt für Eigentum an Geldvermögen wie Staatsanleihen, Unternehmensanleihen oder Bankeinlagen, die ebenfalls sehr ungleich verteilt sind.[7] Für alle Arten von Vermögen gibt es keinerlei rechtliche mengenmäßige Eigentumsbeschränkungen.

Die unentgeltliche Weitergabe von Eigentum an natürliche Personen, insbesondere die eigenen Kinder, in Form von Schenkungen oder Vererbung abzüglich Erbschafts- oder Schenkungssteuer, ist in fast allen Ländern der Erde in beliebiger Höhe rechtlich erlaubt,[8] so dass auch zeitlich aus Familien- bzw. Sippensicht der Verfügungsgewalt über Eigentum keinerlei rechtliche Grenzen gesetzt sind.

2.1 Zur Anschauung: Grund und Boden

Ein stark vereinfachtes Grundmodell kann aufzeigen, wie bei einer bestehenden anfänglichen Ungleichverteilung ein Trend zu immer stärkerer Ungleichverteilung existiert. Die unten stehende Tabelle soll als Ausgangsbasis für ein stark vereinfachtes Modell zu unserer Eigentumsordnung an Grund und Boden dienen:

Knapp 60 % der Deutschen wohnen zur Miete

Fünf Familien wohnen in fünf Häusern. Die Familien 3 bis 5 sind nicht Eigentümer ihrer Häuser, sondern bewohnen sie zur Miete. Die Häuser befinden sich im Eigentum der Familien 1 und 2, wobei

Familie 1 vier Häuser besitzt und Familie 2 eines, dasjenige, das sie selbst bewohnt. Diese Eigentumsverteilung an Häusern gibt sehr grob die tatsächliche Eigentümerstruktur in Deutschland wieder: Bei uns wohnen ca. 60 % der Menschen zur Miete, die Eigenheimquote liegt bei etwa 40 %[9] und damit deutlich unter dem Durchschnitt anderer OECD-Länder.

Familie	Häuser	Arbeitseinkommen	Miete	Nettoeinkommen	Konsumausgaben	Ersparnisbildung
1	4	1.000	+900	1.900	1.300	600
2	1	1.000	0	1.000	800	200
3	0	1.000	-300	700	630	70
4	0	1.000	-300	700	660	40
5	0	1.000	-300	700	690	10

In der Tabelle wird stark vereinfacht unterstellt, dass alle fünf Familien ein Arbeitseinkommen von 1.000 Einheiten pro Jahr erzielen. Die Miete betrage 30 % des Einkommens, was für einen großen Teil der Haushalte tatsächlich zutrifft.[10] Dadurch, dass die Familien 3 bis 5 in Wohnungen leben, die Familie 1 gehören, fließen die Mietzahlungen von diesen drei Familien an die Familie 1. Familien 3 bis 5 haben dadurch nur noch ein Nettoeinkommen von 700, Familie 1 dagegen ein Nettoeinkommen von 1.900.[11]

Unterstellt man, dass wohlhabendere Haushalte eine höhere Sparquote haben, wofür es zahlreiche empirische Belege gibt,[12] so zeigt sich, dass Familie 1 im obigen Modell pro Zeiteinheit etwa 600 Geldeinheiten sparen kann. Familie 2, die weder vermietet noch selbst mietet, könnte demnach etwa 200 Geldeinheiten pro Jahr sparen, die Familien 3 bis 5 hingegen deutlich weniger, etwa zwischen 10 und 70 Geldeinheiten pro Jahr, obwohl für diese deutlich geringere Konsumausgaben angenommen werden. Durch die höhere Ersparnisbildung wird im Laufe der Zeit ein immer höheres Vermögen von Familie 1 kumuliert, die Ungleichverteilung nimmt strukturell zwingend immer mehr zu.

Natürlich gibt es individuelle menschliche Unterschiede, so dass die zunehmende Ungleichverteilung nicht zwangsweise auf alle einzelnen Familien zutreffen muss. Manche wohlhabenden Menschen verausgaben trotz hoher Einkommen möglicherweise mehr, als sie einnehmen, und verarmen. Manche sehr sparsam lebende Familie mit geringem Einkommen baut sich im Laufe ihres Lebens ein kleines oder größeres Vermögen auf. Aber strukturell wirken starke ökonomische Kräfte auf einen Trend hin zu ständig steigender Ungleichverteilung. Zahlungen für Bodeneigentum stellen ökonomisch betrachtet sogenannte „Renteneinkommen" dar, das heißt Zahlungen, denen keine ökonomische Gegenleistung in Form von Arbeitsleistung gegenübersteht.[13]

2.2 Vermögen kommt zu Vermögen

»Die Privatvermögen in Deutschland sind sehr ungleich verteilt. So verfügen die Haushalte in der unteren Hälfte der Verteilung nur über gut ein Prozent des gesamten Nettovermögens, während die vermögensstärksten zehn Prozent der Haushalte über die Hälfte des gesamten Nettovermögens auf sich vereinigen.«

4. Armuts- und Reichtumsbericht der deutschen Bundesregierung[15]

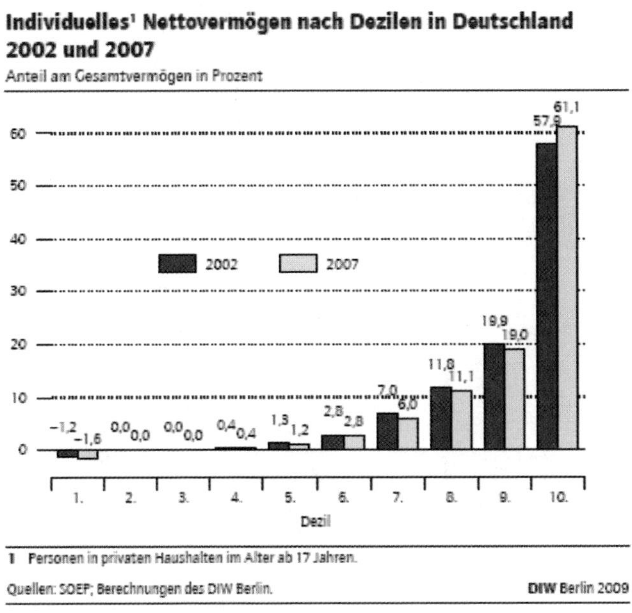

Obiges Schaubild[16] zeigt die Vermögensverteilung in Deutschland in den Jahren 2002 und 2007. Demnach hatten die reichsten 10 % der deutschen Haushalte („10. Dezil") 2007 etwa 61 % des deutschen Nettovermögens (Vermögen abzüglich Schulden). Die ärmsten 10 % der deutschen Haushalte hatten hingegen netto Schulden,

Die unteren 50 % in Deutschland besitzen kein Vermögen

die 1,6 % des Gesamtvermögens entsprechen. **Die unteren 50 % der deutschen Haushalte zusammengenommen**, also gut 40 Mio. Menschen, hatten demnach 2007 **netto praktisch kein Vermögen**. Die oberen 20 % der Deutschen, also knapp 8 Mio. Menschen, hatten gut 80 % des Gesamtvermögens. Die Ungleichverteilung hat sich dabei laut DIW von 2002 bis 2007 verstärkt.[17]

Im 4. Armuts- und Reichtumsbericht der Bundesregierung vom September 2012 heißt es zu der Vermögensverteilung wörtlich:

Die unteren 50 % der deutschen Bevölkerung besitzen 1 % des Vermögens

> „Die Privatvermögen in Deutschland sind sehr ungleich verteilt. So verfügen die Haushalte in der unteren Hälfte der Verteilung nur über gut ein Prozent des gesamten Nettovermögens, während die vermögensstärksten zehn Prozent der Haushalte über die Hälfte des gesamten Nettovermögens auf sich vereinigen. Der Anteil des obersten Dezils ist dabei im Zeitverlauf immer weiter angestiegen."[18]

Das nachfolgende Schaubild[19] zeigt diesen Tatbestand sowie die Entwicklung von 1998 bis 2008 auf.

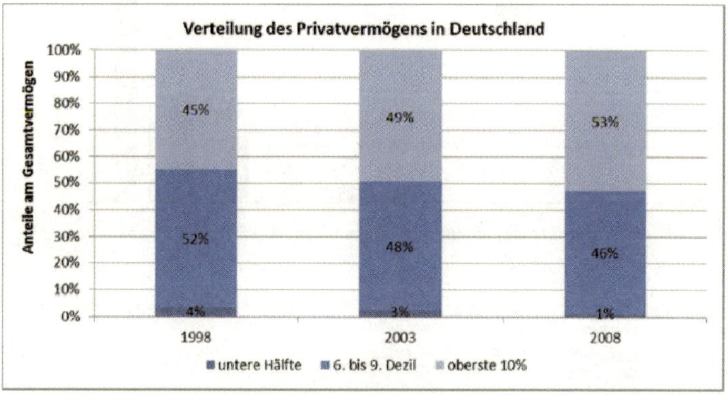

Praktisch alle Vermögensarten bringen Ertrag: Für Eigentum an Grund und Boden bzw. Immobilien erhält man Pachten oder Mieten, Unternehmensanteile erzielen Dividenden oder Ausschüttungen bzw. ermöglichen Entnahmen, Geldvermögen erzielt Zinserträge. Diese Einkünfte stellen Renten dar, also Einnahmen, denen keine Arbeitsleistung gegenübersteht. Der Sachverständigenrat der deutschen Wirtschaft (die „5 Weisen") beziffert die bereinigte Höhe dieser „Nicht-Arbeits-Einkommenszuflüsse" oder Rentiereinkommen für die Jahre 2006 bis 2008 auf durchschnittlich 27,9 % des Volkseinkommens bzw. € 518 Mrd. pro Jahr bei einem durchschnittlichen Volkseinkommen von € 1.860 Mrd. pro Jahr in diesen drei Jahren. Bezogen auf die Konsumausgaben der privaten Haushalte von durchschnittlich 1.361 Mrd. Euro in diesen drei Jahren beträgt die Abgabenquote der privaten Haushalte an die Rentiers 38,1 %. Häufig wird hierfür auch verkürzt der Ausdruck „Zinsanteil" in den Produkten genannt. Tatsächlich ist damit der Anteil des Produktpreises aller privaten Konsumausgaben gemeint, der auf die Kapitalkosten entfällt.[20]

Die Nicht-Arbeits-Einkommen in Deutschland betragen gut 500 Mrd. Euro pro Jahr

»Und er [der Zins nimmt] leidet darüber keine Gefahr, weder an Leib, noch an Ware; er arbeitet nicht, sondern er sitzt hinter dem Ofen und brät Äpfel.«

Martin Luther[21]

Wem fließen diese € 518 Mrd. pro Jahr zu? Der größte Teil davon, nämlich 80 %, fließt den oberen 20 % der deutschen Haushalte zu, da diese gut 80 % des deutschen Nettovermögens besitzen, wie das obige Schaubild veranschaulicht. Also flossen etwa **€ 415 Mrd. pro Jahr** im Durchschnitt der Jahre 2006 bis 2008 in Form von **Nicht-Arbeits-Einkommen** an die wohlhabendsten 20 % der deutschen Haushalte. Man könnte in diesem Zusammenhang von einer – den meisten Menschen nicht bewussten – „Reichen-Steuer" sprechen: Die wohlhabenden Haushalte erhalten vom erwirtschafteten Sozialprodukt vorab ohne Arbeitsleistung einen Anteil von über 25 % von den weniger wohlhabenden Haushalten. Solange diese „Reichen-Steuer" greift, wird sich zwangsläufig die Ungleichverteilung weiter erhöhen. Wie sie abgeschafft werden kann schildert der hintere Teil des Buches.

Die Umverteilung von unten nach oben erfolgt automatisch

Wie kommen diese Nicht-Arbeits-Einkommens-Umverteilungsflüsse bzw. Rentenzuflüsse konkret zustande? Außer durch die soeben erwähnten Boden- bzw. Mietrenten geschieht dies etwa durch folgende tagtäglich stattfindende ökonomische Transaktionen.

2.3 Zur Anschauung: Brot

Jeder von uns zahlt Zins, auch wenn er gar keinen Kredit aufgenommen hat

Jedes Produkt, das wir kaufen, enthält Kapital- und Arbeitsanteile. Man kann dies am Beispiel von Brot verdeutlichen. Um das Korn für Brot zu ernten, benötigt man Boden, Kapital (Saatgut, Traktor, Dünger etc.) und Arbeitskraft (den Landwirt, der sät, pflegt und erntet). Für den Boden muss Pacht gezahlt werden, falls der Boden dem Landwirt nicht selbst gehört. Gehört der Boden dem Landwirt, so muss er dafür kalkulatorische Kosten in Höhe der Pacht ansetzen. Für die eingesetzten Maschinen muss der Landwirt entweder Zinsen zahlen, falls die Maschinen fremdfinanziert sind oder bei Eigenfinanzierung kalkulatorische Eigenkapitalkosten ansetzen. So ruht auf jedem geernteten Korn eine bestimmte Summe von Kapitalkosten bzw. Kapitalentgelt in Form von kalkulatorischen oder tatsächlichen Kosten für Pachten, Zinsen und Eigenkapital.

Gleiches gilt für den Mahlvorgang: Die Mühle, die das Korn mahlt, steht auf Grund und Boden, für den kalkulatorische oder tatsächliche Pacht entrichtet werden muss. Die Getreidemühle selbst stellt ein Kapitalgut dar, für das kalkulatorische oder tatsächliche Zinsen und/oder Eigenkapitalrendite gezahlt werden muss.

Beim Bäcker wiederholt sich der Vorgang erneut: Die Bäckerei steht auf Grund und Boden, benötigt Kapital in Form von Backöfen, Inneneinrichtung, Vorräte etc., wofür wiederum Pacht und Kapitaldienst entrichtet werden müssen.

In Summe enthält also der Brotpreis einen bestimmten Anteil von Kapitalvergütung. Für jeden Laib Brot, für jede Semmel, die wir kaufen, entrichten wir eine bestimme Summe Geldes an diejenigen Eigentümer, deren Boden und Kapital am Produktionsprozess beteiligt sind, ohne dass diese Menschen durch Arbeit zum Produktionsprozess beitragen.

Im Durchschnitt ruhen für alle Produkte und Dienstleistungen, die in Deutschland gekauft werden, nach Berechnungen von Helmut Creutz brutto etwa 35 % Kapitalanteil,[22] die zu 80 % an die oberen 20 % der deutschen Haushalte fließen. Da auch die oberen 20 % der Haushalte Güter und Dienstleistungen konsumieren, fließt netto – als reiner Umverteilungsfluss – ein geringerer Betrag, nämlich die vom Sachverständigenrat errechneten etwa € 415 Mrd. pro Jahr ohne Arbeitsleistung an die wohlhabendsten 20 % der Bundesbürger.[23]

Jedes Jahr bekommen die wohlhabendsten 20 % in Deutschland wie von unsichtbarer Hand gut 415 Mrd. Euro von den unteren 80 % der Bevölkerung

Kleiner Exkurs: Geplante Obsoleszenz

Unter „geplantem Verschleiß“ oder „geplanter Obsoleszenz“ wird der geplante, vorzeitige Verschleiß von Produkten, die eigentlich viel länger halten könnten, verstanden. Das heißt, wir Konsumenten müssen Produkte öfter kaufen, als eigentlich nötig. Verteilungspolitisch stellt geplante Obsoleszenz eine Art Verbrauchssteuer für alle Endverbraucher dar. Die Unternehmen, die diese Produktpolitik verfolgen, erzielen hierdurch höhere Gewinne. Der Gewinn aus dieser „Steuer“ fließt den Eigentümern von Unternehmen, also beispielsweise den Aktionären von Großunternehmen zu. **Unter Verteilungsgesichtspunkten stellt also geplante Obsoleszenz eine Umverteilung von allen Endverbrauchern zu der vergleichsweise kleinen Gruppe der Aktionäre von Großunternehmen dar**. Der Kaufkraftentzug bei uns Endverbrauchern durch diese Unternehmensstrategie dürfte deutschlandweit eine Größenordnung von etwa 100 Mrd. Euro pro Jahr haben.[14]

Durch verwerfliche, Ressourcen verschwendende Lebenszeitverkürzung Mehrabsatz und höhere Gewinne!?!

2.4 Geld kommt zu Geld

Zur Verdeutlichung der Problematik sei hier die Geschichte vom „Josephspfennig“ erwähnt: Wenn im Jahre 1 unserer Zeitrechnung bei der Flucht nach Ägypten von Maria und Joseph ein Pfennig zu einem Zinssatz von 4 % angelegt worden wäre, so wäre daraus bis zum Jahre 1750 über Zins und Zinseszins ein Geldbetrag im Wert von einer Erdkugel aus Gold geworden. Bis zum Jahr 1990 wären

Die Geschichte vom *Josephspfennig*

daraus 890 solche Kugeln geworden.[24] Es ist offensichtlich, dass eine solche Kapitalvermehrung nur zu Lasten anderer Menschen möglich ist. Alle Arten von Zinseszins führen im Verlauf langer Zeiträume über die Exponentialfunktion zu explosionsartigem Wachstum, das durch die reale Wirtschaft nicht gedeckt werden kann.

Hierbei handelt es sich um eine Systemfrage, nicht um die Frage, ob einzelne besonders wohlhabende Menschen ihr Vermögen mehr oder weniger professionell selbst verwalten oder gegebenenfalls auch durch Fehlinvestitionen oder einen luxuriösen Lebensstil verlieren. Ein großer Teil der weltweiten Vermögen wird heute durch hochintelligente, professionelle Vermögensmanager, z. B. von Investmentbanken, verwaltet,[25] so dass sich Eigentum und Verwaltung von Kapital zunehmend trennen und zu immer mehr anonymisierten Kapitalentscheidungen führen.

122.800 Mrd. $ professionell verwaltete Vermögen weltweit

Durch die Professionalisierung der Vermögensverwaltung[26] während der letzten etwa 30 Jahre wurden die großen Vermögen immer effizienter gemanaged, während sich viele Kleinanleger und Sparer nicht zuletzt aus Unkenntnis häufig mit geringen Einlagezinsen zufrieden geben. Dadurch erzielen die professionell verwalteten Vermögen in der Regel höhere Renditen zu Lasten der Kleinanleger, was wiederum die Ungleichverteilung von Vermögen verstärkt. So erhöhte sich beispielsweise im Jahr 2011 das Vermögen der besonders reichen Haushalte (Haushalte mit einem Nettovermögen von über $ 100 Mio.) mit einer Wachstumsrate von 3,6 %, während die durchschnittliche Wachstumsrate aller Vermögen lediglich 1,7 % betrug.[27] Dies – sowie insbesondere unterschiedliches Konsum- und Sparverhalten der einzelnen Menschen – führt dazu, dass selbst dann, wenn die Realzinsen nicht über der realen Wachstumsrate des Sozialproduktes liegen, die Ungleichverteilung der Vermögen strukturell zunehmen muss.

2.5 Ein Blick in die Geschichte: Altes Testament

Bereits im Alten Testament wurde erkannt, dass eine Eigentumsordnung, die den unbegrenzten Erwerb von Vermögen durch einzelne Menschen erlaubt, zwangsweise zu immer stärkerer Ungleichverteilung und schließlich zu einer Gefährdung des sozialen Friedens bzw. der sozialen Ordnung überhaupt führt. U. a. deshalb wurde in 3. Mose 25[28] das sogenannte große Erlassjahr alle 50 Jahre eingeführt:

3. Mose 25:

> „Und ihr sollt das fünfzigste Jahr heiligen und sollt eine Freilassung ausrufen im Lande für alle, die darin wohnen; es soll ein Erlassjahr für euch sein. Da soll ein jeder bei euch wieder zu seiner Habe kommen und zu seiner Sippe kommen. Als Erlassjahr soll das fünfzigste Jahr euch gelten. [...] Das ist das Erlassjahr, da jedermann wieder zu dem Seinigen kommen soll. [...] Darum sollt ihr das Land nicht verkaufen für immer; denn das Land ist mein und ihr seid Fremdlinge und Beisassen bei mir. Und bei all eurem Grundbesitz sollt ihr für das Land die Einlösung gewähren."

Das *Große Erlassjahr* im alten Israel gab es alle 50 Jahre

Ähnliche Regelungen finden sich in 5. Mose und Nehemia.[29] Offensichtlich wurden diese Gesetze auch umgesetzt und angewandt.[30] So führte etwa Nehemia, um 440 v. Chr. jüdischer Statthalter in Judäa, Schuldenstreichungen durch und setzte Obergrenzen für Zinsen fest.[31]

Der tiefere Sinn dieser Regelungen liegt auf der Hand: Um den sozialen Frieden bzw. die Aufrechterhaltung der sozialen Ordnung zu gewährleisten, muss ein gewisses Mindestmaß an Gleichverteilung oder Vermögens-Obergrenzen für das individuelle Eigentum existieren. Ansonsten wird durch die oben aufgezeigten Umverteilungsflüsse über einen Zeitraum von vielleicht zwei bis drei Generationen die Gesellschaftsordnung gefährdet.

Back to Mesopotamia?

Im alten Mesopotamien um 2.400 v. Chr. und bei den Sumerern waren offenbar ähnliche Mechanismen des Schuldenerlasses gängig: „Dieses System [der Überschuldung der Bauern] wirkte sich so aus, dass es die Gesellschaft oft zu zerreißen drohte. Fiel die Ernte einmal schlecht aus, geriet ein Großteil der Bauern in Schuldknechtschaft; Familien zerbrachen. […] Angesichts der Gefahr eines vollkommenen Zerfalls der Gesellschaft verkündeten die sumerischen und später die babylonischen Könige in regelmäßigen Abständen Generalamnestien. […] Solche Dekrete erklärten üblicherweise ausstehende Konsumentenschulden für null und nichtig (geschäftliche Schulden waren nicht tangiert), gaben alles Land den ursprünglichen Besitzern zurück und erlaubten allen Schuldknechten, zu ihren Familien zurückzukehren."[32]

Graeber weist darauf hin, dass „in den letzten 5.000 Jahren mit bemerkenswerter Regelmäßigkeit Volksaufstände auf gleiche Weise begonnen [haben]: mit der rituellen Zerstörung von Schuldverzeichnissen – Tafeln, Papyrusrollen, Kontobüchern, wo immer die Schulden zu einer bestimmten Zeit an einem bestimmten Ort verzeichnet waren." So hätten alle revolutionären Bewegungen in der Antike ein einziges Programm gehabt: „Streicht alle Schulden und verteilt das Land neu."[33] Die Geschichte ist voll mit Beispielen von Forderungen nach gerechter Neuverteilung des Landes.

Es stellt sich die Frage: Warum nur lernen wir nicht aus der Geschichte?

2.6 Krebsgeschwür Vermögenswachstum: Die Wellen wiederkehrender Blasen und Zusammenbrüche

»Eine Bakterienkultur kann nur für eine gewisse Zeit exponentiell wachsen, aber irgendwann reicht der Nährstoff nicht mehr und sie bricht zusammen.«

Dr. Alexander Dibelius,
Chef von Goldman Sachs Deutschland[34]

Vermögen, das sich ohne Arbeitsleistung durch den Zinseszinseffekt ungehemmt immer weiter vermehrt, stellt einen sozialen, wirtschaftlichen und ökologischen Sprengstoff dar: sozial, weil dadurch die Ungleichverteilung gemäß den oben geschilderten Umverteilungsprozessen immer stärker wird; ökonomisch, weil es zu periodisch wiederkehrenden Überinvestitionskrisen etwa alle 70 Jahre führt; ökologisch, weil die natürlichen Ressourcen mit diesem Wachstum auf Dauer nicht Schritt halten können: Unterstellt man einen Nominalzins von 7 % pro Jahr, so bedeutet dies eine Verdoppelung des eingesetzten Vermögens nach etwa elf Jahren. Nach 70 Jahren würde das Vermögen auf über das 100-Fache (exakt: das 106,5-Fache) anwachsen. Spätestens zu diesem Zeitpunkt dürfte die Situation sozialpolitisch kritisch werden. In den 30 Jahren bis Ausbruch der Finanzkrise 2007 wurde laut Wall Street Journal eine reale, inflationsbereinigte Durchschnittsrendite von 8 % pro Jahr auf das eingesetzte Kapital durch professionelle Vermögensverwalter erzielt. Das bedeutet, dass sich in diesen 30 Jahren die Vermögen real verneunfacht haben.

Bakterien und Krebszellen wachsen exponentiell

Exponentiell wachsende Vermögen gleichen einer Bakterien- oder Vireninfektion. Bakterien und Viren wachsen im Körper vor Ausbruch der Krankheit eine gewisse Zeit exponentiell. Erst wenn eine gewisse biologische Schwelle erreicht ist, wird die Krankheit manifest und bricht auch äußerlich aus. Ähnlich verhält es sich bei Krebsgeschwüren. Dort vermehren sich einzelne Zellgruppen während gewisser Zeiträume exponentiell, bevor die Krankheit offen zutage tritt. In dem Moment, wo die Krankheit offen ausbricht, ist es oft zu spät. Eine wirksame Prophylaxe, wirksame Gegenmaßnahmen sollten im Vorfeld der Krankheit, also frühzeitig, ergriffen werden. Krebs in fortgeschrittenem Zustand ist häufig tödlich. Der Arzt und Chef von Goldman Sachs Deutschland, Dr. Alexander Dibelius, sieht das ähnlich, aber sein Fokus liegt darauf, wie man den Nährboden möglichst lange ausnutzen kann: „Eine Bakterienkultur kann nur für eine gewisse Zeit exponentiell wachsen, aber irgendwann reicht der Nährstoff nicht mehr und sie bricht zusammen."

Auch Warren Buffett greift das Phänomen der exponentiellen Vermehrung von Bakterien auf:

> „Carl Sagan hat dieses Phänomen unterhaltsam beschrieben, als er über das Schicksal von Bakterien sinnierte, die sich alle 15 Minuten durch Teilung vermehren. Sagan sagt: »Das bedeutet vier Verdoppelungen pro Stunde und 96 pro Tag. Obwohl eine Bakterie nur rund ein Billionstel Gramm wiegt, werden ihre Nachkommen nach einem Tag [...] so viel wie ein Berg wiegen [...] in zwei Tagen mehr als die Sonne – und binnen kurzem wird das ganze Universum aus Bakterien bestehen.« Kein Grund zur Sorge, sagt Sagan: »Es gibt immer Hindernisse, die diese Art von exponentiellem Wachstum vereiteln. Den Bazillen geht die Nahrung aus, oder sie vergiften einander oder sie schämen sich, sich öffentlich zu vermehren.«"[35]

Vermögen und Schulden wachsen krebsartig

Ähnlich verhält es sich im sozialen Organismus. Die oben geschilderten ungehemmten und unbeschränkten – und daher in der Endphase krebsartigen – Wachstumsmechanismen (man denke an obige Beispiele von Semmel, Mieten, Josephspfennig) laufen lange Zeit weitgehend unbemerkt unter der Oberfläche des sozialen Geschehens ab, nehmen im Zeitverlauf aufgrund der Exponentialfunktion eine immer größere Wucht an und brechen schließlich unübersehbar im sozialen Leben auf, wie es seit 2007 geschieht und weiter geschehen wird. Auch hier wäre es sehr viel klüger gewesen, frühzeitig prophylaktisch, vorbeugend einzugreifen, anstatt das Ausbrechen der Krankheit 2007 abzuwarten, die auch weiterhin andauert. Solange nicht an die Ursachen des Phänomens, besser: der Krankheit gegangen wird, wird sich auch die derzeitige Finanz- und Wirtschaftskrise nicht bessern oder lösen lassen. Im Gegenteil: Solange man nicht die oben angesprochenen Ursachen bearbeitet, kann sich die derzeitige Krise nur weiter verschlimmern.

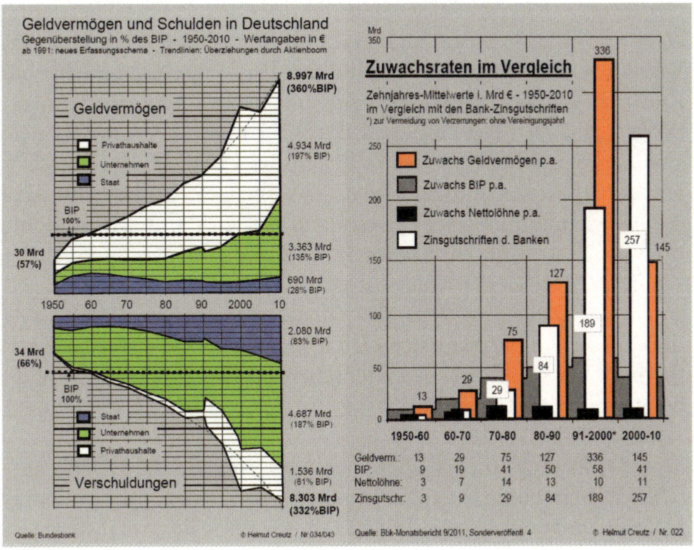

Wie die Prozesse konkret ablaufen, kann man gut am Schaubild links[36] von Helmut Creutz *Geldvermögen und Schulden in Deutschland* sehen. Das Bild zeigt, dass sowohl die Geldvermögen, unter die hier auch Anteile an Unternehmen gerechnet werden, wie auch die Schulden 1950 jeweils deutlich unter 70 % des BIP lagen. Im Laufe der Zeit stiegen beide Größen deutlich stärker als das Wachstum des realen BIP. Sie wuchsen über weite Strecken exponentiell, wie das Schaubild rechts[37], ebenfalls von Helmut Creutz, sehr gut demonstriert, so dass 2010 die Geldvermögen 360 % vom BIP betrugen und die Schulden 332 % vom BIP. Geldvermögen und Schulden wuchsen im betrachteten Zeitraum also 5 Mal so stark wie die Wirtschaftsleistung. Über Jahrzehnte, bis etwa 1980 oder 1990, war die Umverteilungswirkung aus diesen Kapitaleinkommensflüssen vergleichsweise noch wenig spürbar, da die Masse sowohl der Vermögen wie der Schulden, gemessen an der realen Wirtschaftskraft – dem BIP – noch nicht groß genug war, um akut als Krankheit wahrgenommen zu werden.

2007: Der seit langem gewachsene Krebs tritt nun auch äußerlich sichtbar auf

Die Phase bis 1980 oder 1990 könnte man daher mit einem Bazillen- oder Krebswachstum in der frühen Phase vergleichen: Die Krankheit wächst, ist aber noch nicht stark genug, um den sozialen Organismus aus der Bahn zu werfen. Ab den 1980er/90er Jahren spitzt sich die Situation zu, verschlimmert sich erheblich, bis die Krankheit dann 2007 offen ausbricht: Das obige rechte Schaubild *Zuwachsraten im Vergleich* zeigt, wie sowohl das Wachstum der realen Wirtschaftskraft (BIP) als auch das Wachstum der Nettolöhne gegenüber dem Wachstum der Geldvermögen und der Zinsgutschriften immer weiter zurückbleiben. Zwischen 1991 und 2007 stieg das Volkseinkommen in Deutschland um 61 %, die Bruttolöhne und -gehälter erhöhten sich um 38 %, die Nettolöhne und -gehälter um 30 %. Der Geldvermögensbestand (inklusive Aktienvermögen) wuchs dagegen um 157 %, die Zinseinkommen auf Bankeinlagen um 111 %.[38] Hier baut sich durch zunehmende Umverteilung zu Gunsten der wohlhabenden Menschen sozialer Sprengstoff auf, der langfristig explodieren muss.

Was heißt „explodieren“ bzw. wohin führen diese in das Wirtschaftssystem eingebauten, automatisch wirkenden Umverteilungsmechanismen auf Dauer? Hier kann ein Blick in die Historie sehr aufschlussreich sein.

2.7 Ein Blick in die Geschichte: Friedrich Schiller über das antike Griechenland

Friedrich Schiller veranschaulicht in seiner 1790 verfassten Schrift *Die Gesetzgebung des Lykurgus und Solon* eindringlich die langfristigen Auswirkungen von unbeschränkten Umverteilungsprozessen auf die Gesellschaft. Er beschreibt den sozialen Zustand von Sparta etwa im 9. Jahrhundert v. Chr. wie folgt:

Missstände im antiken Sparta

> „Zwischen den Rechten des Volkes und der Gewalt der Könige waren noch keine Grenzen gezeichnet, der Reichtum floss in wenigen Familien zusammen. Die reichen Bürger tyrannisierten die armen und die Verzweiflung der letzteren äußerte sich in Empörung. Von innerer Zwietracht zerrissen, musste der schwache Staat die Beute seiner kriegerischen Nachbarn werden oder in mehrere kleine Tyrannien zerfallen. So fand Lykurgus Sparta; unbestimmte Grenzen der königlichen und Volksgewalt, ungleiche Austeilung der Glücksgüter unter den Bürgern, Mangel an Gemeingeist und Eintracht und eine gänzliche politische Entkräftung waren die Übel, die sich dem Gesetzgeber am dringlichsten darstellten, auf die er also bei seiner Gesetzgebung vorzüglich Rücksicht nahm."[39]

Lykurgus ergriff unter anderem folgende Maßnahmen, durch die er das asketische Sparta schuf, von dem man auch heute noch spricht:

> „Gefährlicher und kühner war die zweite Anordnung, welche Lykurgus machte. Diese war: Das ganze Land in gleichen Teilen unter den Bürgern zu verteilen und den Unterschied zwischen Reichen und Armen auf immerdar aufzuheben. Ganz Lakonien wurde in dreißigtausend Felder, der Acker um die Stadt Sparta selbst in neunzigtausend Felder aufgeteilt, jedes groß genug, dass eine Familie reichlich damit auskommen konnte. Sparta gab jetzt einen schönen reizenden Anblick und Lykurgus selbst weidete sich an diesem Schauspiel, als er in der Folge das Land durchreiste, »Ganz Lakonien«, rief er aus, »gleicht einem Acker, den Brüder brüderlich sich teilen.«"

Ähnliche Zustände wie in Sparta traf Solon (640–561 v. Chr.) laut Friedrich Schiller in Athen an:

Missstände im antiken Athen

> „Damals war der Zustand des atheniensischen Volkes äußerst zu beklagen. Eine Klasse des Volkes besaß alles, die andre hingegen gar nichts; die Reichen unterdrückten und plünderten aufs unbarmherzigste die Armen. Es entstand eine unermessliche Scheidewand zwischen den beiden. Die Not zwang die ärmeren Bürger, zu den Reichen ihre Zuflucht zu nehmen: zu eben den Blutigeln, die sie ausgesogen hatten; aber sie fanden nur eine grausame Hilfe bei diesen. Für die Summen, die sie aufnahmen, mussten sie ungeheure Zinsen zahlen und, wenn sie nicht Termin hielten, ihre Ländereien selbst an die Gläubiger abtreten. […] Nichts hielt die grausame Habsucht der reichen Bürger in Schranken. So schrecklich war der Zustand Athens. Wenn der Staat nicht zugrunde gehen sollte, so musste man dieses zerstörte Gleichgewicht der Güter auf eine gewaltsame Art wieder herstellen."

Solon führte Schiller zufolge u. a. folgende Maßnahmen durch:

> „Das erste, womit er sein Werk eröffnete, war das berühmte Edikt, Seisachtheia oder Erledigung genannt, wodurch alle Schulden aufgehoben und zugleich verboten wurde, dass künftig keiner dem anderen auf seinen Leib etwas leihen durfte. Dieses Edikt war allerdings ein gewaltsamer Angriff auf das Eigentum, aber die höchste Not des Staates machte einen gewaltsamen Schritt notwendig. Er war unter zwei Übeln das kleinere, denn die Klasse des Volkes, welche dadurch litt, war weit geringer als die, welche dadurch glücklich wurde. […] Bald aber zeigten sich in Attika die wohltätigen Folgen seiner Verfügung. Das Land, das vorher Sklavendienste tat, war jetzt frei; der Bürger bearbeitete den Acker jetzt als sein Eigentum, den er vorher als Tagelöhner für seinen Kreditor bearbeitet hatte."

Diese und andere Maßnahmen bewirkten die geschichtlich einzigartige kulturelle Blüte Athens, das außer vielen Dichtern und Bildhauern eine Vielzahl von einzigartigen Philosophen hervorbrachte, die noch heute zu Recht bewundert werden.

Ähnliche Entwicklungen gab es auch immer wieder im alten China: „In der Geschichte Chinas wimmelt es von ähnlichen Geschichten: Verbreitete Ungleichheit führte zu Unruhen, offizielle Untersuchungskommissionen wurden eingerichtet, die Schuldenlast einzelner Regionen wurde verringert [...].“[40]

Der neue französische Premierminister Jean-Marc Ayrault rief in seiner Regierungserklärung am 3.7.2012 in Paris

> „die Abgeordneten und das ganze Volk zur »Mobilisierung« auf, um die »Krise ungekannten Ausmaßes« zu überwinden und die gefährdete Republik [sic!] zu bewahren sowie den Sozialstaat aufrechtzuerhalten. »Frankreich ist wirtschaftlich geschwächt, sozial heruntergekommen, politisch gespalten und moralisch zugrunde gerichtet.« Jetzt sei es Aufgabe aller Patrioten, das Land wiederaufzurichten.“[41]

Die Republik ist bedroht

Er kündigte einen Einkommens-Spitzensteuersatz von sage und schreibe 75 % für Höchstverdiener mit einem Jahreseinkommen ab einer Mio. Euro an. Sowohl bei der Analyse – der französische Premierminister sieht gar den Bestand der Republik in Gefahr! – wie auch bei den Maßnahmen – sehr hohe Belastung der Höchstverdiener, die von Friedrich Schiller „Blutigel“ genannt werden – gibt es Anklänge an Schillers Schilderungen des antiken Griechenland. Bleibt zu hoffen, dass Ayrault ein ähnlich sensationeller turnaround gelingen möge wie einst Solon.

2.8 Die desaströse Gewalt ungehemmter Eigentumsanhäufung

Die obigen Beispiele aus der Antike (Griechenland, Mesopotamien, Israel) zeigen, wohin ungehemmte, krebsartige Vermehrung von Wirtschaftsmacht im Endstadium führen kann: zu desolaten sozialen Verhältnissen, einem weitgehenden Zerfall der Gesellschaft und unwürdigen menschlichen Verhältnissen. Auf heute übertragen wäre es sehr viel klüger, diesen oben geschilderten, in Richtung Unmenschlichkeit wirkenden Kräften rechtzeitig entgegenzuwirken, um Zustände, wie sie Lykurgus, Solon oder Nehemia in der Antike vorfanden, zu verhindern.

Ungehemmte Vermögenskonzentration ist völlig legal

Unsere bestehende Eigentumsordnung ohne jegliche Beschränkung von Eigentum führt dazu, dass die Ungleichverteilung im Zeitverlauf strukturell immer mehr zunimmt, dass sich Kapital und Vermögen und damit wirtschaftliche Macht immer stärker in den Händen weniger Menschen konzentriert. Dies hat auf Dauer massive negative Auswirkungen auf den sozialen Frieden bzw. die Aufrechterhaltung der sozialen Ordnung überhaupt. Diese Erkenntnis hatte schon Martin Luther: „So treibt es der Wucher, wenn die Fürsten und Herren nicht gut aufpassen. In kurzer Zeit, ehe man sich umsieht, wächst und steigt er so stark, dass er gar bald das ganze Land und alle Güter frisst und verschlingt, so dass man zuletzt doch mit Gewalt eingreifen und wehren muss.“ Luther bezeichnet dabei als Wucher, „so fünf, sechs oder mehr aufs Hundert vom geliehenen Gelde nehmen.“[42] Ein Blick in die Geschichte zeigt die desaströse Gewalt einer solchen Eigentumsordnung.

Was war in der Geschichte die Alternative zu Schuldenerlass und Neuverteilung von Grund und Boden? Chaos, Elend, Not und Zerfall der gesellschaftlichen Ordnung.[43]

Warum lernen wir nicht aus der Geschichte?

Die Frage ist: Warum lernen wir so schwer aus der Geschichte? Warum lassen wir heute immer noch ungehinderte Vermögenskonzentration zu? Warum sehen wir nicht die Gefahr von sozialer Zerrüttung und Zerfall, Aufruhr und Revolution, die diesem Konzentrationsprozess strukturell innewohnt?

2.9 Déjà-vu: Die wirtschaftliche Situation 1914 und 1929

Eine vergleichbare Situation wie 2007 lag 1914 vor. Im Zuge der Industriellen Revolution, die auf dem europäischen Kontinent etwa 1850 mit voller Kraft eingesetzt hatte, fanden während etwas über 60 Jahren, von 1850 bis 1914, ungehemmte und von politischer Seite vergleichsweise wenig beeinträchtigte Wachstumsprozesse statt. Ähnliches gilt für die USA. Die Akkumulationsprozesse dieser Jahre waren begleitet von starken ökonomischen Konzentrationsprozessen, die in den USA noch ausgeprägter waren als in Europa.[44]

Zwischen 1860 und 1914 stieg in den USA die Arbeiterzahl um 700 %, die Produktion um 2.000 %, das Investitionskapital um 4.000 %. „1913 verdienen 2 % der Amerikaner 60 % des Volkseinkommens; *Morgan* und *Rockefeller* allein kontrollieren 20 % des Volksvermögens (341 Großunternehmen mit 22 Mrd. Dollar Kapital)."[45] Wie die aus 141 Banken und 36 großen Eisenbahn- und Industriekonzernen bestehende Morgan-Gruppe von John Pierpont Morgan (JP Morgan) diese Macht 1907 erschreckend ausnutzte, wird weiter unten dargestellt im Abschnitt *Die Gewinner der Weltwirtschaftskrise von 1907*.[46]

Morgan und **Rockefeller** allein kontrollierten 1913 20 % des US-Volksvermögens

1914 war in den wirtschaftlich fortgeschrittensten Nationen ein nahezu unhaltbarer ökonomischer Zustand von Wucherungen und Überkapazitäten entstanden, der nach einer Bereinigung, sprich: Reduzierung von Produktionskapazitäten drängte. In den USA war das Phänomen der Überkapazitäten schon lange vor 1914 bekannt und häufiges Thema. Dort war die Situation wegen der besonders stark ausgeprägten Vertrustung und Vermögenskonzentration am weitesten ausgeprägt. Das Phänomen der Überkapazitäten war in den USA bereits im 19. Jahrhundert bekannt und spitzte sich bis 1914 immer weiter zu:

> „Als sich die Wirtschaft des späten neunzehnten Jahrhunderts von einer menschenbetriebenen zu einer maschinenbetriebenen Industrie veränderte, wurde den Herstellern schmerzlich bewusst, dass ihre Fabriken nun mehr Güter produzieren konnten, als ohne Weiteres abgesetzt und konsumiert werden konnte. Amerika »litt

an Überproduktion«, wie ein frustrierter Händler im Jahre 1876 schrieb. »Die Lagerhallen der Welt sind mit Gütern ausgefüllt«."[47]

In Europa konnte im Laufe des 19. Jahrhunderts die Nachfrage mit dem schubartig wachsenden Angebot immer weniger mithalten, was zu erbittertem Exportwettbewerb, „ökonomischem Kampf" und zunehmender Abschottung der Märkte durch Zölle ab etwa den 1880er Jahren führte.[48]

Ähnliche Situation heute wie 1929

Im Zuge des 1. Weltkrieges wurde das Kapazitätsproblem vorübergehend durch die enorme Kriegsnachfrage „gelöst". Aber ein substanzieller Abbau von Produktionsanlagen fand nicht statt. 1929 war durch den raschen Wiederaufbau in den vom Krieg unmittelbar betroffenen Ländern wieder eine ähnliche Situation wie 1914 entstanden, ja in gewisser Hinsicht eine schwierigere Situation als 1914. Denn die Kriegsereignisse hatten dazu geführt, dass in vielen Ländern, die nicht unmittelbar von den Kampfhandlungen betroffen waren, erhebliche industrielle und landwirtschaftliche Kapazitäten aufgebaut worden waren, die nun zusätzlich zur Verfügung standen. Große zusätzliche Industriekapazität entstand beispielsweise in Japan, die nach Kriegsende nur mehr teilweise gebraucht wurde.[49] Zusätzliche landwirtschaftliche Produktion entstand in einer Reihe von Agrarländern. Dabei muss man sich vor Augen führen, dass in den 1920er Jahren die Landwirtschaft eine ungleich wichtigere Rolle spielte als heute. In den USA, einer der am weitesten entwickelten Nationen damals, war in der Zwischenkriegszeit noch ein Viertel aller Arbeitnehmer in der Landwirtschaft tätig. Etwa 60 % des Welthandels entfielen in den 20er Jahren auf Agrarprodukte und mineralische Rohstoffe.[50]

Durch diese Entwicklungen herrschte in den 1920er Jahren ein **strukturelles Überangebot**, das zu deflationären Preistendenzen und beispielsweise in den USA zu kaum steigenden Löhnen schon lange vor Ausbruch der Weltwirtschaftskrise 1929 führte.[51] Bereits fünf Jahre vor Ausbruch der Weltwirtschaftskrise, **1924**, bezeichnete K. Gillette, der Erfinder der Einwegrasierer, **Überproduktion** als das am meisten beunruhigende soziale Übel der USA: „Wir haben das Paradox von unbeschäftigten Menschen, die erpicht darauf sind zu arbeiten, und unausgelasteten Fabriken, die in perfektem Produktionszustand sind – und das, wo zur gleichen Zeit Menschen verhungern und erfrieren. Die Ursache ist die Überproduktion."[52]

Zwischen 1919 und 1929 stieg die Stundenproduktivität in der US-Industrie um etwa 43 %. Löhne, Gehälter und Preise bleiben jedoch vergleichsweise stabil. So fielen die Kosten und die Gewinne der Unternehmen stiegen. Diese hohen Gewinne mussten reinvestiert werden. In den zwanziger Jahren erhöhte sich die Produktion von Kapitalgütern um durchschnittlich 6,4 % jährlich, diejenige der Massenkonsumgüter dagegen nur um 2,8 %. Das Zurückbleiben der Masseneinkommen damals führte bereits während der zwanziger Jahre zu einer tendenziellen Unterkonsumtion bzw. Überkapazitäten.[53] „Die Produktion industrieller Erzeugnisse [...] hatte die Verbraucher- und Investitionsnachfrage überholt." Diese Überkapazitäten, mit denen die Massenachfrage nicht Schritt gehalten hatte, mussten während der Großen Depression und danach bereinigt werden. 1945 gab es kein Überkapazitäten-Problem mehr und die Entwicklung konnte gewissermaßen wieder bei Null anfangen für die nächsten ca. 70 Jahre.

1945: Zurück auf Null

»Die Reichen [allein] können keine großen Mengen Brot kaufen.«

John Kenneth Galbraith, US-Ökonom und Präsidentenberater[54]

Überkapazitäten und überbordende Lager, die kaum Abnehmer finden, wie man sie bereits vor Ausbruch der Weltwirtschaftskrise beobachten konnte[55], sind das realwirtschaftliche Gegenstück von zu starker Ersparnisbildung im Zuge von Vermögenskonzentration. 1929 war die Vermögenskonzentration in den USA ungewöhnlich stark: Die 5 % der wohlhabendsten US-Amerikaner bekamen damals etwa ein Drittel aller Einkommen. Der Anteil der Einkommen aus Zinsen, Dividenden und Mieten bzw. Pachten lag etwa doppelt so hoch wie in den ersten etwa acht Jahren nach dem Zweiten Weltkrieg.

> „Die starke Ungleichverteilung des Einkommens bedeutete, dass die Wirtschaft von Investitionen auf hohem Niveau oder einem hohen Konsum von Luxusgütern oder beidem abhängig war. Die

> Reichen (allein) können keine großen Mengen Brot kaufen. Wenn sie das was sie verdienen auch ausgeben sollen, so muss es für Luxusgüter oder in Form von Investitionen in neue Fabriken und Projekte sein."[56]

Exakt diese Kennzeichen finden sich auch in der ökonomischen Entwicklung seit etwa 1980 wieder. Ersparnisbildung und Investitionen als solche sind ein Segen, wenn sie durch Erhöhung des Wohlstandes Armut überwinden, wie es im Zuge der Industrialisierung in vielen Ländern geschah. Wenn jedoch sich akkumulierendes Sparkapital auf Dauer nicht in den Wirtschaftskreislauf zurückgeführt wird, sondern sich immer weiter vermehrt und schließlich staut, was bei zunehmender Vermögenskonzentration geschieht, so wird aus dem Segen ein Fluch. Das Kapital staut sich krebsartig. Man kann dabei für die jüngere Geschichte von der Faustregel ausgehen: Je stärker die Vermögenskonzentration in einem Land ist, desto kranker ist die Wirtschafts- und Gesellschaftssituation.

Der Endzweck aller Produktion ist der Verbrauch

Der Akkumulationsprozess ist kein Selbstzweck. Der Endzweck aller Produktion ist der Verbrauch. Jede Geldeinheit, die gespart wird, wird dem Verbrauch entzogen, schwächt also die Nachfrage. Solange im selben Umfang investiert wird, wird der Nachfrageausfall ersetzt. Wenn die Ersparnisse bzw. die Vermögen aber exponentiell wachsen, so muss ceteris paribus ein immer größerer Teil des Sozialproduktes investiert werden, um die Nachfrage aufrechtzuerhalten und einen nachfrageseitig ausgelösten Wirtschaftseinbruch zu verhindern. Das kann auf Dauer nicht gutgehen. Es führt zu immer größerem Anlagedruck von nach Verwertung suchendem Kapital, das Kapital ergießt sich in immer absurdere Investitionen und führt zu immer stärkeren Blasenbildungen auf den verschiedensten Gebieten (siehe auch weiter unten im Kapitel „Blasenbildungen").

Alternativ könnte der Realzins gegen null sinken. Die Erfahrungen der jüngeren Geschichte zeigen jedoch, dass dies nicht eintritt, besser gesagt: nicht gutgeht. Niedrige Zinsen rufen vielmehr besonders starke Blasenbildungen hervor (1925–1929[57], japanische Immobilienblase 1980–1990[58], weltweite Blasenbildungen 1990–2007). Oder das Geld „streikt" wie in den Jahren ab 1929 oder seit 2007, wo Geldkapital zurückgehalten oder nur mehr sehr selektiv bzw. in als besonders sicher geltende Anlageformen investiert wird.

So gesehen gab es im Zuge der industriellen Revolution erst zweimal die oben geschilderte „lange Welle der Blasen und Zusammenbrüche": 1914 bzw. 1929 und ab 2007. Die Zeit vor etwa 1850 war zu stark von feudalen und nichtindustriellen, nichtdemokratischen Strukturen geprägt als dass man auf sie obige Theorie anwenden könnte. In der vorindustriellen Zeit gab es über Jahrtausende, wie Graeber beeindruckend zeigt, eine Unzahl immer wiederkehrender Überschuldungskrisen mit Chaos, Leid, Not, Krieg oder Bürgerkrieg. Aber die Krisen vom „type ancien", vom „alten Typ", die in Mitteleuropa bis etwa 1847 vorlagen, verliefen sehr viel regionaler und mit unterschiedlicher Zyklizität, hingen oft von dem Verhalten einzelner Herrscher oder auch von äußeren Umständen, wie insbesondere Missernten ab.[59]

Vor der Industriellen Revolution: Krisen vom *type ancien*

3 Fakten zur Entwicklung der Ungleichverteilung

»Es herrschte Klassenkrieg während der letzten 20 Jahre und meine Klasse hat gewonnen.«
Warren Buffett, US-Investor, Multimilliardär[60]

Ungleichheit wirkt wie ein alles durchdringender Schadstoff in allen Bereichen der Gesellschaft

Der Trend zu steigender Ungleichverteilung weltweit seit etwa 1980 und insbesondere den hieraus resultierenden Gefahren für den sozialen Zusammenhalt, wie sie Friedrich Schiller in den oben zitierten Texten anschaulich beschreibt, wird unter anderem auch vom Internationalen Währungsfonds angesprochen: „Die **Ungleichverteilung** gab in jüngster Zeit Anlass zur Besorgnis aufgrund ihrer Verflechtungen mit der Nachhaltigkeit des Wachstums [...] und **ihrer Auswirkung auf den sozialen Zusammenhalt**. Veränderungen der Lohnquote (Anteil der Löhne und Gehälter am BIP) werden gemeinhin als Maß für Ungleichverteilung verwendet. Es gab **seit den 1980er Jahren in vielen hoch entwickelten Wirtschaftssystemen eine insgesamt rückläufige Entwicklung der Lohnquote**."[61] Im Folgenden soll ein kurzer Blick auf die Entwicklung der Ungleichverteilung in den beiden Ländern Deutschland und USA geworfen werden.[62]

3.1 Deutschland

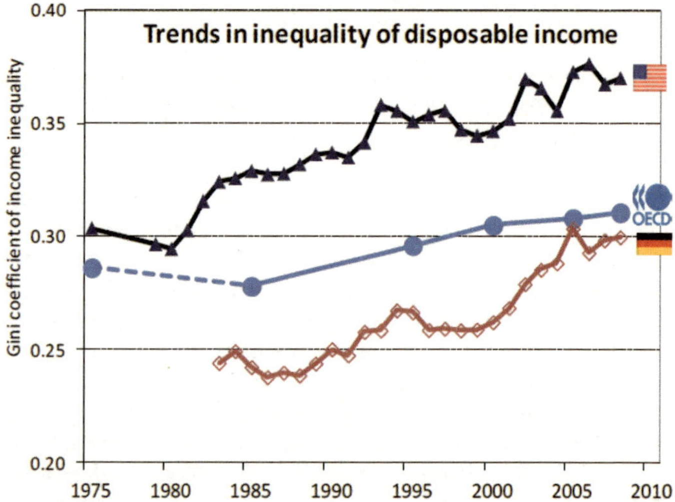

Divided We Stand

Obiges Schaubild *Tendenzen der Ungleichverteilung des verfügbaren Einkommens*[63] einer OECD-Studie von November 2011 zu Deutschland mit dem bezeichnenden Titel *Uneinigkeit und Recht und Freiheit (Divided We Stand): Warum die Ungleichverteilung weiter wächst* zeigt, dass sich die Ungleichverteilung in Deutschland sowie in den USA seit Mitte der 1980er Jahre deutlich erhöht hat.[64]

Laut einer Studie von McKinsey sank von 2000 bis 2006 die Mittelschicht, also diejenigen Personen, die 70 bis 150 % vom Durchschnittseinkommen verdienen, von 62 auf 54 % der Bevölkerung. Der Anteil der Armen, die weniger als 50 % des Durchschnittseinkommens verdienen, erhöhte sich zwischen 1996 und 2006 von 7,3 % auf 11,4 % der Bevölkerung, der Anteil der Reichen (über 200 % des Durchschnittseinkommens) stieg im gleichen Zeitraum von 6,4 auf 9,2 % der Bevölkerung.[65]

Eine Studie des DIW Berlin vom Januar 2009 kommt für Deutschland zu dem Ergebnis,

„dass das reichste Zehntel 2007 über mehr als 60 % des gesamten Vermögens verfügte. Darunter hielten die obersten fünf Prozent 45 % und das oberste Prozent 23 % des gesamten Vermögens. Gegenüber dem Jahr 2002 hat die Konzentration der Netto-Vermögen im Top-Dezil (Top-Zehntel) weiter zugenommen, in allen anderen Dezilen sind die entsprechenden Anteilswerte dagegen geringer. Mehr als zwei Drittel der Gesamtbevölkerung besaßen dagegen kein oder nur ein sehr geringes individuelles Netto-Vermögen. Die untersten 70 Prozent der nach dem Vermögen sortierten Bevölkerung haben einen Anteil am Gesamtvermögen von unter neun Prozent und damit rund 1,5 Prozentpunkte weniger als 2002."[66]

Laut Sachverständigenrat sank die Arbeitseinkommensquote in Deutschland zwischen 2000 und 2007 von 80,2 % auf 73,6 %.[67] Das heißt, den Arbeitnehmern flossen kurz vor Ausbruch der Finanzkrise etwas weniger als drei Viertel der produzierten Güter und Dienstleistungen zu. Mehr als ein Viertel dessen, was täglich produziert wurde, floss ohne Arbeitsleistung an die Eigentümer von Kapital und Boden, d. h. zum größten Teil auf die Konten der 10 % wohlhabendsten Familien in Deutschland.

»Das Grundübel lässt sich auf einen Satz reduzieren: Deutschland hat sich auf den Weg zu einem plutokratischen System begeben, einem System also, das der Herrschaft des Reichtums unterliegt.«
Gustav Horn, Ökonom, Leiter des Instituts für Makroökonomie und Konjunkturforschung[68]

Zwischen 2000 und 2008 sind laut einer Studie des Wirtschafts- und Sozialwissenschaftlichen Instituts (WSI) der gewerkschaftsnahen Hans Böckler Stiftung die Reallöhne in Deutschland um 0,8 % gesunken.[69] Im selben Zeitraum stieg das deutsche Sozialprodukt um 10 Prozentpunkte.[70] Der gestiegene materielle Wohlstand floss offenbar nicht an die erwerbstätige Bevölkerung, sondern zum großen Teil an die Bezieher von Kapitaleinkommen.

Kinderarmut in Deutschland steigt zwischen 1985 und 2005 von 7 % auf 16 %

Ein OECD-Bericht vom 21.10.2008 kommt zu dem Ergebnis, dass sich die soziale Kluft in Deutschland von allen 30 OECD-Staaten zwischen 1985 und 2005 am stärksten erhöht hat. So stieg etwa die Kinderarmut in Deutschland in diesen 20 Jahren von 7 % auf 16 % und der Anteil von Personen mit weniger als der Hälfte des mittleren Einkommens erhöhte sich von 6,3 % auf 11,0 %.

Gemäß Jahresgutachten 2011/12 des Sachverständigenrates der deutschen Wirtschaft betrug das reale Markt-Medianeinkommen 1991 in Deutschland 19.094 Euro pro Kopf, 2009 waren es 18.509 Euro.[71] Das heißt, das reale Einkommen eines Menschen, der genau in der Mitte der Einkommenspyramide steht, hat sich in den 18 Jahren von 1991 bis 2009 um 3 % reduziert. Im selben Zeitraum stieg jedoch das reale Bruttoinlandsprodukt Deutschlands um 23,2 %.[72] Das heißt, von dem ökonomischen Wertzuwachs von etwa einem Viertel innerhalb dieser 18 Jahre ist bei den mittleren Einkommen nichts angekommen. Der Anteil der mittleren Einkommen am Sozialprodukt ist in diesem Zeitraum um etwa ein Viertel gesunken. Wo ist dieser reale Zuwachs an ökonomischem Wohlstand hingeflossen?

3.2 USA

USA 2007: »Die obersten 0,1 % der Bevölkerung verdienen an eineinhalb Tagen so viel wie die unteren 90 % im ganzen Jahr«

Ökonomie-Nobelpreisträger Joseph Stiglitz[73]

2007 hatten die wohlhabendsten 0,1 % der US-amerikanischen Haushalte ein 220 Mal so hohes Einkommen wie die unteren 90 %. Die obersten 1 % der Haushalte besaßen ein Drittel der US-Vermögen. Vorstandsvorsitzende verdienten 2010 etwa 243 Mal so viel wie ein Arbeiter.[74]

Die realen Durchschnittsvermögen pro Kopf verdreifachten sich in den USA etwa zwischen 1980 und 2010. Im selben Zeitraum stagnierte aber der Lohn eines ganzjährig vollzeitbeschäftigten männlichen Arbeiters. Er lag 2010 real sogar leicht unter dem Niveau von 1973.[75] Das Median-Haushaltseinkommen lag 2011 etwa auf dem Niveau von 1989[76], obwohl in diesen 22 Jahren die Wirtschaftsleistung der USA um 69% zugenommen hat. In diesem Zusammenhang wird in den USA häufig von der *lost decade*, dem verlorenen Jahrzehnt für die große Mehrheit der US-Menschen, gesprochen.[77] In Wirklichkeit müsste man mittlerweile von den „two lost decades", den verlorenen zwei Jahrzehnten, sprechen. Die unteren 40 % der US-Bevölkerung verzeichnen seit 1970 einen kontinuierlich sinkenden Anteil am Gesamteinkommen.[78] Einige Daten und Fakten aus dem Wall Street Journal für das Jahr 2010:

Das verlorene Jahrzehnt

- Beinahe jedes vierte (23,8 %) US-amerikanische Kind unter 6 Jahren lebte 2010 unter der Armutsschwelle.
- 43,6 Mio. US-Amerikaner (14,3 %) lebten unter der Armutsschwelle ($ 11.161 für Einzelpersonen, $ 21.756 für einen 4-Personen-Haushalt).
- Die oberen 20 % der Haushalte erhielten 2010 50,3 % der Vorsteuer-Einkommen, die unteren 40 % der Haushalte hatten 12 % der Vorsteuer-Einkommen.
- 2010 gab es 50,7 Mio. nicht-krankenversicherte US-Amerikaner.
- Etwa 41 Mio. US-Amerikaner erhielten 2010 Food Stamps (Lebensmittelmarken); etwa 15–20 Mio. US-Amerikaner wussten 2010 laut Wall Street Journal nicht, wie sie sich ernähren sollen.
- Von 2007 bis 2010 wurden über 6,5 Mio. Familien aus ihren Häusern vertrieben bei ca. 18 Mio. leer stehenden Häusern, weitere ca. 5 Mio. Haushalte sollten nach Expertenschätzungen in den Jahren ab 2011 noch folgen.

Schumpeters Fehlprognosen

Interessant in diesem Zusammenhang ist eine Äußerung Schumpeters in seinem 1942 erschienenen Zentralwerk Kapit*alismus, Sozialismus und Demokratie*: „Würde der Kapitalismus seine früheren Leistungen während eines weiteren halben Jahrhunderts von 1928 an wiederholen, so würde dies mit allem, was nach heutigem Standard **Armut** genannt werden könnte, auch in den untersten Schichten der Bevölkerung, abgesehen von pathologischen Fällen, **aufräumen**."[79]

Eine klassische Fehlprognose! Überhaupt bestreitet Schumpeter jegliche Tendenz des Kapitalismus, die Ungleichverteilung zu erhöhen. Die Verteilungsfrage spiele keine Rolle. Eine fatale Täuschung. Umso bemerkenswerter, dass der glühende Verfechter der Stärken des Kapitalismus trotz dieser (und anderer) nicht haltbarer Aussagen[80] in der gängigen Mainstream-Ökonomie so hoch geschätzt wird.

»Ungleichheit wirk[t] wie ein alles durchdringender Schadstoff in allen Bereichen der Gesellschaft.«
Wilkinson/Pickett, britische Gesundheitswissenschaftler[81]

Die Ungleichverteilung in den USA hat sich in jüngster Zeit deutlich verstärkt: Von den $ 288 Milliarden zusätzlich erwirtschafteten Einkommen in 2010 flossen 93 % an die obersten 1 % der Einwohner, die mindestens ein Jahreseinkommen von $ 352.000 hatten, was einem Einkommenszuwachs von 11,6 % der top 1 % gegenüber 2009 entsprach. Die wohlhabendsten 0,01 % bzw. 15.000 der US-Haushalte mit einem Mindestjahreseinkommen von $ 23,8 Mio. erhielten 37 % des zusätzlich erwirtschafteten Einkommens, was einer Einkommenssteigerung gegenüber 2009 von 21,5 % entsprach. Dagegen erhielten die unteren 99 % der US-Bevölkerung einen Einkommenszuwachs von $ 80 pro Kopf. In den Wirtschaftsaufschwüngen der Clinton-Regierung gingen 45 % der Einkommenszuwächse an die top 1 %, in der George W. Bush-Zeit waren es 65 % und 2010 waren es wie oben erwähnt 93 %.[82] Demnach nahm die Geschwindigkeit in der Entwicklung der Ungleichverteilung in den letzten zwei Jahrzehnten deutlich zu. Dies bestätigen auch Zahlen des Internationalen Währungsfonds in Washington:

Zwischen 2001 und 2011 sank in den USA der Anteil der Löhne und Gehälter am Sozialprodukt, laut Internationalem Währungsfonds (IWF) eine gängige Methode zur Messung von Ungleichverteilung, von 64 % auf knapp 58 %[83] – ein deutlicher Rückgang.

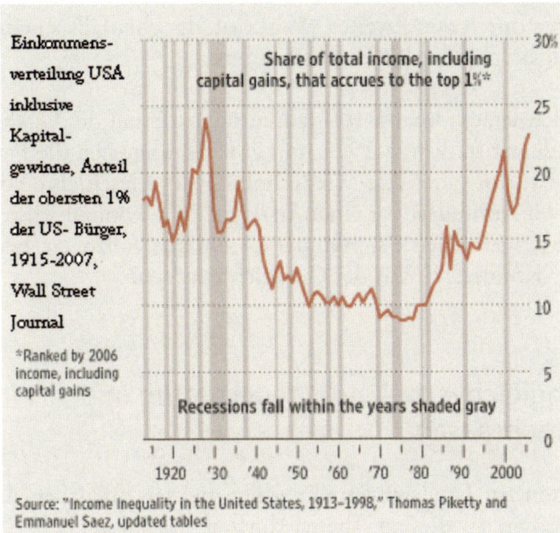

Von besonderem Interesse ist ein Blick auf die langfristige Entwicklung der Einkommensverteilung in den USA. Das dem Wall Street Journal entnommene obige Schaubild *Anteil der Einnahmen einschließlich Kapitalgewinne, die den top 1 % zufließen*[84] zeigt den Anteil, den die wohlhabendsten 1 % der US-Bürger vom jeweils erwirtschafteten Sozialprodukt in den letzten knapp 100 Jahren abbekamen.

Wie man sieht, hat die Ungleichverteilung der Einkommen seit Anfang der 1980er Jahre deutlich zugenommen. Von 1977 bis 2007 stieg der Einkommensanteil der obersten 1 % der US-Bevölkerung von unter 10 % auf etwa 23 % des Gesamteinkommens. Zum Vergleich: 1929 betrug der Anteil der top 1 % der US-Bevölkerung 23,9 %. Während die unteren 80 % der US-Amerikaner 1982 einen Einkommensanteil von 48,1 % hatten, schrumpfte dieser bis 2000

2007 ähnlich starke Ungleichverteilung wie 1928

auf 41,4 % der Gesamteinkommen. 2007 erreichte der Grad der Ungleichverteilung erstmals wieder in etwa die Höhe von 1928.[85] Das Jahrhunderthoch der Ungleichverteilung 1928 wurde in den Folgejahren dramatisch abgebaut: zunächst durch die Weltwirtschaftskrise, die die USA letztlich bis 1941 nicht überwanden,[86] im Anschluss durch den Zweiten Weltkrieg, der ebenfalls zu einer starken Egalisierung der Einkommen führte.

Da in den letzten knapp 100 Jahren nur zweimal die Ungleichverteilung derart stark war, 1928 und 2007, drängt sich die Frage auf: Stehen wir vor einer Art Wiederholung der Geschichte ab 1928? Stehen wir zumindest vor einer Analogie? Wie können wir tragische Entwicklungen, wie sie sich in der Geschichte vollzogen, heute vermeiden? Können wir aus der Geschichte lernen?

3.3 Ungleichverteilung, Steuerbetrug und Steueroasen

Der Beitrag der Steuerhinterzieher

Die Daten zur Ungleichverteilung der meisten offiziellen Angaben bzw. Studien zu diesem Thema dürften das tatsächliche Ausmaß der Ungleichverteilung vermutlich deutlich unterzeichnen. Nach Angaben des *tax justice network* bzw. des ehemaligen McKinsey Chef-Volkswirtes James Henry **belief sich das in Steuerschlupflöchern befindliche Finanzvermögen 2010 weltweit auf 21.000 bis 32.500 Mrd. US-Dollar**[87], also vermutlich mehr als das Sozialprodukt der USA und China gemeinsam. Wenn Finanzvermögen auf Bankkonten sogenannter offshore-Institute verborgen und deren Eigentümer nicht identifizierbar sind, so werden diese Vermögen in den offiziellen Statistiken auch nicht erfasst. Da die offshore-Vermögen zum größten Teil in den Händen der reichsten Menschen sind (siehe Tabelle unten *Global Distribution, Net Financial Assets*[88]), dürfte das Ausmaß an Ungleichverteilung insbesondere am oberen Ende unterzeichnet sein. Die Tabelle *Global Distribution, Net Financial Assets* zeigt ebenfalls, dass der Anteil der in offshore-Zentren untergebrachten Gelder umso höher ist, je größer das Vermögen der betroffenen Menschen ist. Die Tabelle demonstriert ferner, dass etwa 91.000 Menschen bzw. 0,001 % der Erdbevölkerung etwa

30 % des weltweiten Nettofinanzvermögens besitzen. Die globale Finanzelite, bestehend aus etwa 9,4 Mio. Menschen bzw. 0,14 % der Weltbevölkerung besitzen demnach über 81 % der weltweiten Nettofinanzvermögen.

Global Distribution, Net Financial Assets

		Total Number	Ave. Net Financial Worth Per Capita ($MM)	Total Liquid Net Worth ($Tr.)	Of Which: "Offshore" ($Tr.)	% of All Global Net Financial	% of All People
"Happy Few"	>$30 MM	91,186	$183.1	$16.7	$9.8	30.3%	0.001%
"Just Rich"	>$5-$30 MM	839,020	$12.8	$10.7	$5.1	19.4%	0.01%
"Barely Rich"	>$1-$5 MM	8,419,794	$2.1	$17.4	$4.7	31.6%	0.13%
GLOBAL ELITE	All >$1 MM	9,350,000	$4.4	$44.8	$19.6	81.3%	0.14%
EVERYONE ELSE		6,643,863,592	$0.0016	$10.3	$1.0**		99.86%
TOTAL		6,653,213,592	$0.01	$55.1	$20.6	100%	100%

** Foreign currency (mainly dollars and euros)

Source: ML/Cap Gemini (2001-09); World Bank data; UN Wider (07); US Treasury (09); our analysis © JSH

Von 2002 bis 2010 hat sich das geschätzte Schwarzgeldvermögen beinahe verdreifacht, von durchschnittlich etwa 9.700 auf 26.300 Mrd. US-Dollar (siehe Tabelle unten *Offshore Financial Assets – High Networth Individuals*[89]). Das Schwarzgeldvermögen ist damit bei Weitem stärker gestiegen als das Weltvermögen insgesamt, die Steuerflucht hat in diesen acht Jahren offenbar dramatisch zugenommen. Ein Heer von Rechtsanwälten, Steuerberatern, Wirtschaftsprüfern, Bankern und Vermögensberatern steht den Vermögenden für diese lukrative Tätigkeit zur Verfügung.[90]

OFFSHORE FINANCIAL ASSETS - HIGH NET WORTH INDIVIDUALS

DECEMBER $TR

	2002	2004	2005	2006	2007	2008	2009	2010
BIS Non-Bank Offshore Deposits	$2.98	$4.05	$4.68	$5.97	$7.43	$6.93	$6.59	$7.01
Liquidity Ratio[2]								
>Minimum[3]	3.5	3.0	3.0	3.0	3.0	3.0	3.0	3.0
>Max (ML/CG Ave)[4]	3.0	5.0	4.9	4.6	4.5	3.6	3.8	4.5
Total Financial Assets								
>Minimum	$10.4	$12.1	$14.0	$17.9	$22.3	$20.8	$19.8	$21.02
>Max (ML/CG Ave)	$8.9	$20.2	$22.9	$27.5	$33.4	$24.9	$24.7	$31.53
Est Average	$9.7	$16.2	$18.5	$22.7	$27.9	$22.9	$22.2	$26.3

Source: BIS(-'04-'10) data,ML/CapGemini ('04-'10) HNWI asset allocations, our analysis © JSH/TJN 2012

[1] BIS Table 1: external deposit liabilities to non-banks

[2] Yearly average portfolio ratio, deposits to total liquid financial assets (including tradeable equities and fixed income)

[3] Using TJN's very conservative assumption for the liquidity ratio, based on the 2004 McKinsey study

[4] Using ML/CapGemini's average portfolio allocation for HNWIs, 2004-2010

Die negativen Auswirkungen einer Steuerflucht in solch großem Ausmaß sind vielfältig. Zum einen gehen Regierungen weltweit mindesten 250 Mrd. US-Dollar Steuereinnahmen allein durch zu geringe Steuerzahlungen der sehr wohlhabenden Menschen verloren. Dazu kommen Unternehmenssteuerausfälle, die mehr als 250 Mrd. US-Dollar betragen dürften.[91] Ein Teil der schon seit langem bestehenden Haushaltsprobleme in vielen Ländern, insbesondere in Südeuropa, wäre durch eine reguläre Besteuerung der verborgenen Großvermögen durchaus zu lösen.[92] In diesem Fall geht es nicht um Steuererhöhungen, sondern lediglich um die Anwendung bestehender Steuerregelungen.

Aber die negativen Auswirkungen dieser Geheimhaltungsstrukturen durch offshore-Zentren gehen weit über die reine Reduzierung von Steuerzahlungen hinaus. Geheimhaltung von Unternehmens- und privaten Vermögen verzerren die weltweiten Handels- und Investitionsströme und schaffen ein Umfeld, das kriminelle Handlungen wie Unterschlagung, Insiderhandel, Korruption, Geldwäsche usw. begünstigt.[93]

3.4 Ein Blick in die Geschichte: Die Große Depression 1929–1940

»Vor allem fällt aller Augen auf, dass sich in unserer Zeit nicht bloß die Reichtümer, sondern eine ungeheure Macht und die Diktaturgewalt anhäuft bei nur wenigen.«

Enzyklika des Papstes Pius XI. von 1931[94]

Was geschah in den Jahren von 1929 bis 1940 in den USA?

Exhibit 29. New Deal Policies Doubled Fiscal Expenditures without Increasing Budget Deficit

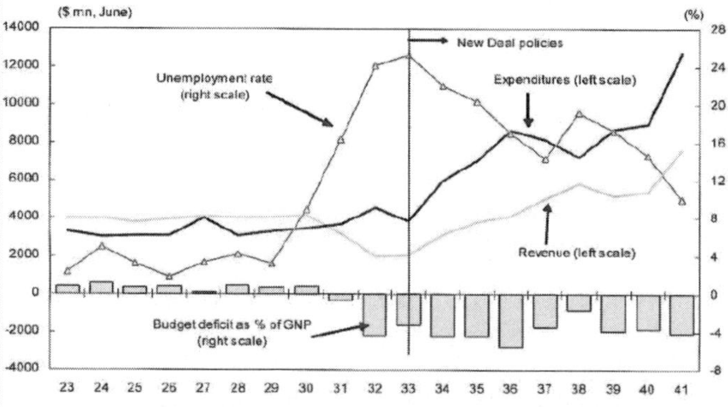

Board of Governors of the Federal Reserve System (1976), Vol. 1, p. 513; US Bureau of the Census (1975), p. 229.

Elf Jahre Massenarbeitslosigkeit in den USA 1930–1940

Ein Blick auf obiges Schaubild *New-Deal-Strategien verdoppelten Staatsausgaben ohne steigendes Budgetdefizit* von Richard Koo[95], dem Chefökonom von Nomura Research, zeigt, dass die USA in den zehn Jahren 1931 bis 1940 nie eine Arbeitslosigkeit unter 14 % hatten. Zwischen 1930 und 1940 lag die Zahl der Arbeitslosen nur im Jahr 1937 unter 8 Millionen. 1933 gab es etwa 13 Millionen Arbeitslose.[96] Die USA kamen also aus eigener, innerer Kraft zehn Jahre lang nicht aus der großen Depression heraus.[97] Erst der Eintritt in den 2. Weltkrieg löste die fundamentalen ökonomischen Probleme der USA und damit das Arbeitslosenproblem. Eine sehr beunruhigende Tatsache, denn ein erneuter nicht-friedlicher Ausweg aus der heutigen Krisensituation brächte erneut unendliches Elend in die Welt.

Umso wichtiger ist eine korrekte Analyse der Krisenursachen damals wie heute. Was war die Hauptursache für diese fürchterliche ökonomische Entwicklung in den USA und vielen anderen Ländern in den 1930er Jahren?

Sehr interessant in diesem Zusammenhang ist ein Blick in die genannte **Enzyklika des Papstes Pius XI. von 1931**:

> „Vor allem fällt aller Augen auf, dass sich in unserer Zeit nicht bloß die Reichtümer, sondern eine ungeheure Macht und die Diktaturgewalt anhäuft bei nur wenigen, die meistens nicht einmal Eigentümer, sondern bloß Verwahrer oder Verwalter anvertrauten Gutes sind und dieses nach ihrem Wink und Willen leiten. Am schärfsten wird diese Macht ausgeübt von jenen, die als Besitzer und Beherrscher des Geldes auch die Oberherrschaft besitzen über den Zinskredit und in der Geldleihe unumschränkte Gebieter sind. Infolgedessen verwalten sie gewissermaßen das Blut, durch das die ganze Wirtschaft lebt, und drehen und wenden gleichsam die Seele der Wirtschaft so mit ihren Händen, dass gegen ihren Willen niemand schnaufen kann."[98]

‚Kluges' Geld vermehrt sich immer weiter

Die Enzyklika spricht bereits vor über 80 Jahren einen sehr wichtigen Trend an: die Tatsache, dass große Vermögen zunehmend durch professionelle Vermögensverwalter angelegt werden, so dass sich die Verfügungsgewalt über Geld bzw. Vermögen immer mehr emanzipiert von den Eigentümern hin zu intelligenten, professionellen Vermögensverwaltern. Durch die Lösung von Eigentum und Verwaltung wird ein von den persönlichen Eigenschaften der Eigentümer losgelöstes Wachstum großer Vermögen begünstigt und damit das Wachstum der Vermögen durch intelligente, diversifizierte und optimierte Anlagestrategien quasi automatisiert. „Stupid money" wird immer seltener. 2011 betrug das von professionellen Vermögensverwaltern weltweit angelegte Vermögen ca. 122.800.000 Mio. USD[99], knapp das Doppelte des Weltsozialproduktes von 2011 in Höhe von 69.660.000 Mio. USD.[100] Der Einfluss der Vermögensverwaltung hat in den letzten 80 Jahren noch deutlich zugenommen. Angesichts der seit Ausbruch der Finanzkrise zurückhaltenden Kreditvergabe der Banken in vielen Ländern und des starken Drucks, der von den Kapitalmärkten auf Politik und Wirtschaft ausgeübt wird, kann man heute durchaus Ähnlichkeiten zu den in der Enzyklika geschilderten Zuständen ziehen. Man kann auch heute den Eindruck haben, dass gegen den Willen der „Besitzer und Beherrscher des Geldes niemand schnaufen kann".

In eine ähnliche Richtung wie die Enzyklika von 1931 äußerte sich auch Édouard Daladier, der in der Zwischenkriegszeit einflussreichste französische Politiker, der mehrfach Premier-, Außen-, Bildungs- und auch Kriegsminister von Frankreich war, im Jahre 1935: „Infolge der Durchsetzung der Verwaltungsräte (sind) in diesem Land der individualistischen Demokratie 200 Familien die unbestrittenen Gebieterinnen nicht allein der französischen Wirtschaft, sondern auch der Politik selbst geworden".[101] Solche Gebilde hätte nicht einmal Richelieu im Königreich Frankreich geduldet.

Sowohl die Enzyklika des Papstes als auch der französische Spitzenpolitiker Daladier weisen darauf hin, dass die starke Ungleichverteilung der Vermögens- und damit der Machtverhältnisse die entscheidende Ursache der Großen Depression war: Eine große bzw. steigende Konzentration von Vermögen und Einkommen führte zu einem Zurückbleiben der Masseneinkommen[102]. Dies hatte ein Zurück- bzw. Ausbleiben der Massennachfrage zur Folge. Der Konsum brach ein, die Unternehmen investierten nicht mehr,[103] die Arbeitslosigkeit stieg, die Massennachfrage sank infolgedessen weiter und eine negative Abwärtsspirale mit fatalem Ausgang setzte ein,[104] wie z. B. obiges Schaubild *New Deal Policies* anschaulich zeigt.

3.5 Lehren aus der Geschichte?

Die Gefahr einer Wiederholung der Geschichte von 1929 bis 1939 ist groß. Selbstverständlich haben Politiker und Ökonomen aus der damaligen Erfahrung gelernt. So werden etwa heute zu Recht massiv staatliche Budgetdefizite in vielen Ländern in Kauf genommen und die Geldpolitik in USA, Europa und großen Teilen Asiens ist stark expansiv, um eine deflationäre Abwärtsspirale wie 1929–1933 zu verhindern. So richtig diese Maßnahmen auch sind, **so übersehen sie jedoch den eigentlich entscheidenden Punkt bzw. die entscheidende Ursache des großen Debakels von 1929–1940: die stark gestiegene Ungleichverteilung von Vermögen und Einkommen.** Hier liegt die eigentliche Wurzel des Problems. Und wenn an dieser Wurzel nicht angesetzt wird, so werden auch *deficit spending* und expansive Geldpolitik zwangsläufig ins Leere laufen. Mit anderen Worten: **Obwohl man einige Lehren aus der Geschichte zog, hat man die zentrale Lehre übersehen.** Daher besteht heute die **akute Gefahr einer Wiederholung von Elend und Chaos**, solange die zentrale Frage der Ungleichverteilung nicht angegangen wird. Mit der Frage, welche konkreten Maßnahmen heute dringendst ergriffen werden müssten, um eine erneute Tragödie zu verhindern, wird sich im hinteren Teil der Ausführungen (*Wege aus der Krise*) auseinandergesetzt.

Jetzt wäre die Zeit, aus der Geschichte zu lernen

4 Weltwirtschaftslage 2013: Die Bereinigung (wie 1929) ist längst überfällig

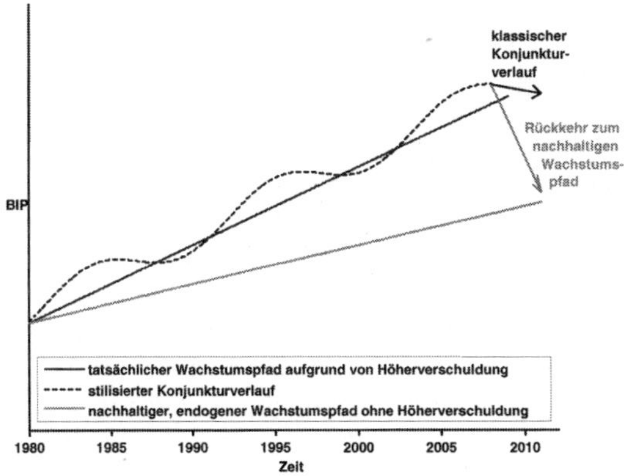

Tatsächlicher versus nachhaltiger Wachstumspfad

Obige Abbildung *Tatsächlicher versus nachhaltiger Wachstumspfad*[105] zeigt den stilisierten Verlauf des weltweiten Wirtschaftswachstums von 1980 bis etwa 2007, dem Ausbruch der Weltfinanzkrise. Die untere, durchgezogene Linie zeigt das Wachstum der Masseneinkommen und damit den nachhaltigen, endogenen Wachstumspfad der Nachfrage durch die privaten Haushalte, der aus eigener Kraft, aus nachhaltigem Einkommen ohne beispielsweise steigende Verschuldung der Privathaushalte, möglich gewesen wäre. Die etwas steiler ansteigende, obere, durchgezogene Linie beschreibt den stilisierten tatsächlichen Wachstumspfad der letzten knapp 30 Jahre. Die Lücke dazwischen, der Keil, der sich innerhalb der letzten 30 Jahre bildete, zeigt das durch die gestiegene Ungleichverteilung bewirkte oben geschilderte Zurückbleiben der Masseneinkommen und damit auch der Massenkaufkraft hinter dem Wachstum des Sozialproduktes.

Masseneinkommen bleiben zurück

„Geld von Unten nach Oben zu verteilen verringert den Konsum, da einkommensstarke Personen einen kleineren Anteil ihres

> Einkommens ausgeben als einkommensschwache (die am oberen Ende sparen 15 bis 25 Prozent ihres Einkommens, die am unteren Ende verbrauchen ihr Einkommen komplett). Das Resultat: sofern und solange nicht etwas anderes geschieht [...], wird es Arbeitslosigkeit geben."[106]

Scheinwohlstand auf Pump

Eigentlich wäre nur die untere Linie des Wirtschaftswachstums möglich gewesen. Denn Massenproduktion setzt Massennachfrage und damit Massenkaufkraft und Masseneinkommen voraus. Auf Dauer können die Produktion und Wirtschaft nur wachsen, wenn die Massenproduktion auch abgenommen wird. Dass dennoch die obere Wachstumslinie erreicht wurde, lag an der künstlich überhöhten Nachfrage seitens vieler Millionen von Privathaushalten durch Kredite. Vermutlich weit über 100 Millionen Familien weltweit sowie einige Länder lebten in den letzten 30 Jahren deutlich über ihre Verhältnisse, gaben mehr aus als sie einnahmen und finanzierten diese künstliche Nachfrage durch eine höhere Verschuldung.[107] So entstand allmählich ein auf Pump und damit auf Sand gebautes Wirtschaftswachstum in Höhe des Keils zwischen den beiden durchgezogenen Linien. Dieser Keil steht nun vor einer Bereinigung. Wie groß dieser Keil ist, kann man in etwa abschätzen, indem man die Entwicklung des tatsächlichen Wirtschaftswachstum der letzten, sagen wir, 30 Jahre dem realen Anstieg der Masseneinkommen gegenüberstell, für die als Näherungsgröße die Entwicklung der Medianeinkommen[108] herangezogen werden soll. Die Medianeinkommen sind in praktisch allen Ländern dieser Welt deutlich langsamer gewachsen als die tatsächlichen Produktionskapazitäten. Das Welt-Bruttoinlandsprodukt (Welt-BIP) wuchs von 1980 bis 2010 von 100 auf 230.[109] Die Weltmedianeinkommen wuchsen im selben Zeitraum wohl maximal halb so stark. Das reale BIP der USA etwa wuchs zwischen 1980 und 2011 von 100 auf 231, die Medianeinkommen stiegen im gleichen Zeitraum in den USA dagegen nur von 100 auf 108.[110] Das ist eine gewaltige Nachfragelücke, die sich da aufgebaut hat und die nun vor einer Bereinigung steht. Die Lücke könnte, wenn man ähnliche Zahlen wie für die USA auch für den Rest der Welt unterstellt, eine Größenordnung von bis zu einem Drittel der Weltindustrieproduktion haben. Da die gesamte Wirtschaftsleistung, die im Bruttoinlandsprodukt (BIP) ermittelt wird, außer der Industrieproduktion auch Dienstleistungen,

Landwirtschaft und staatliche Tätigkeiten umfasst, die konjunkturell weniger stark reagieren als die Industrieproduktion, dürfte der Rückgang des BIP milder ausfallen. So könnte, gemessen am BIP, eine Bereinigung von vielleicht 25 % bevorstehen.

„Das überreichliche Kreditangebot bis zur Jahresmitte 1928 verdeckte die strukturellen Risse" schreibt C. Kindleberger in seiner ausgezeichneten Analyse der Weltwirtschaftskrise 1929–1939.[111] Dieser Satz kann wortwörtlich auf die Zeit bis 2007 übertragen werden. Ähnlich wie 1929 steht die Weltwirtschaft heute vor einer dramatischen Zäsur.

4.1 Der Einbruch steht bevor

»Man muss sich keine Sorgen machen. Die Wohlstandsspitze wird weiter bestehen.«

Andrew W. Mellon, US-Finanzminister, 1928[112]

»Fette Jahre – Warum Deutschland eine glänzende Zukunft hat«

Bert Rürup, ehemaliger Vorsitzender der *Fünf Weisen* und Dirk H. Heilmann 2012[113]

Solange keine durchgreifenden, an die Wurzel des Übels gehende Maßnahmen ergriffen werden, wie sie im unteren Teil dieser Ausführungen beschrieben werden, bedeutet dies, dass die Weltökonomie heute ähnlich wie 1929 vor einer tragischen Rückkehr zum nachhaltig erzielbaren Wachstumspfad steht. Das heißt: Entweder eine lange anhaltende Phase von moderater realer Produktionsschrumpfung über einen Zeitraum von vielleicht 10 bis 15 Jahren oder aber eine kürzere Phase mit starkem realen Wirtschaftseinbruch in der Größenordnung von bis zu 25 % vom Weltsozialprodukt, um den nachhaltigen Wachstumspfad wieder zu erreichen. Letzteres ist deutlich wahrscheinlicher, da in einer Phase langer Schrumpfung nur zu leicht Panik ausbrechen kann, was eine plötzliche und steile Abwärtsentwicklung auslösen kann, wie ein Blick auf die Jahre 1929–1932 lehrt: Die Große Depression war gekennzeichnet von einer ganzen Serie aufeinander folgender Panikausbrüche: Beginnend mit der Börsenpanik im Herbst 1929, dann kamen die Bankenpanik 1931, 1932 und 1933, diverse Rohstoffbörsenpanikausbrüche, Währungspaniken, Goldpaniken usw. usw.[114] Sollte die jetzt anstehende Bereinigung nach dem *Overshooting*, dem Überschießen bzw. der Übertreibung nach oben während der letzten 30 Jahre, allerdings in ein *Undershooting* oder eine Übertreibung nach unten, unter den nachhaltigen Wachstumspfad, münden, kann der Einbruch der Wirtschaftsleistung auch noch stärker ausfallen.

Die verzweifelte Suche nach Wachstumslokomotiven

Es gibt auch Länder, deren Ökonomien wesentlich solider dastehen und die auch in den kommenden Jahren Wachstumszentren bleiben dürften, insbesondere **China**, **Indien** und andere südostasiatische Staaten. Aber deren Gewicht in der Weltökonomie von derzeit etwa 15 % vom Welt-BIP ist einfach zu gering, um dem Abwärtsdruck der „westlichen" Welt (inklusive **Japan**, das seit 15 Jahren mit Deflation kämpft und aktuell vor massiven ökonomischen Problemen steht) ein ernsthaftes Gegengewicht als Wachstumslokomotive entgegenstellen zu können. Außerdem ist v. a. China derzeit noch stark von Exporten in die westliche Welt abhängig und dürfte unter einem Absatzeinbruch dort zumindest teilweise in Mitleidenschaft gezogen werden.[115] **Brasilien** und die **Türkei** stehen meines Erachtens vor einem Wirtschaftseinbruch, da dort sehr große Vermögenskonzentration und hohe Verschuldungsraten vorliegen. **Russland**, **Australien** und **Kanada** dürften ebenfalls keine Wachstumszentren darstellen, da sie stark von Rohstoffexporten profitieren, die preis- und mengenmäßig im Verlauf der kommenden Krise deutlich leiden dürften. Im Falle Russlands kommt die extreme Vermögenskonzentration als Hemmfaktor hinzu. **In summa stehen Länder, die wohl 75 % oder mehr des Welt-BIP auf sich vereinigen, vor einem dramatischen wirtschaftlichen Schrumpfungsprozess**.

Dass solche Größenordnungen von Einbrüchen in der Industrieproduktion – ein Drittel oder mehr und des Sozialproduktes um 25 % oder mehr – nicht unrealistisch sind, zeigt ein Blick auf die Große Depression 1929–1932: In Deutschland fiel das reale Nettosozialprodukt zwischen 1929 und 1932 um 23 %, die Industrieproduktion brach um 40 % ein.[116] Aufgrund von Bankzusammenbrüchen wurden durch Reichskanzler Heinrich Brüning am 14. und 15. Juli 1931 sämtliche deutsche Banken geschlossen.[117] Die Zahl der Arbeitslosen stieg bekanntlich während Brünings Regierungszeit (von März 1930 bis Mai 1932) von 2,3 Millionen auf 6 Millionen.[118] Dies ebnete den Weg in eine politische Radikalisierung.

In den USA fiel das reale Sozialprodukt von 1929 bis 1933 um 30,5 %[119], die Industrieproduktion sank von 1929 bis 1932 um 46 %[120], das Volkseinkommen brach um 53 % ein, die Bruttoinvestitionen kollabierten zwischen 1929 und 1932 von 16 Mrd. US-Dollar auf 1 Mrd. US-Dollar.[121] Im Juli 1932 lag die Kapazitätsauslastung der US-amerikanischen Stahlwerke bei 12 %, mit anderen Worten: 7 von 8 Stahlunternehmen standen still.[122] Im Oktober 1932 begannen in den USA aufgrund vieler Bankzusammenbrüche vereinzelte Bankschließungen, am 4.3.1933 wurden sämtliche US-Banken durch Präsident Roosevelt geschlossen.[123] Auch was die Länge von Wirtschaftsabschwüngen anlangt, ist ein Blick in die Geschichte ernüchternd: Neun Jahre nach Ausbruch der Weltwirtschaftskrise lag das reale Volkseinkommen der USA noch 2 % unter dem Vorkrisenniveau, das reale Pro-Kopf-Einkommen um 8 % und die Produktion von Fertigwaren um 4 % darunter.[124] Bis 1941 blieb der in Dollar gemessene Wert der Produktion unter dem Niveau von 1929.[125]

Im Laufe des Sommers 2007, verstärkt ab dem Zusammenbruch von Lehman im September 2008, begannen die Banken, die Kreditzufuhr für weiteres künstliches Nachfragewachstum auf Pump zu reduzieren, ähnlich wie es ab 1929 erfolgte.[126] Sowohl die Kreditvergabe an Privathaushalte wie an ganze Nationen wurde schwieriger, verstärkt durch die Vertrauenskrise der Banken untereinander nach dem Zusammenbruch von Lehman. Diese Vertrauenskrise war nur zu berechtigt, da, wie obiges Schaubild *Tatsächlicher vs. nachhaltiger Wachstumspfad* zeigt, ein beachtlicher Teil aller Kredite kaum oder nicht rückzahlbar ist. Die Banken handelten (und handeln) durchaus rational, wenn sie wenig neue Kredite zu vergeben bereit sind.

Abschwungpotenzial von 25 Prozent?

In dem Moment, in dem die Zufuhr an Neukrediten an die Privathaushalte und an verschiedene, als kritisch eingestufte Länder aufhörte oder sich umdrehte, wie es seit Ausbruch der Finanzkrise im

Sommer 2007 tatsächlich geschah (weiterhin geschieht und geschehen wird), wird die Wirtschaft auf den nachhaltigen, aus eigener Kraft erzielbaren Wachstumspfad zurückgezwungen (Pfeil *Rückkehr zum nachhaltigen Wachstumspfad* rechts oben in der Grafik). Das heißt, im Sommer 2007 begann die lang anhaltende Bereinigungskrise mit einem Abschwungpotenzial von vielleicht bis zu 25 % des Welt-BIP, wie oben berechnet wurde.

4.2 Hohe Überkapazitäten weltweit

Tatsächlich erleben wir seit 2007 eine massive Unterkonsumtionskrise wie in den Jahren ab 1929, da die nachhaltig, aus eigener Kraft erzielbaren Masseneinkommen bei Weitem nicht ausreichen, um die Produktionskapazitäten auszulasten. Dass das aktuelle Produktionsniveau in den Industrieländern seit 2007 überhaupt aufrechterhalten werden kann, liegt im Wesentlichen an der massiven expansiven Fiskalpolitik fast aller Länder weltweit, die durch eine unglaublich expansive Geldpolitik unterstützt wird. Ohne diese künstlichen Nachfragestützungsaktionen vieler Regierungen wäre die Weltproduktion schon längst eingebrochen, da die Nachfrage der privaten Haushalte seit 2007 viel zu gering ist. Für die „Advanced Economies", die fortgeschrittenen Volkswirtschaften, rechnet der IWF derzeit mit einer Produktionslücke (output gap), verglichen mit dem Vorkrisentrend, von über 10 % vom BIP, für die USA beziffert er die derzeitige tatsächliche Unterauslastung (output gap) auf 5 % vom BIP.[127]

Arbeitsplatzlücke von 15 Millionen Beschäftigten in den USA

Ein Blick auf den US-amerikanischen Arbeitsmarkt zeigt ebenfalls eine erhebliche „Produktionslücke" in dem Sinne, dass viel mehr Arbeitskräfte zur Verfügung stehen, als tatsächlich gebraucht werden. Von November 2007 bis November 2011 fiel die Zahl der vollzeitbeschäftigten Arbeitnehmer in den USA um 8,7 Millionen. Im selben Zeitraum stieg aufgrund des Bevölkerungswachstums die Zahl der arbeitsfähigen Bevölkerung um etwa 7 Millionen, so dass Ende 2011 eine „Arbeitsplatzlücke" von 15 Millionen Menschen gegenüber 2007 bestand. Die offiziell ausgewiesene Arbeitslosenquote berücksichtigt diesen Tatbestand nur sehr unzureichend, da diejenigen Menschen, die sich z. B. aus Frustration aus dem Arbeitsmarkt zurückziehen, nicht als Arbeitslose gezählt werden.[128]

Das überparteiliche Congressional Budget Office (CBO) schätzte im Januar 2012 für die USA die Produktionslücke, die Differenz zwischen der möglichen und der tatsächlichen Produktion, für 2011 auf etwa 800 Mrd. USD, entsprechend etwa 5 bis 6 % vom BIP, und rechnete Anfang 2012 damit, dass die Lücke noch gut zwei Jahre in dieser Größenordnung weiterbestehen, bevor sie sich ab 2014 bis 2016 zügig schließen werde. Interessanterweise wurde schon im CBO-Bericht von 2009 ebenfalls angenommen, dass die 2009 bestehende Produktionslücke von seinerzeit 6,8 % vom BIP weitere zwei Jahre fortbestehen werde, bevor sie sich ab 2011 rapide schließen werde – eine komplette Fehlannahme. Die Lücke bestand weiterhin in beinahe unverminderter Höhe fort. Ähnlich komplett falsch waren praktisch alle anderen Prognosen des CBO-Berichtes von Januar 2009.[129]

Die Schätzungen von IWF und dem US-amerikanischen Congressional Budget Office zur Entwicklung des Abbaus der weltweiten Überkapazitäten unterstellen, dass die derzeitige weltweite Massennachfrage nicht nur aufrechterhalten, sondern deutlich gesteigert werden kann.[130] Falls diese Annahme nicht zutrifft, stimmen auch die Schätzungen zur Größenordnung der aktuell bestehenden Überkapazitäten nicht. So fiel beispielsweise während der Großen Depression in Deutschland zwischen 1929 und 1932 die Auslastung der industriellen Produktionskapazität pro Jahr um 10 Prozentpunkte von etwa 70 bis 75 % 1929 auf ungefähr 45 % im Jahre 1932.[131] Die Berechnung von Überkapazitäten heute steht auf sehr fragilem Boden: Die Berechnungen sind so gut wie die Annahmen zur Nachfrageentwicklung, auf denen sie fußen. Bricht die angenommene Nachfrage weg, so bricht auch die Kapazitätsauslastung ein.

In dem Maße, in dem der Konsum während der letzten 30 Jahre nicht nachhaltig war, d. h. in der Zukunft nicht aufrechtzuerhalten sein wird, in dem Ausmaß wird die Kapazitätsauslastung in den kommenden Jahren in etwa einbrechen.

Ein Blick auf die Entwicklung der gesamtwirtschaftlichen privaten Nachfrage (inklusive private Investitionen) seit 2007 beispielsweise in Griechenland und Spanien lässt erahnen, von welchen Größenordnungen man hierbei ausgehen kann. Denn eine starke Verschuldung der privaten Haushalte in den letzten 30 Jahren war bei Weitem nicht auf diese beiden Länder beschränkt. In Wirklichkeit bestand jahrelang bei vielen hundert Millionen Menschen weltweit nur die Illusion, auf einem höheren Nachfrageniveau leben zu können als es die eigene Einkommenskraft zulässt. Es bestand eine auf Pump und damit auf Sand gebaute Übernachfrage, die sich nun wieder an ein deutlich niedriger liegendes reales Nachfrageniveau anpassen muss. Das Aufwachen aus der Illusion hat erst zum Teil begonnen, es dürfte in den kommenden Jahren noch deutlich schmerzlicher werden, wenn nicht an die Wurzel des Problems gehende Maßnahmen, wie sie weiter unten beschrieben werden, ergriffen werden.

Das Erwachen aus der Illusion hat erst zum Teil begonnen

4.3 Die Entstehung der Fehlentwicklungen

Wie konnte es nun zur Entwicklung des Keils in obigem Schaubild *Tatsächlicher vs. nachhaltiger Wachstumspfad* kommen?

Um diese Frage zu beantworten, muss man sie zunächst etwas umformulieren:

Welche ökonomischen Auswirkungen hatte die oben geschilderte, seit etwa 1980 weltweit zu beobachtende Zunahme der Ungleichverteilung von Vermögen und Einkommen[132] – jenseits der Moralfrage – rein ökonomisch für fortgeschrittene Volkswirtschaften?

Reiche sparen mehr als Arme

Bei steigender Ungleichverteilung erhalten die wohlhabendsten Menschen eines Landes einen immer größer werdenden Anteil des Kuchens – des weltweit stark gewachsenen Volkseinkommens. Wohlhabende Familien konsumieren prozentual weniger von ihrem verfügbaren Einkommen als arme, sie sparen mehr[133], was das unten stehende Schaubild *Sparquote der privaten Haushalte nach Einkommen in Prozent*[134] vorführt. Es liegt auf der Hand, dass bei einem

Einkommen von z. B. über 50.000 Euro pro Tag nur mehr wenige Prozente oder eher Promille konsumtiv ausgegeben werden können.

Sparquote der privaten Haushalte nach Einkommen in Prozent

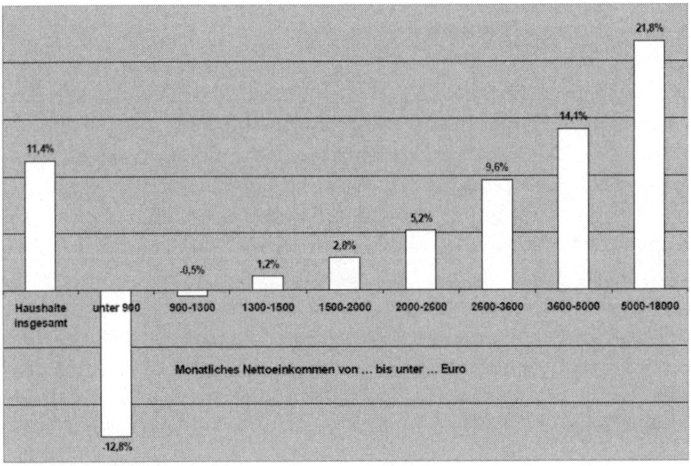

Quelle: DIA 2005, Destatis 2005

Steigt die Ungleichverteilung, so steigt also ceteris paribus auch die Sparquote in dem betreffenden Land und damit das Angebot an anzulegendem Kapital. Durch die steigende Fülle an Kapital entsteht tendenziell Druck auf die Zinsen. Genau dies trat in den letzten Jahrzehnten in fast allen Ländern der Erde ein.[135] Kapital war in großer Fülle vorhanden, die Kreditstandards seitens der Banken wurden teilweise dramatisch gelockert, wie zahlreiche Beispiele zeigen.[136]

Auf nationaler Statistikebene muss diese steigende Ersparnisbildung bei den wohlhabenden Haushalten nicht zwangsläufig in Form einer steigenden gesamtwirtschaftlichen Sparquote sichtbar werden, wie man z. B. anhand der USA zeigen kann.[137] Die erhöhte Ersparnisbildung bei den wohlhabenden Privathaushalten kann mit erhöhter Verschuldung bei den ärmeren Haushalten einhergehen,[138] so dass man die Veränderungen des Sparverhaltens in einem Land von außen nicht sieht. Der ökonomische Effekt der erhöhten Ersparnisbildung bei den wohlhabenden Privathaushalten ist dennoch wirksam.

4.4 Globale Blasenbildungen

Von 2002 bis 2007 stiegen die weltweiten Kapitalvermögen um 11 % pro Jahr

Weltweit betrachtet hat das in den letzten 30 Jahren exponentiell wachsende Kapitalangebot zu Druck nach unten auf die Zinsen geführt.[139] Die verstärkt wachsenden Kapitalmassen suchten international nach rentierlichen Anlagemöglichkeiten. Diese (über-)reichlich zur Verfügung stehenden ‚vagabundierenden' Geld- bzw. Kapitalmittel führten zu überhöhten Investitionen in Sachanlagen aller Art weltweit. Genau hier liegt die Hauptursache der derzeitigen globalen finanziellen und wirtschaftlichen Verwerfungen. Die wachsenden Kapitalmassen führten über niedrige Zinsen zu Überinvestitionen in praktisch alle Arten von Anlageobjekten: Immobilien (privat und gewerblich), Unternehmensanteile (Aktienbörsen, Private Equity, Mergers & Acquisitions etc.), Rohstoffe (Erdöl, Kupfer etc.), Nahrungsmittel, Gold, sowie in reale Produktionsanlagen wie Maschinen, Produktionsgebäude und Infrastrukturanlagen. Im Folgenden soll auf einige wenige dieser Bereiche skizzenhaft eingegangen werden.

4.4.1 Immobilien

»Krankhafte[s] unkontrollierte[s] Wachstum – ‚Immobilientumor'«
Montalvo, spanischer Ökonom, 2008[140]

Bis 2007 entstand eine ganze Reihe von Immobilienblasen weltweit, bei Weitem nicht nur in den USA, sondern auch in den meisten Ländern Europas und vielen Ländern Asiens – in Dubai etwa stiegen die Preise für Wohnimmobilien vom 2. Quartal 2007 bis zum 3. Quartal 2008 um über 100 %;[141] in Indien erhöhten sich die Preise für Wohnungen in den vier Großstädten Mumbai, Bangalore, Kalkutta und Delhi zwischen 2001 und 2008 um 250 bis 400 %.[142]

Es bildeten sich in vielen Ländern Immobilienstrukturen, die einem Krebsgeschwür gleichen. Der spanische Ökonom Montalvo sprach in diesem Zusammenhang beispielsweise für Spanien 2008 von „krankhaftem unkontrolliertem Wachstum – Immobilientumor".[143] Ursachen, Entwicklung und Missstände auf den diversen Immobilienmärkten der Welt sind Gegenstand vieler Darstellungen der derzeitigen Finanz- und Wirtschaftskrise[144], so dass hier auf eine nähere Darstellung verzichtet werden soll. Die Größenordnung der Immobilien-Fehlinvestitionen weltweit dürfte sich auf mehrere tausend Milliarden US-Dollar belaufen, die ihre Spuren in den Bankbilanzen hinterlassen haben, wie man z. B. an den spanischen Banken sehen kann.

4.4.2 Die 1920er und 1930er Jahre in den USA

»Der Florida-Landboom beinhaltete alle Elemente einer klassischen Spekulationsblase.«
John Kenneth Galbraith, US-Ökonom
und Präsidentenberater[145]

Ähnlich wie in den Jahren bis 2007 verzeichnete der US-Immobilienmarkt einen starken, schuldengetriebenen Aufschwung bis 1925. Allein von 1921 bis 1925 stiegen die realen Hauspreise in den USA um 19 %. Florida verzeichnete Anfang der 1920er Jahre eine Immobilienblase, die stark an die Entwicklung in den 2000er Jahren erinnert.[146] Das Volumen der Immobilienschulden in den USA verdreifachte sich beinahe zwischen 1920 und 1929 von 11 % des BIP auf 28 % des BIP. Im selben Zeitraum verdoppelten sich die Konsumentenschulden von 4,5 auf 9 % des verfügbaren Einkommens.[147]

Der Immobiliensektor beschäftigte laut Gil Slade in den USA vor der Weltwirtschaftskrise 30 % aller Beschäftigten – allerdings scheint diese Zahl dem Autor deutlich zu hoch gegriffen. 1929 kollabierte die Baubranche in den USA und die Hausbauneubeginne fielen 1929 auf ein Zwanzigstel des Wertes von 1928.[148]

Die Zwangsversteigerungen stiegen acht Jahre lang, von 1926 bis 1933, als jeder zweite Hauskredit in Verzug war.[149] Die Zwangsversteigerungen unterschritten bis Ausbruch des Zweiten Weltkrieges nicht mehr das Niveau von 1926. Noch 1937, während des kurzen und kräftigen US-Aufschwungs, der 1936 eingesetzt hatte, lag das Volumen der Bauproduktion 40 % unter dem Niveau von 1929 und noch deutlich mehr unter dem Maximum von 1925. Die Baukrise in den USA hielt etwa 15 Jahre lang an und wurde erst entscheidend nach dem Zweiten Weltkrieg behoben.

15-jährige Immobilienkrise in den USA in der Zwischenkriegszeit

Die derzeitige Krise am US-Immobilienmarkt dauert „erst" knapp fünf Jahre. Die leer stehenden Häuser in den USA erreichten im ersten Quartal 2011 mit über 14 % ein neues Nachkriegshoch: „Selbst unter normalen Marktvoraussetzungen ist die Anzahl leer stehender Wohnungen und Häuser beträchtlich – aber im Moment übersteigt diese Anzahl bei Weitem das, was man unter solchen Bedingungen erwarten würde."[150] Die Zahl der in Zwangsversteigerung befindlichen Hausbaudarlehen lag mit etwa 2,4 Millionen Einheiten Ende 2011 noch immer auf ähnlichem Niveau wie 2009 und war weiterhin beinahe 5 Mal so hoch wie vor der Krise. Der IWF geht davon aus, dass aufgrund der sehr hohen Zahl von in Zahlungsschwierigkeiten befindlichen Hausbaudarlehen die Zahl der Zwangsversteigerungen noch signifikant steigen könnte.[151] Viele Anzeichen sprechen dafür, dass die aktuelle Immobilienkrise in den USA noch längst nicht vorbei ist.

4.4.3 Rohstoffe

Anlagen in Indexfonds und Rohstoffpreise

gemessen am Goldman Sachs Rohstoff-Index, 1994 bis 2008

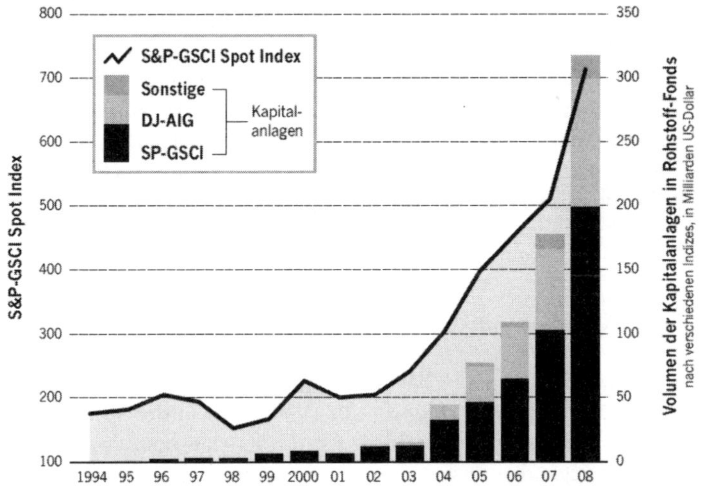

Die Investitionen in Rohstoffe aller Art haben, wie im Schaubild[152] dargestellt, während der letzten etwa 20 Jahre dramatisch zugenommen (vgl. Schaubild *Anlagen in Indexfonds und Rohstoffpreise*). Im März 2011 betrugen die Anlagen in Rohstoffen weltweit etwa USD 600 Mrd.[153] Damit einher ging ein deutlicher Anstieg der Rohstoffpreise.

Dramatische Zunahme der weltweiten Rohstoffspekulation

Verstärkte Anlagen in Rohstoffen bedeuten eine Erhöhung der Anzahl der „open interest"-Kontrakte an den Futures-Märkten. Dadurch werden die zugrunde liegenden Preistrends verstärkt: Bei Preisaufschwüngen steigen die Preise stärker als ohne Rohstoffspekulationen, bei Preisabschwüngen sinken die Preise stärker. Diese erhöhte Volatilität führt zu höheren Absicherungsprämien und verteuert damit die Rohstoffe.[154] Laut einer Studie der Europäischen Zentralbank zu Finanzinvestoren auf dem Rohölmarkt haben die Aktivitäten an den Futures-Märkten die Ölpreise in der Periode von 2000 bis Mitte 2008, als das Volumen der an der NYMEX gehandelten Rohölderivate sich verfünffachte, um 15 % über das Niveau gehoben, das durch die Fundamentaldaten gerechtfertigt gewesen wäre.[155]

Eine spekulativ, über den fundamental gerechtfertigten Preisen liegende künstlich herbeigeführte Verteuerung von Rohstoffen sendet den Produzenten ein falsches Preissignal. Überhöhte Preise führen – abgesehen von dem Leid, das dadurch im Falle von zu hohen Lebensmittelpreisen z. B. ohnehin bereits unterernährten Menschen zugefügt wird – zu überhöhten Investitionsentscheidungen und Aufbau von Überkapazitäten, die eines Tages bereinigt werden müssen.

4.4.4 Analogie zur Weltwirtschaftskrise 1929–1939

Der Agrarsektor trug 1929–1939 maßgeblich zur Weltwirtschaftskrise bei. US-Präsident Hoover sah 1930 außer in der Spekulation, die in seinen Augen maßgeblich für die Krise verantwortlich war, die tiefer liegenden Ursachen der Krise in der „Überproduktion bei Weizen, Gummi, Kaffee, Zucker, Silber, Zink" usw. Der Preisverfall auf den Rohstoffmärkten war während der Großen Depression dramatisch: Die Rohstoffpreise sanken 1930 um 40 %, 1931 um 28 % und 1932 um 12 %. Entsprechend herrschte Chaos, Not und Elend im landwirtschaftlichen Sektor, und damit großen Teilen der Weltwirtschaft. 1929 waren selbst in den USA noch 25 % aller Arbeitnehmer in der Landwirtschaft beschäftigt, in anderen Ländern ein noch sehr viel höherer Anteil der Menschen.[156]

Während der 1920er Jahre hatten sich weltweit deutliche Überkapazitäten im landwirtschaftlichen Sektor aufgebaut. Hauptgrund dafür waren die hohen Preise in den 20er Jahren, v. a. Mitte der 1920er Jahre, die weltweit starke Investitionen in den Rohstoffsektor hervorgerufen hatten. Diese führten zu tragischen Überkapazitäten und Überproduktion.[157]

Führt man sich die dramatische Erhöhung der Rohstoffpreise in den 2000er Jahren vor Augen, die durch verschiedene Faktoren wie z. B. Bevölkerungswachstum, veränderte Ernährungsgewohnheiten,

Anstieg von Bioethanol-Produktion sowie durch spekulative Rohstoffinvestments zustande kam, so ergeben sich deutliche Analogien zu den 1920er Jahren. Dies lässt Schlimmes befürchten. Denn was ab 1929 folgte, wurde soeben skizziert: Einbrüche an den Rohstoffmärkten, Chaos, Elend und Not in weiten Teilen der Erde.

4.4.5 Unternehmenskäufe

Starke Zunahme von *leverage finance*-Transaktionen

Unternehmenskäufe werden häufig mit hohem Fremdkapitalanteil finanziert.[158] Je niedriger die Zinsen und je besser der Zugang zu Fremdkapital über Banken, desto attraktiver werden Unternehmensübernahmen. Daher nahmen seit den 1990er Jahren Unternehmenskäufe praktisch aller Art dramatisch zu.[159] Der Gesamtwert aller M&A-Transaktionen, also aller Unternehmensakquisitionen durch Unternehmen und Unternehmensverschmelzungen betrug bei Ausbruch der Finanzkrise im Jahr 2007 4.165.200 Mio. USD, also knapp 4,2 Billionen USD, das ist deutlich mehr als das gesamte BIP von Deutschland in diesem Jahr. 2002 hatte dieser Wert noch bei 1,2 Billionen USD gelegen, nachdem er zum Höhepunkt der Dotcom-Blase 2000 3,4 Billionen USD betragen hatte.[160] Die grenzüberschreitenden M&A-Transaktionen beliefen sich im Jahre 1990 auf 155,6 Mrd. USD, 2005 auf 716,3 Mrd. USD.[161] Fachleute sprechen in einem 2007 erschienenen Buch von der 4. Welle an M&A in den 1980er Jahren, von der 5. Welle in den 1990er Jahren und der 6. Welle mit Fragezeichen ab 2003.[162]

In den Jahren vor Ausbruch der Finanzkrise 2007 wurden sehr hohe Preise für Unternehmensübernahmen gezahlt und die Transaktionen immer aggressiver fremdfinanziert.[163] Die Folgen für die erworbenen Unternehmen: finanzielle Schwächung und verringerte Widerstandskraft bei Wirtschaftsabschwüngen.[164] Auch die durch die Kapitalflut herbeigeführte Blase bei Unternehmenskäufen steht nun vor einer Bereinigung.

Bei der derzeitigen Finanz- und Wirtschaftskrise spielt die hohe Verschuldung vieler Marktteilnehmer eine Schlüsselrolle. Es soll daher im Folgenden anhand des Beispiels Unternehmenskäufe durch Private Equity-Gesellschaften aufgezeigt werden, welche Rolle hierbei Banken spielen, wie Schulden aufgebaut werden und welche Auswirkungen auf die betroffenen Unternehmen und die Volkswirtschaft die Zunahme von Schulden hat. Der Autor hat von 1995 bis 2002 zahlreiche Private Equity-Transaktionen als investment banker finanziert.

4.4.6 Zunehmende Verschuldung durch Private Equity

Fallbeispiel

Unternehmenskäufe durch **Private Equity-Gesellschaften** (PE-Gesellschaften) bzw. Finanzinvestoren – in der Regel sogenannte *Leveraged Buyouts* – haben oft eine sehr komplexe Transaktionsstruktur und es gibt kein generelles Schema, wie die Transaktionen ablaufen. Juristische und steuerliche Aspekte spielen eine wichtige Rolle. Auch die Kreditstruktur ist in der Regel recht komplex und bei jeder Transaktion ein wenig anders. Trotzdem soll im Folgenden versucht werden, anhand eines stark vereinfachten Fallbeispiels die grundlegende Vorgehensweise der Private Equity-Gesellschaften bei Unternehmenskäufen darzustellen.

In der Regel gründen Private Equity-Fonds für jeden einzelnen Unternehmenskauf eine spezielle Firma mit dem einzigen Zweck, diese Einzweckgesellschaft (Neu GmbH) mit dem erworbenen Unternehmen (Ziel GmbH) zu verschmelzen.[165]

Vor dem Kauf:

Neu GmbH	
Aktiva	Passiva
100 M € Cash	25 M € EK 75 M € Bankverb.

Ziel GmbH	
Aktiva	Passiva
25 M € Immobilien	40 M € EK
25 M € Maschinen	10 M € Bankverb.
50 M € Umlaufverm.	50 M € Sonst. Verb.

Nach Kauf und Verschmelzung der Neu GmbH
mit der Ziel GmbH:

Neu+Ziel GmbH	
Aktiva	Passiva
60 M € Goodwill	
25 M € Immobilien	25 M € EK
25 M € Maschinen	85 M € Bankverb.
50 M € Umlaufverm.	50 M € Sonst. Verb.

M = Millionen

Wie verändern sich die Bilanzen durch den Kauf? Die Aktiva der Neu GmbH sollen vereinfacht nur aus liquiden Mitteln in Höhe von 100 Mio. Euro bestehen. Diese 100 Mio. Euro seien der vereinbarte Kaufpreis für das zum Verkauf angebotene Unternehmen. Die Verbindlichkeiten der Neu GmbH bestehen zu 75 % aus Fremdkapital in Form von Bankschulden, 25 % seien von der PE-Gesellschaft eingebrachtes Eigenkapital.

Die Vermögenswerte des zu kaufenden Unternehmens bestehen im Anlagevermögen aus Immobilien im Buchwert von 25 Mio. Euro und Maschinen zu 25 Mio. Euro, das Umlaufvermögen bestehe aus 50 Mio. Euro. Die Passiva betragen 40 Mio. Euro Eigenkapital und 60 Mio. Euro Fremdkapital, davon 10 Mio. Euro Bankschulden und 50 Mio. Euro sonstige Verbindlichkeiten wie Lieferantenverbindlichkeiten, Rückstellungen etc. Die Vermögenswerte der Ziel GmbH bleiben durch die Transaktion zunächst unberührt. Die Vermögenswerte der Neu GmbH – genau der Kaufpreis von 100 Mio. Euro – werden an den oder die Alteigentümer überwiesen, sie verschwinden also aus der gemeinsamen Bilanz.[166]

Eigenkapital wird reduziert, Schulden steigen

Auf der Passivseite der Ziel GmbH bleibt das kurzfristige Fremdkapital dem Unternehmen erhalten. Die 50 Mio. Euro Eigenkapital der Ziel GmbH verlassen die gemeinsame Bilanz im Zuge der Kaufpreiszahlung an den Alteigentümer. Er wird mit 100 Mio. Euro Liquidität ausbezahlt.

Die Verbindlichkeiten der Neu GmbH, die 75 Mio. Euro Bankschulden, die aufgenommen worden waren, um den Kauf zu finanzieren, finden sich nun in der konsolidierten Bilanz der Neu+Ziel GmbH. Das Eigenkapital wurde mit 25 Mio. Euro aus der Bilanz der Neu GmbH übernommen. Warum? Eigenkapital ist eine Residualgröße, es ist das, was übrig bleibt, wenn man die Verbindlichkeiten von den Vermögenswerten abgezogen hat. Kauft man eine Firma, so gehen sämtliche Vermögenswerte, also Aktiva, in das Eigentum des Käufers über. Gleichzeitig verpflichtet sich der Käufer, sämtliche Verbindlichkeiten des gekauften Unternehmens zu übernehmen. Die Differenz aus diesen Größen ergibt das Eigenkapital. Ein Blick auf die konsolidierte Bilanz zeigt, dass die Summe der Aktiva (ohne den grau unterlegten Posten **‚Goodwill'**) einen Wert von 100 Mio. Euro aufweist. Die Summe der Passiva beträgt jedoch 160 Mio. Euro.

Die Differenz von 60 Mio. Euro tritt auf, da der Käufer bereit war, 60 Mio. Euro mehr für das Unternehmen zu bezahlen als dessen ursprüngliches Eigenkapital an Buchwert (40 Mio. Euro) betrug, z. B. für den guten Ruf, den guten Kundenstamm des Unternehmens usw. Dieser Differenzbetrag kann nun entweder auf einzelne Aktiva umgelegt werden über Höherbewertung einzelner Vermögenswerte im Zuge der Transaktion oder pauschal als Goodwill bilanziert werden, was im obigen Beispiel aus Vereinfachungsgründen unterstellt wurde.[167]

Diese Vorgehensweise ist bei Leveraged Buyouts üblich. Die **gekaufte Firma wird die Schuldnerin der Bank**, muss den Zinsdienst erbringen und die Tilgungsraten leisten. Die Vermögenswerte der ursprünglichen Ziel GmbH können nun als Sicherheiten für die neuen Bankschulden dienen. Daher sind Banken in der Regel zur Finanzierung solcher Unternehmenskäufe mit hohen Darlehensbeträgen bereit: Im Insolvenzfall haben sie normalerweise erstrangigen Zugriff auf die Vermögenswerte der übernommenen Unternehmen, die häufig vor dem Verkauf eine gute Reputation aufweisen.

»Wenn alle auf den Zehenspitzen stehen, sieht niemand besser.«
Fred Hirsch, US-Ökonom[168]

Neben dieser normalerweise komfortablen Sicherheiten-Situation handeln bzw. handelten die Geschäftsbanken unter Markt-Rahmenbedingungen wie es die Public Choice-Theorie beschreibt: individuell rationales Verhalten kann zu kollektiv irrationalen Ergebnissen führen. Klassisches Beispiel dafür ist, dass ein Zuschauer in den vorderen Reihen in einem Theater aufsteht, um besser zu sehen. Für ihn ist das individuell rational. Die hinter ihm Sitzenden stehen dann auch auf, um besser zu sehen, was für sie ebenfalls individuell rational ist. Am Schluss stehen alle statt zu sitzen, was kollektiv irrational ist wie eingangs hier erwähnt („If everyone stands on tiptoe, no one sees better"). Übertragen auf Bankfinanzierungen: Private Equity-Finanzierungen waren jahrzehntelang sehr erfolgreich und es gab keine nennenswerten Ausfälle. Private Equity-Finanzierungen sind für Banken deutlich lukrativer als konventionelles Kreditgeschäft. Banken wurden daher seitens ihrer renditebewussten Eigentümer angesichts des wie oben geschildert überreichlich zur Verfügung stehenden, Anlage suchenden Kapitals, in Private Equity-Finanzierungen gedrängt. Für jede einzelne Bank war das Vorgehen individuell rational. Kollektiv betrachtet wurden irrational hohe Mittel in diese Branche vergeben, was die Kaufpreise und die eingegangene Schuldenlast für viele Unternehmen über ein vernünftiges Maß hinaus trieb.

PRIVATE EQUITY macht Unternehmen krisenanfälliger

Was geschieht im Ergebnis? Ein ursprünglich konservativ finanziertes (Familien-)Unternehmen verwandelt sich über Nacht in ein riskant finanziertes Unternehmen. Die Eigenkapitalquote von ursprünglich 40 % der Bilanzsumme sinkt auf 15,6 %. Die Bankschulden, die ursprünglich 10 % der Bilanzsumme bzw. 25 % des Eigenkapitals ausmachten, steigen auf über 50 % der Bilanzsumme bzw. mehr als das Dreifache des Eigenkapitals.

Auswirkungen von Private Equity auf die Investoren

Aus PE-Sicht ist es klug, viele Schulden zu machen

Aus Sicht eines rational handelnden Finanzinvestors bzw. des Private Equity-Fonds ist es aus zwei Gründen vorteilhaft, den Schuldengrad des gekauften Unternehmens so hoch wie möglich zu gestalten, das heißt so viel Bankschulden bzw. so wenig Eigenkapital einzusetzen wie möglich.

Höhere Rendite durch den sogenannten leverage-Effekt

Ein vereinfachtes Rechenbeispiel mag dies verdeutlichen. Ziel der Private Equity-Investoren ist, das Unternehmen so bald wie möglich und so teuer wie möglich weiterzuverkaufen. Angenommen, es gelingt dem neuen Eigentümer, die Ziel GmbH ein Jahr später zu einem 50 % höheren Verkaufspreis weiterzuverkaufen, also für 150 Mio. Euro, was durchaus branchenüblich ist.

Fall 1: *Hoher leverage (hohe Bankschulden beim Unternehmenskauf eingesetzt, s. obiges Fallbeispiel)*

150 Mio. Euro Verkaufspreis
abzüglich 75 Mio. Euro Schuldentilgung
abzüglich 5,25 Mio. Zinsen (angenommener Zinssatz 7 % p.a.)
= 69,75 Mio. Euro.

Das heißt, aus ursprünglich eingesetzten 25 Mio. Euro werden binnen Jahresfrist 69,75 Mio. Euro. Das eingesetzte Eigenkapital **ver-2,8-facht** sich. Die **Rendite** auf das eingesetzte Eigenkapital beträgt **179 %** p.a.

»Zusätzliche Anreize für hohe Angebote ergeben sich aus den typischen Strukturen, durch die die Partner von einer LBO[169]-Partnerschaft wenig von ihrem eigenen Geld riskieren (oft weniger als nichts, wenn auch die Gebühren mit eingerechnet werden), doch erheblich am Gewinn beteiligt sind. Solche Vereinbarungen ähneln dem System der Schlepper auf Pferderennbahnen. Und wer hat jemals einen Schlepper gesehen, der nicht wollte, dass sein Buchmacher viele Wetten annimmt?«

Warren Buffett, US-Investor und Multimilliardär[170]

Fall 2: *Ohne leverage (Unternehmenskauf nur durch Eigenkapital, keine Bankschulden)*

In diesem Fall müsste der Finanzinvestor 100 Mio. Euro Eigenkapital einsetzen. Da dann weder Schuldentilgung noch Zinsen anfallen, stehen die 150 Mio. Euro Verkaufspreis unmittelbar dem eingesetzten Eigenkapital von 100 Mio. Euro gegenüber, d. h. die Private Equity-Gesellschaft hätte ihr eingesetztes Eigenkapital **ver-1,5-facht** bzw. eine Rendite auf das eingesetzte Eigenkapital von **50 %** gehabt.

Es ist also sogar **klug** und vorteilhaft für rational handelnde Private Equity-Gesellschaften, beim Unternehmenserwerb unter Renditegesichtspunkten **so viele Bankschulden wie möglich** einzusetzen.

Geringeres Risiko für die Private Equity-Gesellschaft durch Unternehmenskauf mit wenig Eigenkapital bzw. hohen Bankschulden

Für den Fall, dass sich die obige Fallbeispiel-Transaktion mit der Ziel GmbH schlecht entwickelt, im Extremfall: bei Insolvenz der Ziel GmbH, wie es z. B. derzeit im Zuge der Finanzmarktkrise sehr häufig mit von Private Equity-Gesellschaften gekauften Unternehmen geschieht, ist das Risiko der Private Equity-Gesellschaft begrenzt auf 25 Mio. Euro. Darüber hinausgehende Verluste tragen die Gläubiger.

Aus Sicht eines Finanzinvestors ist es deutlich intelligenter und gewinnbringender, bei einem zur Verfügung stehenden Kapital in Höhe von beispielsweise 150 Mio. Euro z. B. 15 Unternehmen mit jeweils nur 10 Mio. Euro Eigenkapitaleinsatz zu erwerben, als z. B. 5 Unternehmen mit jeweils 30 Mio. Euro Eigenkapitaleinsatz. Zum einen ist die Risikostreuung aus Sicht des Investors besser, wenn man 15 Unternehmen im Portfolio hält, zum anderen ist die Durchschnittsrendite auf das eingesetzte Eigenkapital aufgrund des leverage-Effektes dann deutlich höher.

Selbst wenn von 15 gekauften Unternehmen z. B. fünf komplett durch Insolvenz ausfallen sollten, kann die Gesamtrendite über alle 15 Investments insgesamt gesehen immer noch beachtlich sein: Beispielsweise ist bei einem erfolgreichen Börsengang (IPO) eines Unternehmens problemlos eine Verzehn- oder Verzwanzigfachung des eingesetzten Eigenkapitals möglich, ja selbst Verfünfzigfachungen hat der Autor in der Vergangenheit selbst miterlebt. Es reicht normalerweise, wenn aus einem Portfolio von 15 Unternehmen zwei oder drei hocherfolgreich weiterverkauft werden können – die höchste Rendite ist in der Regel über Börsenerstemissionen zu erzielen, weil dort die Verkaufspreise am höchsten sind – und noch ein weiteres halbes Dutzend mit guter Rendite, so können problemlos fünf Totalausfälle verschmerzt werden und die Gesamtrendite auf das eingesetzte Eigenkapital bewegt sich immer noch im Bereich von über 20 % pro Jahr.

Es ist also nicht ‚böser Wille', wenn Finanzinvestoren versuchen, so wenig Eigenkapital wie möglich einzusetzen, sondern Klugheit. Ja, es ist geradezu ein Gebot der Intelligenz, die erworbenen Unternehmen so hoch mit Schulden zu belasten, dass sie gerade noch überleben können, denn dadurch werden neben den soeben angeführten Rendite- und Risikovorteilen außerdem die Weichen für Management und Belegschaft so gestellt, dass höchstmöglicher Druck auf operative Verbesserungen im Unternehmen aufgebaut werden kann.

Fazit: Aus Gewinn- und Risikooptimierungsgründen ist es für Private Equity-Gesellschaften nicht nur rational und klug, sondern ein Gebot höchster Intelligenz, so viel Bankschulden wie möglich in das zu erwerbende Unternehmen zu stecken: Die Investoren maximieren dadurch ihre Eigenkapitalrendite, minimieren ihr Risiko und bauen Druck auf die Belegschaft auf.

Auswirkungen von Private Equity auf das übernommene Unternehmen

Neu+Ziel GmbH	
Aktiva	Passiva
60 M € Goodwill	
25 M € Immobilien	25 M € EK
25 M € Maschinen	85 M € Bankverb.
50 M € Umlaufverm.	50 M € Sonst. Verb.

Wie soeben gezeigt, ist es aus Sicht des Finanzinvestors geradezu ein Gebot der Vernunft, dem zu kaufenden Unternehmen unter Rendite- und Risikogesichtspunkten so viel Bankschulden wie möglich aufzuladen. Der Verschuldungsgrad der gekauften Unternehmen steigt daher im Zuge von Private Equity-Transaktionen in der Regel dramatisch an. Was bedeutet dies für das übernommene Unternehmen?

1. Der **finanzielle Handlungsspielraum wird eingeengt**: Durch die hohe Schuldenlast, die sich in Form von höheren Tilgungen und Zinsen äußert, besteht für alle Arten von Unternehmensinvestitionen weniger Verfügungsrahmen als vorher. Da Private Equity-Gesellschaften normalerweise sehr viel mehr daran interessiert sind, nach der Transaktion so schnell wie möglich so hohe Sonderdividenden wie möglich auszuschütten, ist in der Regel von dieser Seite keine Zufuhr von Finanzmitteln für neue Investitionen zu erwarten. Im Zuge der aktuellen Finanzkrise zeigt sich außerdem, dass es für Finanzinvestoren nicht rational ist, Unternehmen, die vor der Insolvenz stehen, neues Eigenkapital zuzuschießen. Das Risiko dafür ist in der Regel zu hoch und steht nicht in ausreichendem Verhältnis zu den Ertragsaussichten. Durch die höhere Verschuldung sinkt außerdem die Bonität des Unternehmens, so dass Banken bei der Vergabe zusätzlicher Kredite äußerst zurückhaltend sind und die Unter-

PRIVATE EQUITY schwächt Unternehmen

nehmen dadurch auch von Bankseite her in ihrem finanziellen Handlungsspielraum eingeengt werden.

2. Die **Zinslast steigt**: Durch die stark steigenden Bankschulden erhöht sich die Zinslast des Unternehmens aus zwei Gründen: a) Die Bonität des Unternehmens sinkt, daher steigt der Zinssatz, den die Bank pro ausgeliehenem Euro in Rechnung stellt; b) Durch die gestiegenen Schulden müssen höhere Bankdarlehen bedient werden. Da Zinszahlungen als Aufwand gewinnmindernd abzugsfähig sind, besteht von steuerlicher Seite ein erheblicher Anreiz für rational handelnde, gewinnoptimierende Private Equity-Gesellschaften, die Bankschulden des übernommenen Unternehmens so hoch wie möglich zu gestalten.

3. Durch die steigenden Zins- und Tilgungszahlungen nehmen Gewinn und Cash Flow ab, Ertragskraft und Eigenfinanzierungsmöglichkeit des verkauften Unternehmens sinken also. Das Unternehmen wird **ökonomisch geschwächt**. Dadurch wird Druck auf Management und Belegschaft aufgebaut, zu sparen, zu optimieren und zu rationalisieren.

4. Im Gegenzug zu der finanziellen Belastung und dem dadurch aufgebauten Druck auf das Unternehmen versuchen die Private-Equity-Investoren normalerweise, die Ertragskraft des Unternehmens durch operative Maßnahmen wie Personalabbau, Steigerung der operativen Produktivität, Erschließung neuer Märkte, Gewinnen von Synergien etc. zu erhöhen. Dies kann für manche Unternehmen, die zuvor möglicherweise etwas ‚verschlafen' geführt wurden, durchaus positive Kräfte wachrufen und das Unternehmen **schlanker und effizienter** machen.

5. Der **Hauptnachteil** der hohen Schuldenlast liegt jedoch in der **Existenzgefährdung** der verkauften Unternehmen im Wirtschaftsabschwung. Wie die derzeitige Finanz- und Wirtschaftskrise zeigt, gehen Unternehmen, deren Eigentümer Finanzinvestoren sind, deutlich überproportional häufig in Insolvenz. Gründe dafür sind die durch das hochintelligente, gewinnoptimierende Verhalten der Private Equity-Investoren herbeige-

führte schwache Eigenkapitalausstattung und die hohe Zins- und Tilgungslast, die auf den Unternehmen liegen.

Es gibt nach der deutschen Insolvenzordnung zwei Möglichkeiten, ein Insolvenzverfahren einzuleiten:
a) Zahlungsunfähigkeit (§ 17), wenn das Unternehmen nicht mehr in der Lage ist, „die fälligen Zahlungspflichten zu erfüllen" und b) Überschuldung (§ 19), „wenn das Vermögen des Schuldners die bestehenden Verbindlichkeiten nicht mehr deckt", also das Eigenkapital aufgezehrt ist.

Zu a): Die steigende Zins- und Tilgungslast im Zuge von Unternehmensübernahmen verschlechtert die Zahlungsfähigkeit der Zielgesellschaften stark. In obigem Fallbeispiel erhöht sich die Zinslast um 5,25 Mio. Euro pro Jahr, die Tilgungslast – bei unterstellter 10-jähriger linearer Tilgung – um 7,5 Mio. Euro pro Jahr. Bei abnehmenden Umsätzen während eines Wirtschaftsabschwungs steigt aufgrund dieser gestiegenen Fixkosten die Wahrscheinlichkeit einer Insolvenz signifikant.

Zu b): Da das Eigenkapital der übernommenen Unternehmen durch die Private Equity-Gesellschaften im Normalfall deutlich vermindert wird – wie im obigen Fallbeispiel gezeigt – steigt im Falle von Umsatz- und Gewinnrückgängen im Zuge von Wirtschaftsabschwüngen die Gefahr eines Aufzehrens des Eigenkapitals ebenfalls signifikant.

»Ob das Land möchte, dass viele (oder überhaupt welche) seiner großen Unternehmen [...] einen extrem hohen Verschuldungsgrad haben, wirft interessante soziale Fragen auf. Ist es eine soziale Funktion von Unternehmen, finanziell stark zu sein, so dass sie als Stoßdämpfer wirken und abhängig Beschäftigte, Lieferanten und Kunden vor der Volatilität schützen, die dem Kapitalismus innewohnt? [...] Ist ein schwaches Unternehmen, das bis an die Halskrause verschuldet ist, das soziale Gegenstück einer Brücke ohne ausreichende Reserve an statischer Stabilität?«

Warren Buffett[171]

Auswirkungen von Private Equity auf Gesellschaft und Volkswirtschaft

PRIVATE EQUITY: Privatisierung der Gewinne, Sozialisierung der Verluste

Ein Kernpunkt im Vorgehen der Private Equity-Branche ist der **Haftungsausschluss** der Obergesellschaft für die einzelnen akquirierten Unternehmen.[172] Für jedes Investment, für jeden einzelnen Unternehmenskauf wird in der Regel eine neue, eigenständige Einzelgesellschaft gegründet, in die das zu kaufende Unternehmen nach obigem Schema im Fallbeispiel eingebracht und verschmolzen wird.[173] Die Obergesellschaft, der eigentliche Private Equity-Fonds haftet nicht für die Schulden der erworbenen Unternehmen. Das heißt, im Falle einer Insolvenz eines erworbenen Unternehmens ist die Private Equity-Gesellschaft nicht verpflichtet, für dessen Schulden geradezustehen. Jede einzelne erworbene Gesellschaft haftet lediglich mit der ihr zur Verfügung stehenden Eigenkapitalbasis, die, wie oben gezeigt, so niedrig wie möglich bemessen wird.

Bildlich gesprochen könnte man die Vorgehensweise damit vergleichen, wie wenn z. B. Siemens oder Daimler für keine ihrer inländischen oder ausländischen Töchter haften würde, sondern die Muttergesellschaft im Insolvenzfall von z. B. einer brasilianischen Tochtergesellschaft nicht für die Schulden dieser Tochter einstehen würde.

Was bedeutet dies volkswirtschaftlich? Solange die Wirtschaftslage positiv ist, also während etwa 80 % der Zeit, erzielen die Private Equity-Gesellschaften durch den hohen financial leverage in den erworbenen Unternehmen eine sehr hohe Eigenkapitalrendite. Die Gewinne werden an die Investoren, die den Private Equity-Fonds ihr Geld zur Verfügung gestellt haben, und die Private Equity-Manager bzw. -Partner ausgeschüttet. Die Gewinne werden in guten Zeiten „privatisiert“, d. h. sie fließen auf die Konten der Investoren, die zum weitaus größten Teil aus dem angelsächsischen Raum kommen.

Was geschieht in schlechten Zeiten? Die Unternehmen in den Händen der Finanzinvestoren müssten von der Logik der Sache her deutlich häufiger in Konkurs gehen als solide finanzierte Unternehmen. Dies zeigte sich auch empirisch in der derzeitigen Krise, wonach bereits im Frühstadium der Finanzkrise, im 1. Quartal 2009, 40 % aller Exits deutscher Kapitalbeteiligungsgesellschaften Totalverluste waren (53 Unternehmen, im Gesamtjahr 2008 151 Unternehmen).[174] Unternehmen mit Finanzinvestoren-Hintergrund gehen sehr viel häufiger unter als solide finanzierte Firmen.

Wer trägt die Verluste? Die Arbeitnehmer, die ihre Stellen verlieren, die Allgemeinheit, weil dem Fiskus Steuereinnahmen des Unternehmens und der arbeitslos gewordenen Beschäftigten entgehen, sowie die Zulieferer, die geschwächt werden. Letztlich trägt einen großen Teil der Verluste die Allgemeinheit in Form höherer Arbeitslosigkeit, gestiegener Sozialtransfers an die Arbeitslosen und niedrigeren öffentlichen Einnahmen.

Ein erheblicher Teil des Schadens wird mithin sozialisiert. Bei der derzeitigen Konstruktion des Haftungsausschlusses werden die Gewinne privatisiert und die Verluste sozialisiert. Ein einmal in Konkurs gegangenes Unternehmen wird dann auch in besseren Zeiten nicht wieder seine Produktion aufnehmen, auch wenn es langfristig konkurrenzfähig gewesen wäre.

Was würde passieren, wenn Private Equity in Deutschland unter den gegebenen ordnungspolitischen Rahmenbedingungen stark zunehmen würde? Die Finanzinvestoren würden höhere Gewinne machen. Die Unternehmen würden insgesamt eine schlechtere Eigenkapitalausstattung, eine niedrigere Ertrags- und Finanzkraft und höhere Risikoanfälligkeit aufweisen. Die Stabilität der Unternehmen würde geschwächt und die Insolvenzen bei Wirtschaftsabschwüngen würden zunehmen. Das Argument, dass Private Equity oft ‚frischen Wind' in die gekauften Unternehmen bringt, ist durchaus richtig. Dem müssen jedoch die systembedingten Risiken und Kosten gegenübergestellt werden, die, wie die derzeitige Krise zeigt, äußerst hoch sind.

Politikempfehlung: Einschränkung von PRIVATE EQUITY

Eine einfache Gegenmaßnahme gegen diese unerwünschten sozialen Folgen von Private Equity wäre die **Aufhebung des Haftungsausschlusses**, das heißt, die Einführung der Haftung der Private Equity-Obergesellschaft für die Schulden all ihrer Töchter, wie es etwa bei Siemens oder Daimler selbstverständlich ist.

Eine Zunahme von Private Equity unter den derzeit herrschenden asymmetrischen rechtlichen und steuerlichen Rahmenbedingungen in Deutschland und den meisten anderen Ländern, die eine Privatisierung von Gewinnen und die Sozialisierung eines großen Teiles der Verluste ermöglicht, ist daher für ein Land offensichtlich nicht erstrebenswert, im Gegenteil: Je weniger Private Equity-Transaktionen in einem Land vorherrschen, desto besser für die Gesamtwirtschaft.

4.4.7 Infrastruktur-Projektfinanzierungen

»Der zweifache Fluch der Überbewertung und leverage-Finanzierung.«
Standard & Poor's 2006[175]

Am Beispiel von Projektfinanzierungen lassen sich besonders gut die Überfülle an zur Verfügung stehendem Kapital bis 2007 und die daraus resultierenden Überinvestitionen bzw. Blasenbildungen aufzeigen. Der Autor hat bis 2002 auf diesem Gebiet in verschiedenen Banken gearbeitet.

Manche Infrastruktur-Großprojekte werden über Projektfinanzierungen abgewickelt. Hierbei wird sehr viel Fremdkapital eingesetzt:

Kurz vor Ausbruch der Wirtschaftskrise wurden die Projekte beispielsweise mit beinahe 80 % Fremdkapital finanziert, das heißt die Eigenkapitalquote lag bei nur etwas über 20 %.[176] Entsprechend ist die Rolle von Banken auf diesem Gebiet besonders wichtig.[177] Da Kapital reichlich und zu günstigen Konditionen zur Verfügung stand und hoher Bedarf weltweit an Infrastrukturinvestitionen bestand – und wenn er nicht bestand, künstlich erzeugt wurde, wie das John Perkins in seinem Buch *Die Bekenntnisse eines Economic Hit Man* zeigt – nahmen Projektfinanzierungen seit den 1990er Jahren bis zum Ausbruch der Finanzkrise 2007/2008 dramatisch zu. So hat sich das Volumen der durch Projektfinanzierung abgewickelten Großinvestitionen in den 14 Jahren von 1994 bis 2008 auf USD 409 Milliarden beinahe verzehnfacht, wie eine vorzügliche Studie zweier Harvard-Ökonomen zeigt.[178]

Überangebot an Kapital führt zu Bieterkriegen

Das starke Wachstum an zur Verfügung stehendem Kapital hat vor 2008 streckenweise zu „Bieterkriegen" („bidding wars") zwischen Anbietern von Projektausführern geführt, die die Preise für einzelne Projekte in absurde Höhen trieben:

> „2006 warnte Standard & Poor's: »Mit 12 bis 30fachen Verschuldung zu EBITDA Multiplikatoren in jüngsten Verträgen, wird deutlich, dass, als Folge von ungezügelter Nachfrage, der Infrastruktursektor in Gefahr gerät, vom zweifachen Fluch der Überbewertung und exzessiver leverage-Finanzierung heimgesucht zu werden – die klassischen Symptome einer Kapitalblase, ähnlich wie in der New Economy-Ära des vergangenen Jahrzehnts.«"[179]

Die bekannte US-amerikanische Rating-Agentur S&P stellte mithin bereits 2006 eine Blasenbildung auf diesem Gebiet der leverage-Finanzierung fest und wies ausdrücklich auf die damit verbundenen Ausfallrisiken hin. Doch warum beteiligten sich die Banken, die 78–80 % der Finanzierung dieser riskanten Projekte übernahmen, an diesen überteuerten Projekten und sorgten für „excessive leverage", also überhöhte Kreditgewährung anstatt die Finanzierung dieser hochriskanten Projekte nach verantwortungsvoller Prüfung aus Sorge vor Verlusten abzulehnen?

Die Banken lehnten diese riskanten Finanzierungen nicht nur nicht ab, sondern sie verzichteten sogar zunehmend auf Sicherheiten: Es wurde „covenant-light debt"[180] vergeben, die Anforderungen an die Kreditvergabe wurden also sogar gesenkt, obwohl die Risiken kontinuierlich zunahmen!

Der Grund für diesen augenscheinlich wenig verantwortungsvollen Umgang mit dem Geld der Anleger liegt in dem in Überfülle zur Verfügung stehenden Kapital, das durch die oben geschilderte zunehmende Ungleichverteilung herbeigeführt wurde. Die Banken suchten verzweifelt nach rentierlichen Anlagemöglichkeiten und waren dabei offenbar bereit, die Sorgfaltspflicht zu vernachlässigen.

Einer der Gründe, weshalb Banken mit so wenig Sorgfaltspflicht handelten, liegt daran, dass jede einzelne Bank sich einer „Prisoner's Dilemma"-Situation gegenübersah. In der Ökonomie behandelt man sogenannte Prisoner's Dilemma-Situationen im Rahmen der „Public Choice"- bzw. der Spieltheorie.[181] Wie oben unter Private Equity dargestellt, kann dabei individuell rationales Verhalten zu kollektiv irrationalen Ergebnissen führen.

Banker als Lemminge

Übertragen auf Bankkreditvergabe bei Großprojekten heißt das: Projektfinanzierungen waren, ähnlich wie Private Equity-Transaktionen, jahrzehntelang sehr erfolgreich und es gab keine nennenswerten Ausfälle. Projektfinanzierungen sind für Banken deutlich lukrativer als das konventionelle Kreditgeschäft. Banken wurden daher seitens ihrer renditebewussten Eigentümer in Zeiten der Überfülle von Kapital gedrängt, in das Projektfinanzierungsgeschäft einzusteigen oder es auszubauen. Für jede einzelne Bank war das Vorgehen individuell rational: Solange kein nennenswerter Crash erfolgte, wie es dann ab 2007 geschah, waren die Gewinne höher als bei denjenigen konkurrierenden Banken, die bei diesen Finanzierungen nicht mitmachten. Vorstände von Banken, die bei diesem „Spiel" im Sinne der Spieltheorie nicht mitmachten, wurden "bestraft" in Form niedrigeren Gehalts oder Entlassungsdrohung. Daher waren einzelne, besonders unter Kapitalanlagedruck leidende Banken bereit, allmählich auch die Kreditstandards, wie oben beschrieben, zu lockern. Solange, wie gesagt, kein Crash anstand, war diese Strategie im „Spiel" rational, d. h. überlegen, da sie zu höheren Renditen auf das eingesetzte Kapital und damit zu höheren Vorstandsbezügen führte.

Kollektiv betrachtet wurden aber irrational hohe Mittel in dieser Branche vergeben. Dies führte, wie von S&P bereits 2006 festgestellt, zu Blasenbildung, Überbewertungen und Überinvestitionen, die nun zur Bereinigung anstehen.

4.4.8 Produzierendes Gewerbe

»Der sinkende Pkw-Absatz lässt auch das Problem der Überkapazitäten in der europäischen Automobilindustrie wieder in den Fokus rücken.«

PwC (Pricewaterhouse Coopers)[182]

Am gravierendsten dürften sich in den kommenden Jahren die Überkapazitäten in der produzierenden Industrie auswirken. Im Verhältnis zu den Masseneinkommen und damit Konsummöglichkeiten der großen Mehrheit der Menschheit, die mit dem Aufbau der Produktionskapazitäten wie oben gezeigt, nicht Schritt gehalten haben, wurde weltweit ein zu großes Produktionspotential aufgebaut. Diese verhältnismäßig viel zu großen Produktionsanlagen, die, analog Karzinomen, zu stark wucherten, müssen nun, wie oben ausgeführt, an die tatsächlichen Nachfrageverhältnisse nach unten angepasst werden. Das dürfte eine Vielzahl von Fabrikschließungen mit entsprechendem starken Anstieg der Arbeitslosigkeit nach sich ziehen.

Als Beispiel sei hier die **Schlüsselindustrie Automobilproduktion** herausgegriffen. Allein in der EU waren 2007 12,6 Millionen Menschen direkt oder indirekt in der Automobilindustrie beschäftigt, das entspricht 5,6 % aller Beschäftigten Europas.[183] In einer Studie von PwC *Autofacts* von Februar 2012 heißt es dazu: „Der sinkende Pkw-Absatz lässt auch das Problem der Überkapazitäten in der europäischen Automobilindustrie wieder in den Fokus rücken. Nach Berechnungen der Automobilexperten dürfte 2012 die Auslastung der Werke im Durchschnitt auf 69 Prozent bis 74 Prozent fallen […].“[184]

Jedes dritte Autowerk war 2006 überflüssig

Nicht nur in Europa, sondern weltweit bestanden schon vor Einsetzen der Finanzkrise hohe Überkapazitäten. Bereits 2006 standen der Autoindustrie 28,6 Millionen Einheiten mehr an Kapazität zur Verfügung, als sie benötigte. Bei einer Gesamtkapazität von 93 Millionen entsprach dies schon 2006 einer Überkapazität von 44 %.[185] Mit anderen Worten: Mehr als jede dritte Automobilfabrik war 2006 überflüssig. Im Krisenjahr 2009 wurde die Überkapazität für 2010 ebenfalls auf 28 Millionen Autos weltweit geschätzt.[186] Nach anderen Abgrenzungen wurde für 2009 eine weltweite Überkapazität in der Automobilproduktion von 16 Millionen Fahrzeugen errechnet bei einer Gesamtkapazität von 66 Millionen, was einer Überkapazität von 32 % entspricht. Das heißt, auch nach dieser Abgrenzung war 2009 etwa jede dritte Automobilfabrik überflüssig. „Grund sei nicht nur die aktuelle Absatzkrise, sondern auch die schon vor der Krise bestehende Überkapazität […].“[187]

Sollte die Nachfrage nach Automobilen auf dem derzeitigen Niveau verharren, so stehen Schließungen von jeder dritten Automobilfabrik ins Haus. Sollte sich die Nachfrage jedoch weiter rückläufig entwickeln, wovon auszugehen ist, so stehen mehr Fabrikschließungen an. Die Auswirkungen auf den Arbeitsmarkt wären erheblich. Dass Bereinigungen der Produktionskapazitäten von über einem Drittel durchaus realistisch sind, zeigt ein Blick in die Historie.

4.4.9 Analogie zur Weltwirtschaftskrise 1929–1939

»Betrachtet man die Lage der Nation, kam bis heute kein Kongress der Vereinigten Staaten je mit erfreulicheren Aussichten als den gegenwärtigen zusammen.«
US-Präsident Coolidge am 4.12.1928[188]

USA: 10 Jahre lang 60 % der Automobilwerke überflüssig

In den 1920er und 1930er Jahren war die Automobilindustrie die Schlüsselindustrie.[189] Während der *roaring twenties* wurden in den USA die Produktionskapazitäten in der Automobilindustrie deutlich erhöht, in Europa wuchsen sie sprunghaft. In den USA wurden dramatische Überkapazitäten aufgebaut. Die zu hohen Produktionskapazitäten mussten dann ab 1929 zehn Jahre lang schmerzhaft der Nachfrage angeglichen werden, die während der Überinvestitionsphase von 1924 bis 1929 nicht hatte mithalten können. So betrug die Spitzenproduktion an Automobilen in den USA im März 1929 622.000 Einheiten[190], was einer Jahresproduktion von 7,46 Millionen Autos entspricht. Allein in den neun Monaten bis Dezember 1929 fiel die Automobilproduktion um 85 % auf nur mehr 92.500 Einheiten[191], was einer Jahresproduktion von 1,11 Millionen Autos entspricht. Im Durchschnitt der Jahre 1930 bis 1938 wurden in den USA 3,05 Millionen Autos jährlich hergestellt,[192] das heißt die durchschnittliche Auslastung der Automobilfabriken lag für ein Jahrzehnt bei nur etwa 40 %! Drei von fünf US-Automobilfabriken waren 10 Jahre lang überflüssig! Die Automobilproduktion lag 10 Jahre lang um durchschnittlich 60 % unter dem Niveau von März 1929!

Übertragen auf die Situation von heute bedeutet dies: Angesichts derzeit bestehender Überkapazitäten in der Automobilindustrie von etwa einem Drittel ist bei Einsetzen eines zu erwartenden Wirtschafts- und damit Absatzrückgangs mit einer dramatischen Bereinigung bei den Produktionsanlagen zu rechnen. Eine Schließung von einem Drittel bis der Hälfte aller Automobilfabriken weltweit ist aus historischer Sicht nicht unrealistisch. Die Stilllegung von Produktionsanlagen ist immer zugleich ein Politikum. Es sind erhebliche Konflikte zwischen Nationen darüber vorprogrammiert, wo, welche und wie viele Anlagen stillgelegt werden müssen, wo wie viel subventioniert, geschützt bzw. abgeschottet werden wird.

Durch die anstehende Bereinigung während der nächsten vielleicht 10 Jahre, die durch den bisherigen Krisenverlauf noch in keiner Weise erfolgt ist, ja, noch nicht einmal begonnen hat, dürfte die Arbeitslosigkeit in den meisten Ländern der Erde dramatisch ansteigen.

5 Die Kehrseite: Weltweite Überschuldung von Privathaushalten bis zu Nationen

»Mitte der 2000er Jahre, vor dem Einsetzen der Finanzkrise, gaben die Menschen der unteren 80 Prozent in der Tat ungefähr 110 Prozent ihres Einkommens aus.«
Nobelpreisträger Joseph Stiglitz 2012[193]

Ein großer Teil der privaten Haushalte in vielen Ländern lebte in den letzten 10 bis 20 Jahren über seine Verhältnisse. Dies zeigt sich an der in vielen Ländern dramatisch gestiegenen Verschuldung der privaten Haushalte – siehe das unten stehende Schaubild *Real Debt Levels Have Almost Quadrupled since 1980.*[194] So stieg etwa in Spanien die Verschuldung der privaten Haushalte zwischen 1995 und 2006 von 50 % auf gut 130 % des verfügbaren Jahreseinkommens, in den USA von 100 % auf 140 % und in Großbritannien von 100 % auf 160 % des Jahreseinkommens.[195] Das heißt, ein gewisser Teil des zunehmenden Lebensstandards der vergangenen Jahre wurde von vielen Privathaushalten nicht aus eigener Kraft, sondern durch geliehene Kraft – also Kredit – finanziert. So schätzt beispielsweise Koo, der Chefvolkswirt von Nomura, für die Jahre 2003 bis 2009, dass die US-Amerikaner 1.496 Mrd. USD zu viel ausgegeben haben,[196] das heißt um diesen Betrag während dieser sechs Jahre über ihre Verhältnisse gelebt haben.[197] Volkswirtschaftlich gesehen wurde ein großer Teil des Wirtschaftswachstums der vergangenen Jahre ‚auf Pump' bzw. nicht nachhaltig finanziert, wie durch den Keil zwischen der oberen und der unteren durchgezogenen Linie in dem obigen Schaubild *Tatsächlicher vs. nachhaltiger Wachstumspfad* anschaulich gemacht wird.

Realschulden seit 1980 vervierfacht

EXHIBIT 1 | Real Total Debt Levels Have Almost Quadrupled Since 1980

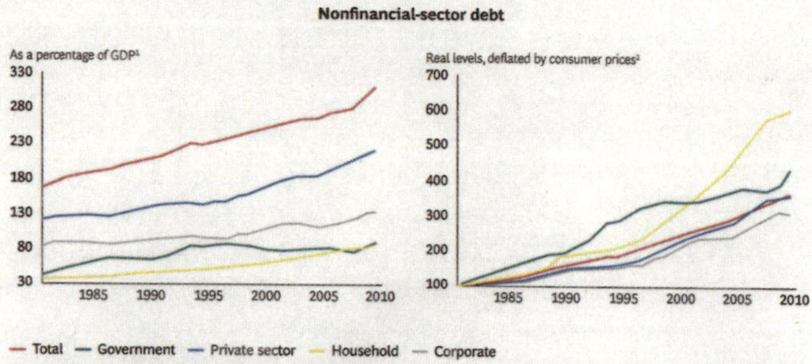

Source: Stephen Cecchetti, Madhusudan Mohanty, and Fabrizio Zampolli, "The Real Effects of Debt," BIS Working Paper No. 352, September 2011.
[1]Simple averages for 18 OECD countries and the U.S.
[2]1980 = 100; simple averages for 16 OECD countries.

Diese kreditfinanzierte, nicht nachhaltige, künstliche Kaufkraft kann so lange volkswirtschaftlich nachfragewirksam sein, wie die Banken zu erhöhter Kreditvergabe bereit sind. In dem Moment, wo der Zufluss von neuen Krediten versiegt, wie es seit Ausbruch der Finanzkrise im Sommer 2007 geschieht, endet der geliehene Teil Wirtschaftswachstum und es muss entweder eine lang anhaltende Stagnation oder ein realer Rückgang der Nachfrage und damit des Wirtschaftswachstums einsetzen.

In den vergangenen Jahrzehnten lebten jedoch nicht nur unzählige Privathaushalte in den Industrienationen weit über ihre Verhältnisse, indem sie einen Lebensstandard führten, der nur über Kreditzufuhr von außen möglich war, sondern auch viele Nationen als Ganzes.

»Eine Lockerung der Kreditbeschränkungen erlaubte es den Haushalten, ihre Schulden zu vergrößern.«

IWF[198]

In Osteuropa fand ein beachtlicher Teil des Wirtschaftswachstums seit dem Fall des Eisernen Vorhangs durch Verschuldung von Privathaushalten und Unternehmen im Westen statt. Dabei wurden in einzelnen Ländern die Auslandsschulden zum großen Teil nicht in nationaler, sondern in Fremdwährung aufgenommen, insbesondere in Estland, Lettland, Bulgarien, Ungarn und Rumänien. Die

Leistungsbilanzen einer ganzen Reihe osteuropäischer Länder waren über viele Jahre hinweg stark defizitär, etwa in Weißrussland, der Ukraine, Bulgarien, Lettland, Rumänien, Estland, Litauen, Ukraine, Türkei und Ungarn.[199] Das bedeutet, dass die Menschen in diesen Ländern mehr Geld ausgaben als sie selbst erwirtschafteten und dadurch hohe Schulden im Ausland aufbauten.[200]

Jahrelang auf Pump gelebt

Was bedeuten die durch langjährige Leistungsbilanzdefizite angehäuften Schuldenberge in diesen Ländern für die derzeitige Konjunkturlage? Da ein großer Teil des Konsums dieser Länder in den letzten Jahren auf Kredit finanziert wurde, also nicht nachhaltig durch eigene Produktionskraft selbst erwirtschaftet wurde, dürfte dort in den kommenden Jahren kein starker Wirtschaftsaufschwung stattfinden. Es lag jahrelang die Illusion vor, einen höheren Lebensstandard führen zu können als man es aus eigener Kraft gekonnt hätte.

Nicht nur in Osteuropa, sondern auch in West- und Südeuropa lebten mehrere Länder jahrelang weit über ihre Verhältnisse.[201] So wiesen bei Ausbruch der Finanzkrise 2007 Portugal (10 % vom BIP), Spanien (10 %) und Griechenland (14 %) enorme Leistungsbilanzdefizite auf.[202] Ein großer Teil des Konsums dieser Länder wurde in den vergangenen Jahren auf Pump und damit in nicht aufrechtzuerhaltendem Umfang finanziert. Kritisch sieht die Lage auch in Irland, und – mit Abstrichen – in Italien aus. Auch in diesen Ländern ist über die nächsten vielleicht 10 Jahre ein bitteres Erwachen und die Rückkehr auf ein nachhaltig erzielbares Nachfrageniveau zu erwarten.

Das Rückgängigmachen dieser Ungleichgewichte wird sich langwierig und schmerzvoll, aber unausweichlich vollziehen. Diese Tatsachen sind professionellen Vermögensverwaltern seit langem bekannt und es wurden mit großem Erfolg entsprechende Wetten platziert.[203] Die Volkswirtschaften einer ganzen Reihe von Ländern dürften in den kommenden Jahren – spätestens nach Auslaufen der massiven kreditfinanzierten staatlichen Konjunkturprogramme und der massiv expansiven Geldpolitik – dem Pfeil nach rechts unten in dem Schaubild *Tatsächlicher vs. nachhaltiger Wachstumspfad* folgen und eine zweite konjunkturelle Abschwungwelle dürfte auf uns zukommen.

Bei dem sich derzeit abzeichnenden zweiten weltweiten Wirtschaftsabschwung dürfte es sich um weit mehr als eine ‚normale' Rezession oder Bereinigungskrise handeln. Die kommende Wirtschafts- und Gesellschaftskrise dürfte weit härter, tiefer und länger sein als alle bisherigen Wirtschaftsabschwünge der Nachkriegszeit und dürfte zu erheblichen sozialen Erschütterungen führen.

6 Geopolitische Ursachen

Selbstverständlich sind die oben geschilderten Ursachen nicht allein für die deutlich gestiegene Ungleichverteilung in der Welt seit etwa 1980 und die daraus resultierende Kapitalschwemme verantwortlich. Es gab auch auf politischem Gebiet sowie durch geopolitische Entwicklungen tiefgreifende Änderungen, die eine zunehmende Ungleichverteilung von Einkommen und Vermögen begünstigt haben.

Die OECD nennt drei Hauptursachen, die für die zunehmende Ungleichverteilung weltweit im letzten Vierteljahrhundert bis zur Finanzkrise 2008–2009 verantwortlich sind: zunehmende Globalisierung, technischen Fortschritt und regulatorische Rahmenbedingungen.[204]

1. Die zunehmende Globalisierung, das heißt die deutliche Zunahme internationalen Handels und von Auslandsinvestitionen. Diese führten laut OECD nicht direkt zu stärkerer Ungleichverteilung, sondern indirekt, indem sie Druck auf nationale politische Maßnahmen und institutionelle Reformen ausübte.

2. Der technische Fortschritt führte zu stärkeren Lohnunterschieden, die besser ausgebildete Arbeitnehmer begünstigten zu Lasten von schlechter ausgebildeten.

3. Änderungen der rechtlichen Rahmenbedingungen führten direkt zu mehr Lohnungleichheit: Nicht zuletzt unter dem Einfluss von Milton Friedman wurden in den meisten Industriestaaten, beginnend in den USA und GB in den 1980er Jahren, Steuern und staatliche Transfers gesenkt sowie Privatisierungen und Deregulierungen vorangetrieben.[205] Dies führte zu weniger Umverteilung und dadurch zu stärkerer Ungleichverteilung.

Tektonische Verschiebungen in den Kräfteverhältnissen der Erde

Die Öffnung Chinas nach Maos Tod 1976, die Öffnung der osteuropäischen Länder und Russlands nach dem Zusammenbruch der Sowjetunion 1989 sowie die Öffnung Indiens ab 1991 führten weltweit betrachtet zu einer dramatischen Verschiebung im Verhältnis von Arbeit und Kapital. Die Kapitalausstattung in den soeben bezeichneten Ländern war qualitativ und quantitativ, verglichen mit den OECD-Staaten, sehr schlecht. So wurden hunderte Millionen Arbeitskräfte mit sehr geringer Kapitalausstattung allmählich in die Weltwirtschaft integriert. Dies übte Druck auf die Löhne vor allem unqualifizierter Arbeit in den Industrienationen aus, während die Renditen auf Kapital durch dessen relative Verknappung anzogen.

Daher profitierten die Bezieher von Kapitaleinkommen, die Renteneinkommen stiegen durch die Internationalisierung, während Arbeitseinkommen, insbesondere von schlecht ausgebildeten Arbeitnehmern tendenziell verloren, was zu steigender Ungleichverteilung beitrug.

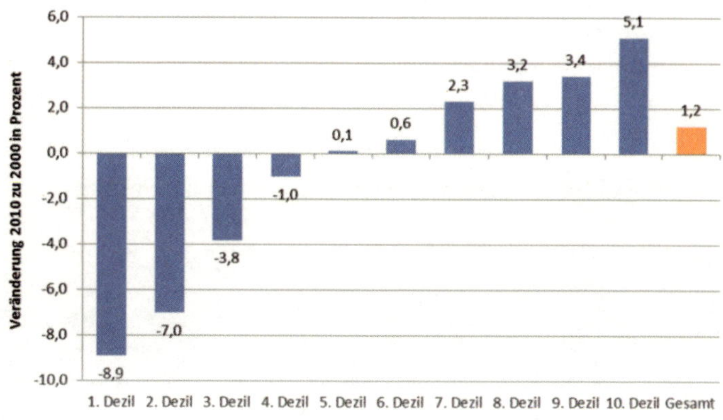

Grafik: Entwicklung des realen Bruttoerwerbseinkommens von Vollzeitbeschäftigten nach Einkommensdezilen, 2000 bis 2010[206]

Die Entwicklung des realen Bruttoerwerbseinkommens von Vollzeitbeschäftigten in Deutschland etwa zeigt,[207] dass in den zehn Jahren von 2000 bis 2010 eine erhebliche Lohnspreizung zu Ungunsten der unteren Vollzeitbeschäftigten stattgefunden hat.

Die von der OECD angeführten drei Ursachen steigender Ungleichverteilung sollen daher nicht in Frage gestellt werden. Aber sie sind nicht der eigentliche Grund der ansteigenden Ungleichverteilung, sondern lediglich Beiwerk, ja in gewisser Hinsicht die logische Konsequenz der eigentlich treibenden Kräfte. Denn wer legt die internationalen Regeln nach welchen Gesichtspunkten fest? Nach Joseph Stiglitz sind dies die wohlhabendsten 1 Prozent der Bevölkerung zu ihren Gunsten:

> „Diese Ergebnisse sollten nicht überraschen: Die Globalisierung, wenn sie für die top 1 % reguliert wird, stellt einen Mechanismus bereit, der diesen top 1 % nicht nur in Verhandlungen innerhalb von Unternehmen die Oberhand verleiht, sondern auch in der Politik. Es wurden zunehmend nicht nur Arbeitsplätze exterritorialisiert, sondern in gewisser Weise auch die Politik. Dieser Trend beschränkt sich nicht nur auf die Vereinigten Staaten – es handelt sich um ein globales Phänomen – und betrifft manche Länder weitaus schlimmer als die Vereinigten Staaten."[208]

Die **Ökonomen der OECD** (und die meisten anderen Mainstream-Ökonomen) **übersehen den entscheidenden Punkt** für die zwangsläufig im Zeitverlauf steigende Ungleichverteilung durch die bereits geschilderten systemimmanenten Umverteilungsmechanismen (s. o. etwa das Brot-, das Häuser- und das Josephspfennig-Beispiel). Wie für die Zeit der Großen Depression könnte man auch für heute sagen: „Aber die gängige Meinung ist in allen wichtigen Punkten falsch."[209] Solange aus ideologischen Gründen, auf die weiter unten näher eingegangen wird, die eigentlichen Ursachen nicht erkannt werden, können sie auch nicht therapiert und folglich die derzeitige Krise auch nicht überwunden werden.

7 Geistige Hintergründe: Macht, Angst und Unfreiheit

Was steckt hinter den oben geschilderten Prozessen der Vermögenskonzentration, wer gewinnt dabei, worauf laufen die Prozesse hinaus?

Cui bono oder: wessen Nutzen?

Die Frage nach den Systemgewinnern lässt sich vergleichsweise einfach beantworten: Vermögende, insbesondere sehr vermögende Individuen bzw. deren Verwalter, profitieren von den geschilderten Umverteilungsprozessen. Die oben angeführten Hinweise auf die Geschichte können gut illustrieren, wohin sich Vermögenskonzentrationsprozesse bewegen. Hier sei nochmals erinnert an die Aussagen von Friedrich Schiller, Papst Pius XI (1931) und Édouard Daladier:

> „Eine Klasse des Volkes besaß alles, die andre hingegen gar nichts; die Reichen unterdrückten und plünderten aufs unbarmherzigste die Armen. Es entstand eine unermessliche Scheidewand zwischen den beiden." „Vor allem fällt aller Augen auf, dass sich in unserer Zeit nicht bloß die Reichtümer, sondern eine ungeheure Macht und die Diktaturgewalt anhäuft bei nur wenigen[...]."„Infolge der Durchsetzung der Verwaltungsräte (sind) in diesem Land der individualistischen Demokratie (Frankreich) 200 Familien die unbestrittenen Gebieterinnen nicht allein der französischen Wirtschaft, sondern auch der Politik selbst geworden".[210]

»Aber wenn die Medien beeinflusst sind, werden sie [die Bürger] keine ausgewogenen Informationen erhalten.«
Joseph Stiglitz[211]

Durch strukturell zunehmende Ungleichverteilung konzentriert sich nicht nur die ökonomische Macht in Händen immer weniger Menschen bzw. in immer kleineren Zirkeln, sondern auch die politische Macht des „Geldadels", besser des „Vermögensadels" erhöht sich zunehmend. Über Parteispenden und Lobbyarbeit wird die

Politik maßgeblich beeinflusst, worauf Daladier anschaulich hinweist. Über die Eigentümerstrukturen der Medienlandschaft und den Einfluss der Werbetreibenden auf die Medien wird nicht nur die politische Meinung, sondern allgemein die Weltanschauung von vergleichsweise sehr wenigen Menschen stark beeinflusst.[212]

Mit einem Wort: Macht auf den maßgeblichen gesellschaftlichen Ebenen gerinnt in Händen von immer weniger Menschen, in Händen von immer kleiner werdenden Gruppierungen. So nimmt beispielsweise der Einfluss von Notenbanken in dem Ausmaße zu, wie die Wirtschaftsteilnehmer verschuldet sind: Haushalte mit einer durchschnittlichen Verschuldung von 130 % des Jahreseinkommens, wie es in den USA bei Ausbruch der Finanzkrise 2007 der Fall war,[213] sind sehr stark abhängig von den Entscheidungen der Notenbank. Eine Zinssenkung oder -erhöhung hat unmittelbaren Einfluss auf die monatlichen Zinszahlungen und damit auf das verfügbare Monatseinkommen von verschuldeten Familien. Das Gleiche gilt für Unternehmen mit hohen Schulden: Je höher die Schuldenlast, desto leichter können die Unternehmen durch geldpolitische Maßnahmen unter Druck gesetzt werden.

7.1 Auf dem Weg in die Plutokratie

»Eine Demokratie in Gefahr«
Joseph Stiglitz[214]

Zunehmende Aushöhlung der Demokratie

Durch steigende Schulden einerseits und größer werdende Kapitalkonzentration andererseits wird die Macht in vielen Ländern zunehmend gebündelt in Händen von immer weniger Menschen. Die Herrschaft des Geldes nimmt zu, viele Nationen bewegen sich in Richtung einer Plutokratie.[215]

Dies ist auch eine Diagnose des bekannten, gewerkschaftsnahen Ökonomen Gustav Horn: „Das Grundübel lässt sich auf einen Satz reduzieren: Deutschland hat sich auf den Weg hin zu einem plutokratischen System begeben, einem System also, das der Herrschaft des Reichtums unterliegt."[216]

Allerdings verharmlost der Ausdruck Plutokratie die zugrunde liegenden Prozesse. Im Italienischen heißt „Bündel": „il fascio". Daraus leitet sich das Wort „Faschismus" ab. Man könnte statt zunehmender Bündelung von Macht auch davon sprechen, dass wir seit mehreren Jahrzehnten vor „faschistischen" Tendenzen weltweit stehen im Sinne von: Bündelung von Macht bei immer weniger Menschen, schleichende Unterhöhlung oder Aushöhlung der Demokratie. Es soll hier nicht behauptet werden, dass wir unter faschistischen Systemen leben, sondern: Die Tendenzen in Richtung zunehmender Plutokratie und damit einhergehender Vermachtung in Wirtschaft und Gesellschaft bergen faschistische Gefahren weltweit.

Eine allmähliche, langsame Aushöhlung der Demokratie kann man beispielsweise im Euroraum feststellen, wo immer mehr Kompetenzen an übergeordnete Stellen auf europäischer Ebene, die nicht demokratisch gewählt sind, abgegeben werden. Insbesondere sind hier zu nennen die parlamentarischen Entscheidungen über die Finanzen. Die Entscheidungen über Staatseinnahmen und Staatsausgaben von Griechenland oder Portugal zum Beispiel unterstehen in zunehmendem Maße nicht mehr den nationalen, demokratisch gewählten Parlamenten, sondern supranationalen Überwachungsinstitutionen wie dem IWF oder Kontrollen der Eurogruppe – eine völlig undemokratische Entwicklung.

Der Ökonomie-Nobelpreisträger Joseph Stiglitz schildert diese Prozesse als exakt im Sinne und zu Gunsten der wohlhabendsten 1 Prozent der Bevölkerung ablaufend:

> „Oft wird uns gesagt, dass dies der zu beschreitende Weg sei, dass uns die Globalisierung keine andere Wahl ließe. Dieser Fatalismus, der denen dient, die vom gegenwärtigen System profitieren, verschleiert die Realität: das Dilemma ist gewollt. Die Regierungen unserer Demokratien haben ein wirtschaftliches Rahmenkonzept gewählt, das letztlich die Hände dieser Demokratien bindet. Die top 1 % waren stets in Sorge, dass die Demokratien versucht sein würden, „übermäßig" Gesetze zur progressiven Besteuerung zu ver-

> fügen. Jetzt sagt man den Bürgern, dass das nicht durchsetzbar sei, so man an der Globalisierung teilhaben möchte. [...] Aber Demokratien mit gebundenen Händen sind genau das, was die Oberen wollten: wir können eine „**Ein Mann, eine Stimme**"-Demokratie haben und trotzdem Resultate erzielen, die mehr dem entsprechen, was man von einem „**Ein Dollar, eine Stimme"**-System erwartet würde."[217]

One dollar one vote?

Ein anderes Beispiel: In den USA wurde am 26.10.2001, etwa sechs Wochen nach dem Einsturz des World Trade Centers vom 11. September 2001, der „Patriot Act" in Kraft gesetzt *(**U**niting and **S**trengthening **A**merica by **P**roviding **A**ppropriate **T**ools **R**equired to **I**ntercept and **O**bstruct **T**errorism **Act** of 2001 – Gesetz zur Stärkung und Einigung Amerikas durch Bereitstellung geeigneter Instrumente, um Terrorismus aufzuhalten und zu blockieren, 2001).* „Das Gesetz bringt eine Einschränkung der amerikanischen Bürgerrechte in größerem Maße mit sich", heißt es dazu treffend bei Wikipedia.[218] Ohne die Frage der Angemessenheit dieser Gesetzgebung berühren zu wollen: Dieses Gesetz war ein massiver Schritt hin zu weniger Grundrechten und damit weniger Demokratie in den USA.[219]

7.2 Ein Blick in die Geschichte: Die Gewinner der Weltwirtschaftskrise von 1907

»Ein Gaunerstreich gewisser U.S. amerikanischer Spekulanten«
Conrad Max von Unruh, Geheimer Regierungsrat, Zeitgenosse von J.P. Morgan[220]

Nicht nur in den langen Phasen von Wirtschaftswachstum, sondern auch in Perioden von Wirtschaftskrisen gibt es neben Verlierern auch Gewinner. Drei voneinander unabhängige Zeitgenossen und Augenzeugen der schlimmen Wirtschaftskrise von 1907/1908 beschreiben anschaulich, wie man während dieser Krise auch gewinnen konnte. Die Folgen dieser Finanz- und Wirtschaftskrise für weite Teile der Bevölkerung in den USA und Europas waren verheerend:

Massenarbeitslosigkeit in den USA

> „Im Juni 1908 waren nach vorsichtiger Schätzung vielleicht 5 Millionen Arbeiter in den Vereinigten Staaten ohne Arbeit und konnten keine bekommen. Berichte der Wohltätigkeitsorganisationen aller Städte zeigten, dass sie alle von Obdach- und Arbeitslosen überfüllt waren. Überall herrschte Mangel, und Fälle von Hungertod bei Männern, Frauen und Kindern waren häufiger als die amtlichen Berichte aufzudecken wagten. Die Gefängnisse waren von Männern überfüllt, die, von der Arbeit vertrieben, für Landstreicher erklärt und verurteilt worden waren. Viele Obdachlose begingen absichtlich irgendeine Gesetzesübertretung, um ins Gefängnis gesteckt zu werden. Dort bekamen sie wenigstens Obdach und Nahrung. Viele Städte fassten den Plan, die Arbeitslosen vorsichtig zu vertreiben. Überall nahmen die Verbrechen zu; viele Arbeiter, zu äußerster Not getrieben, stahlen und wurden natürlich ins Gefängnis befördert.“[221]

John Pierpont Morgan besaß vor Ausbruch der Krise 141 Banken und 36 große Eisenbahn- und Industriekonzerne.[222] Im Laufe des Frühjahrs und Sommers 1907 vergaben die Morgan-Banken laut Fritz Schwarz großzügig Kredite, von denen der größte Teil eine Laufzeit bis zum 22. August 1907 hatte. Parallel dazu verkaufte der Konzern offenbar bis Sommer 1907 nicht-strategische Aktien zu sehr guten Preisen, da die Aktienkurse seit 1903 stark gestiegen waren. Am 22. August 1907 verweigerten die Morgan-Banken laut Fritz Schwarz die Verlängerung der Kreditlaufzeiten und ein Bankrun, begleitet von einer nachfolgenden Panik, setzte ein.[223] Als Höhepunkt der Banken- und Börsenpanik sind der 21.-23. Oktober zu sehen. Am 24. Oktober 1907 stellte JP Morgan einen Kredit über 10 Millionen Dollar zur Verfügung und sorgte so für ein Ende der Börsen- und Bankenpanik. Daher wird John Pierpont Morgan auch heute noch vielfach als der Retter aus der Krise bezeichnet.

Krisengewinner

Durch den Crash und die Panik profitierte JP Morgan zweifach: Zum einen wurden unliebsame Konkurrenten in den Konkurs getrieben,[224] zum anderen konnten im Herbst 1907 zu sehr niedrigen Kursen in großem Stile billig Aktien aufgekauft werden,[225] so dass JP Morgan nach der Krise sehr hohe Gewinne erzielte.[226]

> „Der Erfolg der Wirtschaftskrise von 1907 wird für Morgans Banken auf 3 Milliarden Dollar berechnet. Als »Nebenerscheinung« ging in den Jahren 1907 und 1908 infolge der gewaltigen Arbeitslosigkeit der Reichtum der Vereinigten Staaten um 30 Milliarden Dollar zurück, das ist das Achtfache des damaligen schweizerischen Volksvermögens."[227]

Der Zeitzeuge Conrad Max von Unruh[228] beschreibt in hohem Alter die Krise von 1907/08 in seinem 1918 erschienenen Buch *Zur Physiologie der Sozialwirtschaft* als einen „Gaunerstreich gewisser U.S. amerikanischer Spekulanten". Auch er führt aus, wie die Banken von JP Morgan im August 1907 bewusst Kreditierungen an andere Banken verweigerten und so vorsätzlich eine Kreditkrise geradezu herbeiführten.

»Morgan wurde landläufig ‚Jupiter' genannt, was ihm göttliche Macht zusprach.«
Bruner/Carr, US-Ökonomen 2007[229]

„Unter dem Vorgeben von Geldmangel versagten nun im August 1907 die Morganbanken die üblichen Diskontierungen und Kreditierungen. Tausende von Firmen, sogar Nationalbanken, wurden zahlungsunfähig, hunderttausende von Existenzen brachen zusammen, auch in Europa [...], die Panik erschütterte die Kreditgebäude in der ganzen Welt. Erst als die Sätze für Leihgeld die schon erwähnte Verzweiflungshöhe erreicht hatten, gaben die Morganbanken wieder Geld her und kauften Anlagewerte zu den tief herabgedrückten Kursen ein. Der Beutezug war dreifach gelungen!“[230]

Tendenziöse Geschichtsschreibung

In der gängigen Wirtschaftsgeschichtsschreibung[231] wird einseitig nur der zweite Teil, die Rettung des Bankwesens, sowie JP Morgan als Wohltäter geschildert. Es soll gar nicht bestritten werden, dass John Pierpont Morgan stark als Wohltäter in der Öffentlichkeit auftrat, indem er seine Episkopal-Kirche, Schulen und Spitäler unterstützte, Universitäten Zuwendungen zukommen ließ sowie als feinsinniger Kunstliebhaber auserlesene Kunst- und Buchsammlungen besaß und der Öffentlichkeit stiftete. Doch woher stammten die finanziellen Mittel für seine Wohltätigkeit? Diese einseitige Geschichtsdarstellung verzerrt die Wirklichkeit zu Gunsten der Großvermögensbesitzer.

Auf heute übertragen heißt dies: Nicht alle am Wirtschaftsgeschehen Beteiligten haben ein Interesse daran, eine große Wirtschaftskrise zu vermeiden. Es gibt durchaus Kreise oder Institutionen, die aus möglichen Zusammenbrüchen Gewinne erzielen, wie z. B. der Zusammenbruch der Investmentbank Lehman im September 2008 zeigt, an dem einige Short-Spekulanten viel Geld verdienten. Auch die ganze Diskussion um Hedge-Fonds und deren Spekulationen auf sinkende Kurse von Staatsanleihen zeigt, dass es bei Staatsbankrotten durchaus auch Gewinner gibt. Es gibt wie 1907/08 auch heute durchaus Kräfte, die auf Wirtschaftsabschwünge spekulieren, um davon zu profitieren. Die Frage ist: Wie einflussreich sind diese Kräfte heute?

Vor dem Hintergrund der Ereignisse von 1907/08 ist nur schwer verständlich, wie Schumpeter in seinem zentralen Werk *Kapitalismus, Sozialismus und Demokratie* zu einem so weitreichenden Lob der großen Konzerne und seiner verharmlosenden Darstellung monopolistischer Praktiken kommt.[232]

8 Das Versagen der Wirtschaftswissenschaft

»Was ist das überhaupt für eine Wissenschaft, in der man – abgesehen von wenigen Ausnahmen – die entscheidenden Ursachen unserer wesentlichen Miseren und Zwänge nicht wahrnimmt und uns damit ohne gangbare Auswege in die Zukunft entlässt?«
Helmut Creutz, alternativer Geldtheoretiker[233]

8.1 Fehlprognosen des IWF

Falsche Vorhersagen des *IWF*

Die unten stehenden Tabellen zeigen Aussagen des IWF in seinen jeweils im Frühjahr erscheinenden Berichten *World Economic Outlook*. Es werden die Prognosen des IWF für 2008 und 2009 den tatsächlich eingetretenen Zahlen gegenübergestellt.

IWF WEO 2007 bzw. 2009	Vorhersage für 2008 von April 2007	Ist 2008
Wachstumsraten des BIP		
USA	2,8 %	0,4 %
Euroraum	2,3 %	0,7 %
Deutschland	1,9 %	1,2 %
Japan	1,9 %	-0,7 %
Großbritannien	2,7 %	0,7 %

IWF WEO 2008 bzw. 2010	Vorhersage für 2009 von April 2008	Ist 2009
Wachstumsraten des BIP		
USA	0,6 %	-2,6 %
Euroraum	1,2 %	-4,1 %
Deutschland	1,0 %	-4,7 %
Japan	1,5 %	-5,2 %
Großbritannien	1,6 %	-4,9 %

Wie den Tabellen zu entnehmen ist, waren die Prognosen des IWF für das jeweilige Folgejahr fundamental falsch. Die Prognosen von April 2007 für das Jahr 2008 waren für die fünf betrachteten Länder um etwa 2 Prozentpunkte zu hoch, also statt etwa 2,5 % Wachstum wurden nur etwa 0,5 % Wachstum erreicht. Die Vorhersagen aus April 2008 für das Jahr 2009 waren noch katastrophaler falsch: Für 2009 wurde für die betrachteten fünf Länder ein Wachstum von knapp 1 % erwartet, tatsächlich schrumpfte die Wirtschaftsleistung jedoch um über 3 %! Die Prognosen auf anderen Gebieten, so diejenigen zur Arbeitslosigkeit, waren ähnlich komplett falsch.

Die Mainstream-Ökonomen, die für den IWF in Washington arbeiten, waren im April 2007 und im April 2008 offenbar vollkommen ahnungslos, in welchem Zustand sich große Teile der Weltökonomie befanden. Der IWF beschäftigt führende Ökonomen der Welt. Als wie wissenschaftlich fundiert kann man solche Fehlprognosen ansehen? Wie ernst kann man Prognosen des IWF in Zukunft nehmen? Warum können ausgezeichnet ausgebildete Ökonomen so irren? Mit welchem Recht behaupten sie heute, künftige Trends richtig vorhersagen zu können?

»Anscheinend ist die Abneigung zu widerrufen, und damit die Priesterschaft zu entmystifizieren, nicht auf Theologen beschränkt.«
Warren Buffett[234]

8.2 Fehlprognosen des US-Congressional Budget Office (CBO)

Falsche Vorhersagen des überparteilichen *US-CBO*

Die folgende Tabelle gibt die Vorhersagen des überparteilichen Congressional Budget Office des US-Kongresses für die Jahre 2008 und 2009 wieder und stellt sie den tatsächlich eingetretenen Zahlen gegenüber.

CBO Vorhersagen für USA zu:	**Vorhersagen von Januar 2007**	**Ist**[235]
Wachstumsraten des BIP für		
2008	3,0 %	0,4 %
2009	3,1 %	-2,6 %
Arbeitslosenquote für		
2008	4,9 %	5,7 %
2009	5,0 %	9,3 %

Die Vorhersage des überparteilichen CBO zu der erwarteten Wachstumsrate für 2008 betrug 3,0 %, tatsächlich wuchs die US-Wirtschaft aber lediglich um 0,4 %. Die Prognose wich um über 80 % von der Wirklichkeit ab. Für 2009 sagte das CBO im Januar 2007 ein Wirtschaftswachstum von 3,1 % vorher. Tatsächlich schrumpfte die US-Wirtschaft 2009 jedoch um 2,6 %. Für 2008 sagte das CBO im Januar 2007 eine Arbeitslosigkeit von 4,9 % vorher, tatsächlich betrug die Arbeitslosenquote jedoch 5,7 %. Für 2009 sagte das CBO im Januar 2007 eine Arbeitslosenquote von 5,0 % vorher, tatsächlich lag die Arbeitslosenquote im Jahr 2009 jedoch bei 9,3 %.

Die wissenschaftlich ausgebildeten Mainstream-Ökonomen des CBO waren im Januar 2007 offensichtlich vollkommen ahnungslos, in welchem Zustand sich die US-Ökonomie damals befand.

8.3 Fehlprognosen des Sachverständigenrates zur Begutachtung der deutschen Wirtschaft

Sachverständigenrat	**Vorhersage für 2009 (vom 12. Nov. 2008)**	**Ist 2009**
Deutschland		
• Exportwachstum	+0,4 %	-14,7 %
• Ausrüstungsinvestitionen	-6,3 %	-20,9 %
• Wirtschaftswachstum	0,0 %	-5,0 %
Wirtschaftswachstum		
• USA	+0,1 %	-2,5 %
• Euroraum	+0,1 %	-3,9 %
• Großbritannien	-0,1 %	-4,6 %
• Japan	-0,5 %	-5,6 %

Falsche Vorhersagen der *Fünf Weisen*

Obige Tabelle zeigt einige Vorhersagen des Sachverständigenrates zur Begutachtung der deutschen Wirtschaft, der sog. „Fünf Weisen", für 2009. Sie stammen aus dem Jahresgutachten 2008/2009 vom 12. November 2008, also einige Wochen nach dem Lehman-Zusammenbruch. Den Prognosen werden die tatsächlich eingetretenen Werte (*Ist 2009*) gegenübergestellt, die dem Jahresgutachten des Sachverständigenrates vom 4. November 2009 entnommen sind, also ziemlich genau ein Jahr später.

Ein Blick in die Tabelle zeigt, dass der Sachverständigenrat sich in einem Ausmaß geirrt hat, das man bei Wissenschaftlern lange Zeit für unmöglich gehalten hätte. Die Prognosen waren so grundlegend falsch, dass man wohl eher von einem Un-Sachverständigenrat sprechen müsste. Von Sachverstand jedenfalls zeugen solche Fehlprognosen nicht, eher von beinahe unglaublicher Ahnungslosigkeit, was in der Wirklichkeit tatsächlich vor sich geht. Die fünf Mitglieder des Sachverständigenrates befinden sich in guter Gesellschaft, was fundamentale Fehlanalysen anbelangt, wie die obigen Beispiele zeigen. Bemerkenswerterweise hat Bert Rürup, der langjährige Vorsitzende des Sachverständigenrates, im Februar 2012 ein Buch veröffentlicht mit dem Titel *Fette Jahre – Warum Deutschland eine glänzende Zukunft hat,* in dem er Deutschland gute Wachstumsraten, sinkende

Arbeitslosenzahlen und steigende Löhne prophezeit, das Gegenteil dessen, wovon der Autor dieses Buches ausgeht. Es ist recht interessant zu beobachten, wie Selbstverständnis und Selbstbewusstsein in keiner Weise unter den Fehlanalysen gelitten haben, sondern dass die Mainstream-Ökonomen unvermindert davon ausgehen, dass ihre Analysen und Prognosen richtig sind. Selbstzweifel oder Hinterfragen der eigenen Ansätze scheinen kein Thema zu sein.

Wo sind Selbstzweifel?

Ebenso komplett falsch lagen praktisch alle Mainstream-Ökonomen während der Weltwirtschaftskrise 1929. Die Harvard Economic Society beispielsweise machte ab 1929 so lange Fehlaussagen, bis sie sich selbst auflöste. Auch fast alle anderen führenden Ökonomen lagen in der Einschätzung der ökonomischen Lage praktisch komplett falsch.[236] Ebenso wie heute wurden die Ökonomen auch damals für ihre Fehlanalysen, Fehldarstellungen und Fehlprognosen nicht zur Verantwortung gezogen.[237]

8.4 Fehlprognosen von Deutsche Bank Research

Spanien 2020: Die Erfolgsgeschichte geht weiter
Deutsche Bank Research September 2007

Besonders reizvoll ist in diesem Zusammenhang eine Analyse zur wirtschaftlichen Lage Spaniens vom 11. September 2007 von Dr. Stefan Bergheim von der Deutschen Bank Research, sicherlich seinerzeit einem der führenden Spanien-Spezialisten Deutschlands. Die Länderstudie trägt den bezeichnenden Titel *Spanien 2020: Die Erfolgsgeschichte geht weiter*.[238] Diese vorzüglich recherchierte, umfangreiche Spanien-Studie, die auf ausgezeichnete Quellen zugreift und viele sehr gute Schaubilder enthält, ist in sämtlichen Prognosen für die künftige Entwicklung Spaniens **fundamental falsch**. So sagte Bergheim etwa für 2008 und 2009 satte Wachstumsraten vorher und konstatiert gleich im ersten Teil „Spaniens Erfolge sind nachhaltig“; das Gegenteil der Wirklichkeit: Wie derzeit tagtäglich ans Tageslicht kommt, war ein großer Teil der spanischen Wirtschaftsentwicklung gänzlich unnachhaltig. Die Beispiele aus der Spanien-

Studie könnten beliebig vermehrt werden. Wie kommt es, dass ein führender Spanien-Analyst einer führenden deutschen Bank solche fundamentalen Fehlprognosen abgeben kann? Wie kommt es, dass dieser Ökonom vollkommen ahnungslos über den tatsächlichen Stand der spanischen Wirtschaft 2007 war? Ironischerweise veröffentlichte Dr. Bergheim im Oktober 2009 im Springer-Verlag ein Buch mit dem Titel *Long Run Growth Forecasting*. Wie zutreffend die in diesem Buch vorgestellten Analyse- und Prognose-Methoden sein dürften, kann man an der Spanien-Studie ablesen.

Totales Versagen der *Mainstream-Ökonomie*

Im Grunde genommen hat fast die gesamte Mainstream-Ökonomie, die auf rational-logischem, mathematisch-technischem, modellgetriebenem Denken aufbaut und meist der neoklassischen Marktideologie verhaftet ist, bei der Analyse und Vorhersage der derzeitigen Finanzkrise komplett versagt.

Überraschend dabei ist, dass im Wissenschaftsbereich bislang angesichts der Blindheit bei den meisten Beteiligten personell keinerlei Konsequenzen gezogen wurden und werden. Trotz fundamental inkompetenter Aussagen wurde keinem Professor der Volkswirtschaftslehre oder etwa einem der „Fünf Weisen" ein Rücktritt oder eine Umschulung nahegelegt. Was würde man mit einem in der Industrie tätigen Ingenieur machen, bei dem sich herausstellt, dass er während der letzten fünf Jahre ständig falsche Berechnungen gemacht hat und die von ihm konstruierten Maschinen oder Brücken zusammengebrochen sind?

Warren Buffett beschreibt anschaulich die Hartnäckigkeit, mit der offenbar falsche Theorien nicht widerrufen werden:

> „Doch die Verfechter der Theorie [des effizienten Marktes – TEM] schienen niemals an gegenteiligen Beweisen dieser Art interessiert. Es ist wahr, dass sie heute nicht mehr so viel über ihre Theorie sprechen wie früher. Aber soweit ich weiß, hat keiner je zugegeben, dass sie falsch war, ganz egal, wie viele tausend Studenten er mit falschem Wissen auf die Welt losgelassen hat. Außerdem bleibt die TEM an den großen Wirtschaftshochschulen weiter ein wesentlicher Bestandteil des Lehrplans für Investitionslehre. Anscheinend

ist die Abneigung zu widerrufen, und damit die Priesterschaft zu entmystifizieren, nicht auf Theologen beschränkt."[239]

Im Gegensatz zur konventionellen Mainstream-Ökonomie haben Außenseiter wie Helmut Creutz seit langem auf Denkfehler der gängigen Volkswirtschaftslehre und strukturelle Fehlentwicklungen im Ökonomiesystem hingewiesen, wurden und werden jedoch größtenteils auch weiterhin von den recht hochmütig sich verhaltenden Anhängern der gängigen Ökonomielehre nicht ernstgenommen. Das ist nichts Neues. Gegen den Mainstream argumentierende Denker wurden häufig als „Spinner" angesehen.[240] Daher kann Helmut Creutz mit Recht sagen: „Was ist das überhaupt für eine Wissenschaft, in der man – abgesehen von wenigen Ausnahmen – die entscheidenden Ursachen unserer wesentlichen Miseren und Zwänge nicht wahrnimmt und uns damit ohne gangbare Auswege in die Zukunft entlässt?"[241]

Solange diese von Creutz und anderen angesprochenen Denk- und daher auch Konstruktionsfehler im sozialen Leben nicht erkannt und dann grundlegend angegangen werden, ist auch keine nachhaltige Lösung der derzeitigen Finanz- und Wirtschaftskrise zu erwarten.

8.5 Ursache für das Versagen der Wirtschaftswissenschaft: Der Glaube an weltanschauliche Axiome

*»Unsere Kritik an dieser allgemein anerkannten klassischen Wirtschaftstheorie bestand nicht so sehr darin, logische Mängel in ihrer Analyse aufzudecken, sondern darin, darauf hinzuweisen, dass ihre **impliziten Annahmen selten oder nie erfüllt werden**; mit der Folge, dass sie **die wirtschaftlichen Probleme unserer gegenwärtigen Welt nicht lösen kann**.«*

J. M. Keynes[242]

Wie wird man Wirtschaftswissenschaftler?

Was sind die tieferen Ursachen für das Versagen der konventionellen Wirtschaftswissenschaften? Das führt zu der Frage: Wie wird man führender Wirtschaftswissenschaftler?

Um Professor der Volkswirtschaftslehre in Europa, USA und Teilen Asiens zu werden, muss man im Normalfall habilitiert werden. Um habilitiert zu werden, muss man in der Regel mehrere wissenschaftliche Aufsätze in führenden Zeitschriften der Ökonomie veröffentlichen.

Die Axiome der *Mainstream-Ökonomie*

Die führenden etwa 70 bis 100 Ökonomie-Wissenschaftsjournale der Erde sind englischsprachig und stammen praktisch alle aus dem angelsächsischen Raum.[243] Die Aussagen in diesen Zeitschriften beruhen im Wesentlichen auf einigen wenigen, angelsächsisch geprägten **Grundaxiomen der Ökonomie**. Die wichtigsten davon sind:

1. Unbegrenztes Eigentum an Grund und Boden, Geldvermögen und Unternehmensvermögen ist gut und richtig.

2. Zinseszins ist gut und richtig.

Ohne die Anerkennung dieser beiden zentralen Axiome ist eine Wissenschaftskarriere als Volkswirt in Europa, Nordamerika und weiten Teilen des Restes der Welt unmöglich. Es handelt sich hier um weltanschauliche Axiome, die als unverrückbare Wahrheiten gesetzt werden, auf denen alles Denken in der Ökonomie zu fußen hat. Mit diesen Glaubenssätzen beginnt das Studium im ersten Semester an den Universitäten und Hochschulen. Auf diesen Axiomen ruht das ganze Bachelorstudium, das Masterstudium, die Promotion (Doktorarbeit oder PhD) und am Ende die Habilitation.

»Die Weltsicht, die den wirtschaftswissenschaftlichen Lehrbüchern zugrunde liegt, ist uns mittlerweile so in Fleisch und Blut übergegangen, dass wir uns etwas anderes gar nicht vorstellen können.«

David Graeber, US-Anthropologe[244]

Wer schließlich zum frischen Professor der Ökonomie berufen wird, hat also etwa zehn Jahre seines Lebens damit verbracht, auf Basis dieser Axiome zu denken, zu analysieren, zu prognostizieren, sprich: zu leben. Diese Axiome gehen jedem engagierten Ökonom in Fleisch und Blut über. Das eigene Denken, ja oft die eigene Persönlichkeit, identifiziert sich mit diesen Axiomen. Praktisch alle Ökonomiemodelle basieren auf diesen Axiomen.

Was wäre, wenn diese Axiome falsch wären?[246]

Falsche Axiome?

[Dem Autor ist dabei bewusst, dass Axiome als solche weder *richtig* noch *falsch* sein können. Die Frage ist: Sind die Axiome zielführend im Sinne 1. die Wohlfahrt für ein Land erhöhend, 2. die Wirklichkeit richtig beschreibend?]

Das wäre geradezu undenkbar, dann würde ja praktisch das ganze Lehrgebäude der (Mainstream-)Ökonomie zusammenbrechen! Dann würde der Boden unter den Füßen nachgeben, ja dann wäre gar kein (Mainstream-)Grund mehr da!

Werfen wir einen Blick auf entscheidende Axiome bzw. Grundannahmen oder Glaubenssätze:

8.5.1 Unbegrenztes Eigentum ist gut und richtig

Diese Grundannahme wird meist nur implizit vorausgesetzt. Sie ist unter anderem im sogenannten Coase-Theorem enthalten. Der US-Amerikaner Ronald Coase, Nobelpreisträger für Wirtschaft 1991, schwärmt von der „Schönheit funktionierender Preissysteme"[247] und singt das Hohelied auf freie Märkte. Für näher Interessierte hier eine kurze Beschreibung des Coase-Theorems:

Das *Coase-Theorem*

> „Das Coase-Theorem ist ein wichtiger Lehrsatz der Mikroökonomie. Er beschreibt, dass Teilnehmer eines Marktes Probleme, die durch externe Effekte entstehen, selbst lösen können, wenn sie nur über die Allokation von Ressourcen verhandeln und diese ohne Kosten tauschen können.
>
> Das Coase-Theorem geht davon aus, dass Märkte unter den gegebenen Annahmen sehr effizient mit Externalitäten umgehen. Demnach sind Märkte in der Lage, die an Externalitäten geknüpften Probleme selbständig auszuräumen und die Ressourcen auf pareto-effizientem Weg aufzuteilen. Dies gilt jedoch nicht, wenn nennenswerte Transaktionskosten aufzubringen sind. Auch kann

> eine **fehlende Zuteilung von Eigentumsrechten** Verhandlungslösungen im Sinne des Coase-Theorems stark erschweren. **Wie die Eigentumsrechte jedoch verteilt sind, spielt für die Einigung über die Externalität keine Rolle (Invarianzthese)**: Die Betroffenen werden stets die effiziente Lösung erzielen.
>
> Das Coase-Theorem wurde 1960 von Ronald Coase im Artikel The Problem of Social Cost beschrieben. Die Bezeichnung Coase-Theorem geht auf George Stigler (1966) zurück. Ronald Coase wurde für diese und andere Leistungen 1991 mit dem Nobelpreis für Wirtschaft ausgezeichnet."[248]

Verteilungswirkungen werden nicht betrachtet

Das in der Ökonomie wichtige **Coase-Theorem setzt explizit voraus, dass die Eigentumsrechte klar definiert sind**. Dabei stellt die Auswahl des Hauptbeispiels, in dem ein Rinderzüchter und ein Landwirt gegenübergestellt werden, die Wichtigkeit der Festlegung von Eigentumsrechten an Grund und Boden in den Vordergrund.[249] Verteilungswirkungen werden nicht beachtet, da sie als unerheblich für den Prozess einer effizienten Güterallokation angesehen werden.[250] Kurzfristig ist dagegen nichts einzuwenden. Das Ausklammern der langfristigen Verteilungswirkungen ist jedoch ein Kapitalfehler. Wie oben gezeigt, hat großer Vermögensbesitz die Tendenz, sich immer weiter zu vergrößern. Das unbegrenzte Anhäufen von Grund und Boden und anderer Vermögen in den Händen von immer weniger Menschen führt nicht nur zu Besitz-, sondern zu Machtkonzentration, Ungerechtigkeit sowie sozialen Spannungen und hat im Laufe der Geschichte, wie Michael Hudson (der Lehrer von David Graeber) zeigt, immer wieder zu gesellschaftlichem Verfall geführt.[251] Daher das kluge Gebot in 3. Mose 25, das alle 50 Jahre Schuldenstreichung und Rückgabe allen Grund und Bodens an den ursprünglichen Besitzer vorschrieb. Diese gesamte Wirkungskette wird durch das Coase-Theorem und von sehr vielen Mainstream-Ökonomen stillschweigend übergangen.

»Die Ökonomie verharrt weitgehend in ihrer traditionellen Haltung. Sie ignoriert die Verteilungsfragen schlicht und einfach und nimmt die gleichzeitig stattfindende Umverteilung zugunsten der Kapitaleinkommen und der höheren Einkommen wohlwollend zur Kenntnis, da sie ja vermeintlich die Beschäftigung erhöht.«

Gustav Horn, Nationalökonom[252]

Axiome als solche können wie erwähnt weder richtig noch falsch sein. Sie sind einfach Grundannahmen für Modelle oder Wirtschaftsordnungen. Die Frage ist: Sind die Grundannahmen eines Modells zielführend im Sinne von:

1. Wird die Wohlfahrt einer sozialen Gemeinschaft dadurch dauerhaft erhöht?

2. Wird die Wirklichkeit richtig abgebildet, das heißt, verstehen wir die in der Wirklichkeit ablaufenden Prozesse dadurch besser? Entsteht dadurch ein Erkenntnisgewinn?

Nichtbeachtung von Verteilungswirkungen ist nicht nur falsch, sondern gefährlich!

Zu 1.) Das Coase-Theorem behauptet, dass eine freie Marktwirtschaft unabhängig von der Vermögensverteilung eine effiziente Lösung für das Problem externer Effekte herbeiführt und hierdurch die allgemeine Wohlfahrt erhöht wird. Dies ist langfristig betrachtet jedoch falsch. Die Nichtbeachtung der langfristigen Verteilungswirkungen ist nicht nur fahrlässig, sondern gefährlich. Die Grundannahme, das Axiom, dass unbeschränktes Eigentum an Grund und Boden und anderen Vermögenswerten in einer Wirtschaft notwendig, erlaubt und richtig ist, senkt langfristig den Wohlstand von Nationen, statt ihn zu erhöhen, indem es zu zunehmender Ungleichverteilung führt. In dem Sinne, dass dieses Axiom langfristig zu schädlichen Ergebnissen, die nicht die Wohlfahrt einer sozialen Gemeinschaft erhöhen, führt, ist es ‚falsch', das heißt nicht zielführend.

Zu 2.) Wenn man sich nicht mit dem Problem des unlimitierten Eigentums an Ressourcen beschäftigt, kann man wichtige ökonomische Konzentrationsprozesse, wie sie oben geschildert wurden, nicht erkennen. Man kann insbesondere das Entstehen und Ablaufen von langfristig immer wieder auftretenden tiefen Wirtschafts- und Sozialkrisen, wie sie in der Wirtschaftsgeschichte in unzähligen Fällen stattfanden, nur schwer erkennen. Anders ausgedrückt: Die Grenzenlosigkeit des Eigentums an Vermögen nicht als Problem erkennen heißt, wichtige wirtschaftliche und soziale Abläufe nicht erkennen können. Selbstverständlich steht jedem Wirtschaftswissenschaftler frei, womit er sich beschäftigen möchte. Aber die Tatsache, dass in der gängigen Mainstream-Ökonomie das unbeschränkte Eigentum an Grund und Boden, an Geldvermögen und an Unternehmensvermögen systematisch ausgeblendet wird und keinen Forschungsgegenstand darstellt, ist fatal. Zwar gibt es, was Unternehmensvermögen anlangt, Oligopol- und Monopoltheorien usw. Aber das unbegrenzte Eigentum als solches, auch an Unternehmen, wird in der Mainstream-Ökonomie nicht in Frage gestellt bzw. praktisch nicht thematisiert.

Fatales Axiom der unlimitierten Eigentumsanhäufung

Dieses Axiom der unlimitierten Eigentumsanhäufung steht im Zentrum unserer Eigentumsordnung bzw. der Property-Rights-Theorie. Wirtschaftliche Ordnungen, die auf solchen Theorien fußen, führen zu immer wiederkehrenden schlimmen Wirtschafts- und Sozialkrisen und sind daher für die langfristige wirtschaftliche und soziale Entwicklung schädlich. Solche Theorien können natürlich auch nicht erklären, warum es zu stets wieder auftretenden wirtschaftlichen Zusammenbrüchen kommt. Dieses Axiom der unlimitierten Eigentumsanhäufung ist also in dem Sinne falsch, dass es

1. Die Wohlfahrt einer sozialen Gemeinschaft nicht dauerhaft erhöht;

2. Die Wirklichkeit nicht richtig abbildet, das heißt, dass wir entscheidende in der Wirklichkeit ablaufende Prozesse dadurch nicht besser verstehen, so dass dadurch an entscheidender Stelle kein Erkenntnisgewinn möglich ist. Im Gegenteil wird Verständnis der Wirklichkeit hierdurch verhindert.

»Die Wirtschaftsberater, die damaligen Ökonomen [1929–1933] hatten beides: die Einstimmigkeit und auch die Autorität, die Oberhäupter beider Parteien zu zwingen, alle verfügbaren Schritte zu diskreditieren, um Deflation und Depression aufzuhalten. [...] Dies war ein ausgesprochener Erfolg – ein Triumph des Dogmas über das Denken.«
John Kenneth Galbraith[253]

Scheitern der *Mainstream-Ökonomie* 1929ff

Bereits bei der Erklärung der Weltwirtschaftskrise ab 1929 scheiterten die gängigen Theorien kläglich. Sie waren vollkommen ungeeignet, die eigentlichen Ursachen der Großen Depression aufzuzeigen, und daher auch in keiner Weise in der Lage, Wege aus der Krise zu weisen. Galbraith bezeichnet die damaligen Ratschläge der führenden Ökonomen als „beinahe einmalig pervers".[254] So wurden etwa Vorschläge einer Arbeitsbeschaffung durch Kreditschöpfung im Tiefpunkt der Krise „solidarisch von fast sämtlichen Professoren der Volkswirtschaftslehre in Deutschland als unbrauchbar, undurchführbar, ungeeignet und zum mindesten als unzweckmäßig bezeichnet".[255] Allgemein lehnten noch 1933 die meisten Wirtschaftswissenschaftler Haushaltsdefizite ab. Insofern war das Debakel der Großen Depression auch und gerade ein Debakel der Wirtschaftswissenschaft. Ein Blick auf die heutigen Aussagen vieler führender Mainstream-Ökonomen erweckt schlimme Befürchtungen einer tragischen Wiederholung der Fehler der Zwischenkriegszeit. Auch heute ist ein Triumph des Dogmas über das Denken an der Tagesordnung.

8.5.2 Zinseszins ist gut und richtig

»Ich kenne nicht alle sieben Weltwunder. Aber ich kenne das achte: den Zinseszins-Effekt!«
Bankier Rothschild[256]

Das Grundprinzip der Finanzwelt

„Ein Dollar heute ist mehr wert als ein Dollar morgen."[257] Diese Grundannahme zieht sich durch praktisch alle ökonomischen Lehrbücher. Der Preis von Kapital bzw. Geld, Zins, ist der mit Abstand wichtigste Preis in Marktwirtschaften und von zentraler Bedeutung für die Allokation von Kapital. Das soll auch gar nicht in Frage gestellt werden.

Aber aus dieser Feststellung abzuleiten, dass Zins und Zins auf Zins gut, richtig und wichtig ist, ist ein großer Irrtum mit fatalen Folgen. Denn das unbeschränkte Zulassen von Zinseszins führt, wie oben gezeigt und wie ein Blick in die Geschichte lehrt, regelmäßig zu katastrophalen Konsequenzen.

Diejenigen Kulturen, die Zinseszins praktisch nicht zuließen, hatten in ihrer Geschichte auch nicht die Probleme immer wiederkehrender wirtschaftlicher und sozialer Zusammenbrüche: „Ein auffallend anderes Bild bot Ägypten: Dieses Reich konnte während des größten Teils seiner Geschichte verhindern, dass verzinsliche Darlehen überhaupt aufkamen [...] und es gibt auch keinen Hinweis darauf, dass sich die Entwicklung jemals krisenhaft zuspitzte, wie es in Mesopotamien oder der Levante regelmäßig der Fall war.“[258]

Die Frage ist wiederum: Warum lernen wir nicht aus der Geschichte?

»Kinder als langlebige Konsumgüter«
Wirtschaftsnobelpreisträger Gary Becker[259]

Eine nicht gerade menschliche Betrachtung (McKinsey)

Nur am Rande sei auf eine weitere Grundannahme der meisten Mainstream-Ökonomen hingewiesen, das Axiom der **Nutzenmaximierung**, für das Prof. Gary Becker aus Chicago 1992 den Wirtschaftsnobelpreis erhielt.[260] In einem Interview mit McKinsey 2004 sagte der angesehene Ökonom dazu Folgendes:

McK: „**Familien** sind also eine **Fabrik**, die nach ökonomischen Grundsätzen Einkommen, Geborgenheit und Kinder **produziert**.“

Becker: „Ja, und Kinder bilden den Mittelpunkt. [...] Eltern in Industrienationen geben heute meist mehr Geld dafür aus, Kinder aufzuziehen, als sie durch sie einnehmen, und sie betrachten **Kinder**, in der Terminologie der Ökonomie, **als Konsumgüter**. [...] Mit steigendem Einkommen tendieren Familien dazu, die Qualität ihrer

langlebigen Konsumgüter wie Autos oder Kühlschränke zu verbessern. Das gilt **auch für Kinder**, für die mehr in Erziehung und Ausbildung investiert wird."

McK: „Eine nicht gerade menschliche Betrachtung."

Becker: „Grundsätzlich mag es unmoralisch erscheinen, Kinder mit Autos, Häusern oder Maschinen zu vergleichen, aber [ich tue es]."[261]

Der Leser mag selbst beurteilen, auf welche wie menschliche Welt wir zusteuern, wenn solche Ansichten in die Herzen und Gedanken junger Studierender gesät werden.

Durch diese (und ein paar weitere[262]) Axiome werden bei den Studenten der Ökonomie bestimmte, meist angelsächsisch geprägte weltanschauliche Grundüberzeugungen verankert. Es werden, bildlich gesprochen, die Windungen im Gehirn in eine bestimmte Richtung gelegt. Vergleichen wir hiermit den Werdegang von früheren DDR-Ökonomen. Wie wurde man in der DDR Professor der Ökonomie, zum Beispiel an der angesehenen Akademie der Wissenschaften im früheren Ost-Berlin? Nun, man musste die MARX-ENGELS-GESAMTAUSGABE tief durchgearbeitet haben. Die Prüfungen konnten nur bestanden werden, wenn man die ökonomischen und sozialen Lehren von Marx und Engels gründlich kannte. Professor der Ökonomie wurden nur Menschen, die überzeugt waren von den Wahrheiten von Marx und Engels. Wer sich dagegen auf Adam Smith, Milton Friedman oder Gary Becker berief, hatte sicherlich keine Chance auf eine Professur in Ost-Berlin oder Moskau. Die ‚Windungen im Gehirn' wurden marxistisch gelegt.

Akzeptierte Wirtschaftstheorien sind von politischen Systemen abhängig

Aus Sicht westlicher Ökonomen handelte es sich in der früheren DDR oder Sowjetunion um rein „weltanschauliche" Berufungen von Ökonomie-Professoren, die auf den „Dogmen" von Marx und Engels beruhten. Dagegen soll auch gar nichts eingewendet werden.

Doch worin unterscheiden sich die allermeisten unserer heutigen Berufungen von Ökonomie-Professoren in Nordamerika, Europa und weiten Teilen des Restes der Welt? Auch hier liegen den Berufungen **weltanschauliche** *Dogmen* zugrunde, nämlich die Axiome oder Grundannahmen von der Unbeschränktheit von Eigentum, Zinseszins, dass der Egoismus aller Einzelnen auf geheimnisvolle Art und Weise durch eine unsichtbare Hand zum Wohle aller verkehrt werde u. a. Die Windungen im Gehirn werden bei uns heute im Kern **asozial** gelegt. Die allermeisten Berufungsverfahren an unseren westlichen Universitäten und Hochschulen sind in gewisser Hinsicht ebenso weltanschaulich gefärbt wie in der früheren DDR oder Sowjetunion. Der Hauptunterschied ist, dass im derzeitigen angelsächsisch geprägten Modell viel subtiler vorgegangen wird und nicht so platt wie im früheren Ostblock, wo man sich ganz offen auf sehr wenige Denker bezog und man offen mit Gewalt und Repression arbeitete. Wer heute Argumentationen vertritt, die die Mainstream-Ökonomie in Frage stellen, hat so gut wie keine Chance auf eine Ökonomie-Professur an einer westlichen Hochschule oder ein führender Ökonom in der Gesellschaft zu werden.

Weltanschaulicher Selektionsprozess

Der heutige **intellektuell-weltanschauliche** Selektionsprozess in den marktwirtschaftlich orientierten Ländern ist verblüffend ähnlich dem intellektuell-weltanschaulichen Selektionsprozess im früheren marxistischen Ostblock. Es handelt sich um ein System der Nomenklatura. Die in den Ämtern befindlichen Wissenschaftler denken und lehren nach bestimmten weltanschaulichen Grundsätzen und berufen ihre Nachfolger nach ebendiesen weltanschaulichen Glaubenssätzen. Die Pluralität ist dabei, was zentrale Wertfragen anlangt, nur eine scheinbare. In Wirklichkeit hören Pluralität und Toleranz bei Infragestellung kapitalistischer Grundsätze auf.

Die angewandten **Methoden** unterscheiden sich natürlich erheblich. Selbstverständlich beruhten die Regierungen im früheren Ostblock auf Diktaturen, die jederzeit Leib und Leben andersdenkender Bürger bedrohen konnten. Von diesen Zuständen sind wir heute in den meisten westlichen Ländern glücklicherweise weit entfernt. Es soll also nicht behauptet werden, es gäbe in puncto Menschen- und Bürgerrechte eine Analogie zum früheren Ostblock.

Es sei ausdrücklich bemerkt, dass der Autor sowohl die marxistischen Theorien wie auch deren Umsetzung im früheren Ostblock für zutiefst menschenfeindlich hält und es als ein großes Glück

Umgang mit Andersdenkenden

Wenn nicht-konforme, unbequeme Denker auf solche Denkfehler bzw. zu kurze Denkhorizonte hinweisen, werden sie häufig von den Mainstream-Vertretern nicht ernst genommen. Statt sie zu widerlegen, werden sie normalerweise einfach ignoriert. Eine ausführliche Widerlegung würde das Augenmerk möglicherweise auf diese Argumentation lenken. So ist es schlichtweg viel geschickter, diese Ansätze zu übergehen und totzuschweigen. Heutige Beispiele hierfür wären die Ansätze von Helmut Creutz oder Margrit Kennedy. Doch auch in der Geschichte finden sich zahlreiche Beispiele. David Graeber weist auf den Briten Innes hin, der in zwei Aufsätzen 1913 und 1914 auf falsche Grundannahmen der gängigen Mainstream-Ökonomie hinwies – diese Grundannahmen werden noch heute als Grundwahrheiten gelehrt. Die Reaktion der Mainstream-Vertreter hierauf ist bezeichnend: „Das Erstaunliche dabei ist: […] die neue Geschichte wurde nie geschrieben. Kein Historiker hat Mitchell Innes je widerlegt. Sie ignorierten ihn kurzerhand.“[268] Oder man diskreditiert diese Ansätze, indem man behauptet, solche Theorien würden „hauptsächlich von Spinnern“[269] vertreten.

Zurück nun zur Frage: **Warum versagten die Vertreter des konventionellen Ökonomie-Establishments bei der Analyse und Prognose der derzeitigen Finanz- und Wirtschaftkrise** derartig fundamental?

Die Folgen der Axiome

Weil mit schlechten Axiomen gearbeitet wird.[270] Schlecht im Sinne von nicht zielführend, nicht zu ausreichender Erkenntnis der Wirklichkeit führend und schlecht im Sinne von schädlich für soziale Entwicklungen. Und da man das Schädliche der axiomatischen Grundannahmen – teilweise aus weltanschaulichen Gründen – nicht sieht oder nicht sehen will, denkt man die Konsequenzen dieser Axiome nicht zu Ende, sondern schneidet die Gedanken an einer bestimmten Stelle ab bzw. forscht an anderer, weniger systemgefährdender Stelle weiter.

Die Situation der Wirtschaftswissenschaften erinnert an eine bekannte Geschichte:

> Ein Mann verliert seinen Schlüssel bei Nacht auf der rechten Straßenseite. Ein Freund trifft ihn, als er auf der linken Straßensei-

> te unter einer Laterne sucht und fragt ihn: „Was suchst du?“ Der Mann antwortet: „Meinen Schlüssel.“ Darauf der Freund: „Wo hast du ihn denn verloren?“ Der Mann antwortet: „Dort drüben, auf der anderen Straßenseite.“ Da fragt der Freund: „Warum suchst du ihn dann hier auf der linken Straßenseite?“ Die Antwort des Mannes: „Weil hier eine Laterne ist, die die Straße beleuchtet.“

Die konventionelle Ökonomie gleicht auf wichtigen Gebieten dem Mann, der seinen Schlüssel auf der rechten Straßenseite verloren hat und ihn auf der linken Straßenseite sucht, weil dort gutes Licht ist. Die Frage ist: Wie kann das sein? Warum sehen das denn so viele ausgezeichnete Mainstream-Ökonomen nicht?

Es ist in gewissem Sinne eine tragische Situation. Wenn man über Jahrzehnte in einem bestimmten Gedankengebäude lebt, ist es psychologisch extrem schwer, dieses Gebäude komplett in Frage zu stellen. Man würde damit gewissermaßen sein eigenes Lebenswerk zerstören.

Hierzu eine persönliche Geschichte: Als junger Mensch hatte ich einen Sportkameraden, der beruflich über 35 Jahre lang Uranbrennelemente für das Energieunternehmen, in dem er arbeitete, für Atomstromproduktion eingekauft hatte, zuletzt in führender Position. Ich war damals gegen Atomkraftwerke und hatte darüber heftige Debatten mit ihm, der Atomstrombefürworter war. An einem bestimmten Punkt wurde mir klar: Wenn er die Position der Atomkraftgegner übernehmen würde, würde er sein berufliches Lebenswerk im Nachhinein zerstören. Er würde sagen müssen: „Ich habe 35 Jahre lang nicht nur Unnützes, sondern für meine Mitmenschen Schädliches getan! Ich bin eigentlich mein Berufsleben lang ein Schädling gewesen! Das kann nicht sein. Also können die Atomkraftgegner nicht recht haben.“ Ein solcher Wechsel der Weltanschauung wäre psychologisch für ihn eine Katastrophe gewesen.

Ähnlich geht es Ökonomen, die jahrzehntelang in einer bestimmten Erklärungswelt aufgewachsen sind und darin gelebt, geforscht, unterrichtet oder danach gehandelt haben. Ein Wechsel zu einer entgegengesetzten Sichtweise würde gewissermaßen das eigene berufliche Lebenswerk im Nachhinein zerstören, und das wäre sehr schmerzhaft.

Dieses Prinzip hat einmal der Physiker Max Planck charakterisiert, indem er sagte, die neuen Theorien in der Physik würden sich nicht durchsetzen, indem er seine Kollegen überzeuge, sondern seine Studenten, die zwischen den alten und neuen Theorien wählen könnten.[271]

Max Planck: *Neue Theorien setzen sich durch, indem man die Studenten überzeugt, nicht die Kollegen*

Eine persönliche Bemerkung: Den meisten naturwissenschaftlich orientierten Kollegen und Zuhörern meiner Vorträge leuchtet die Zinseszins- und Vermögensproblematik unmittelbar ein, da sie mit der Exponentialfunktion vertraut sind und wissen, dass das bei Wachstumsprozessen in der Natur auf Dauer nicht funktionieren kann. Die Reaktionen von Ökonomen auf obige Thesen sind dagegen häufig reserviert.

»Die Wirtschaftswissenschaft hat seit Jahrhunderten die Interessen der jeweils herrschenden Klasse verteidigt«
Wolfgang Berger, Ökonom und Unternehmensberater[272]

Es stellen sich die tiefer liegenden Fragen: Weshalb werden eigentlich gerade die oben beschriebenen Axiome als Grundpfeiler der Ökonomie verwendet und nicht völlig andere? Weshalb hängt der größte Teil aller Ökonomen heute sein Herz an diese schlechten Axiome, die zu ungerechten, unsozialen und schädlichen sozialen Zuständen sowie Umweltzerstörung führen und mit denen man die zentralen Ursachen der derzeitigen Krise praktisch nicht erkennen und daher auch nicht therapieren kann?

Dies führt zu Interessens- oder Machtfragen. Es stellt sich die Frage: **Wem nützen diese Axiome?** Ganz offensichtlich profitiert vom gegenwärtigen System eine kleine Minderheit von sehr reichen und einflussreichen Menschen. „Die Wirtschaftswissenschaft hat seit Jahrhunderten die Interessen der jeweils herrschenden Klasse verteidigt", sagt der Ökonom und Unternehmensberater Wolfgang Berger und trifft damit vermutlich den Nagel auf den Kopf.

Wem nützen also die Axiome?

»Von den Top 1 %, für die Top 1 %, durch die Top 1 %«
Joseph Stiglitz[273]

Auch für den Ökonomie-Nobelpreisträger Joseph Stiglitz beantwortet sich die Frage, wem die gängigen ökonomischen Theorien und die daraus abgeleiteten wirtschaftspolitischen Regeln nützen vergleichsweise einfach: „Of the 1 %, for the 1 %, by the 1 %“[274] – den wohlhabendsten 1 % der Gesellschaft.

8.5.3 Folgen der Zinseszinsrechnung für die Umweltzerstörung

Es soll hier noch auf die negativen Umweltauswirkungen des Zinseszins-Axioms hingewiesen werden. In der gängigen Investitionstheorie werden zunächst die Auszahlungen für eine Investition ermittelt. Diesen werden die erwarteten künftigen Erlöse aus der Investition gegenübergestellt. Die in der Zukunft anfallenden Erlöse werden dabei mit einem bestimmten Zinssatz unter Berücksichtigung von Zins und Zinseszins auf den heutigen Geldwert abgezinst.

Ein Beispiel: Man investiert heute einen Betrag von 450.521 Euro in eine Immobilie. Wenn der Wert der Immobilie jedes Jahr um 8,3 % zunimmt, kann man sie nach zehn Jahren für genau eine Mio. Euro verkaufen. Aus 450.521 Euro werden bei 8,3 % Zins pro Jahr also genau 1 Mio. Euro. Diese Rechnung nennt man „Aufzinsung“. Umgekehrt kann man sagen: Eine Mio. Euro im Jahre 10 sind bei einem Zinssatz von 8,3 % pro Jahr heute genau 450.521 Euro wert. Dies nennt man „Abzinsung“ oder „Abdiskontierung“ nach der Zinseszinsmethode.

Wenn man so rechnet, sind bei 8,3 % Zinsen pro Jahr:
1 Mio. Euro in 10 Jahren heute 450.521 Euro,
1 Mio. Euro in 25 Jahren heute 136.235 Euro,
1 Mio. Euro in 50 Jahren heute 18.560 Euro,
1 Mio. Euro in 75 Jahren heute 2.529 Euro,
1 Mio. Euro in 100 Jahren heute 344 Euro,
1 Mio. Euro in 150 Jahren heute 5,90 Euro,
1 Mio. Euro in 200 Jahren heute 0,12 Euro.

Umgekehrt kann man errechnen: 12 Cent im Jahr 2012 werden, wenn sie zu 8,3 % pro Jahr angelegt werden, 200 Jahre später, im Jahre 2212 eine Mio. Euro sein. Ein Beispiel zur Illustration:

Der Schuldschein von Mittenwalde aus dem Jahre 1562

In dem kleinen Ort Mittenwalde, der etwa 30 km südöstlich von Berlin liegt, ist kürzlich ein Schuldschein aufgetaucht. Demnach wurden von dem Ort Mittenwalde am 28. Mai 1562 an die Stadt Berlin 400 Gulden zu einem Zinssatz von 6 % verliehen. Die Schulden wurden von der Stadt Berlin mutmaßlich nie zurückgezahlt. Unterstellt man, dass damals ein Gulden einem Euro heute entsprochen hätte (was nicht stimmt: ein Gold-Gulden damals hatte eine unvergleichlich viel höhere Kaufkraft als ein Euro heute), so beträgt dann der heutige Wert dieses immensen Schuldscheins € 6.617.318.484.100.730 bzw. 6.617 Billionen Euro. Zum Vergleich: das deutsche Bruttoinlandsprodukt (BIP), also der Wert aller Güter und Dienstleistungen, die Deutschland derzeit pro Jahr erarbeitet, beträgt etwa 2,5 Billionen Euro. Das heißt der Schuldschein des Ortes Mittenwalde ist heute etwa 2.600 Mal das deutsche BIP wert. Die Stadt Berlin wird diesen Schuldschein sicherlich nie begleichen können. Diese Rechnung kann recht gut illustrieren, wie absurd der Glaube der meisten Ökonomen an die Zinseszinsrechnung über längere Zeiträume ist. Es ist **ein Glaube, der aller Realität entbehrt**.

Zur Veranschaulichung sei die Rechnung der obigen Tabelle mit 8,3 % jährlichem Zins auf das Beispiel der **Atomenergie** angewendet. Viele Menschen wollen billigen Atomstrom verbrauchen, aber niemand will den radioaktiven Müll bei sich haben, der für viele tausend Jahre strahlungssicher eingelagert werden muss. Wenn nun ein großer Energiekonzern davon ausgeht, dass die Endlagerkosten für eine bestimmte Menge radioaktiv strahlenden Atommülls in 200 Jahren eine Million Euro betragen werden, so muss er, in heutigem Geld gerechnet, bei 8,3 % Zins pro Jahr, nur 12 Cent (!) Kosten verbuchen.

Konkret: Der große Atomenergiekonzern *Eon AG* legt seinen Investitionsentscheidungen und Kostenkalkulationen einen durchschnittlichen Kapitalkostensatz (WACC, Weighted Average Cost of Capital) vor Steuern von 8,3 % pro Jahr zugrunde.[275] So könnte

Eine Million Euro Atommülllagerung in 200 Jahren sind heute 12 Cent wert

Eon eine Rückstellung für das Einlagern von Atommüll im Wert von 1 Mio. Euro im Jahr 2212, also in 200 Jahren, heute mit genau 12 Cent bilanzieren! Dies wäre der heutige korrekt errechnete betriebswirtschaftliche Wert. Das heißt, das Einlagern von Atommüll ist bei 8,3 % Zins pro Jahr, wie ihn Eon tatsächlich anwendet, praktisch kostenlos. Daher ist Atomstrom so billig auf dem stark verzerrten Markt zu haben. Dazu kommen massive staatliche Subventionen für Atomstrom durch die Regierungen: Praktisch alle Regierungen der Welt übernehmen die immensen Versicherungskosten für Atomunglücke. Würden die Gesetze der Marktwirtschaft auf die Atomstrombranche angewendet, würde weltweit kein einziges neues AKW gebaut.[276] Und würden die Kosten der Lagerung radioaktiver Abfälle realistisch bewertet, wäre Atomstrom die bei Weitem teuerste Stromform überhaupt.[277]

Allgemein kann man sagen: Der Schaden, den eine Investition in ferner Zukunft auslöst, ist in der derzeit angewandten betriebswirtschaftlichen Bilanzierung heute fast nichts wert und wird deshalb bei den Investitionsentscheidungen de facto nicht berücksichtigt. Das Gleiche gilt für die Erträge. Entscheidend ist, wie stark sich die Investition innerhalb der nächsten etwa zehn bis zwölf Jahre rentiert. Danach kann die Welt unter Ertragsgesichtspunkten untergehen – die Rentabilität beeinflusst das nicht mehr. Die Unternehmen werden daher in unserem gegenwärtigen Zinseszinssystem gedrängt, vor allem die kurzfristigen Vorteile zu berücksichtigen. Langfristige Schäden spielen bei den Entscheidungen praktisch keine Rolle.

> „Sie holzen Bäume ab, die über Generationen gewachsen sind, zerstören Böden und Fischbestände für kurzfristigen Ertrag, ruinieren unser Klima und riskieren Endlagerkosten für atomare Abfälle für hunderttausend Jahre. Der Erhalt von Trinkwasserquellen, sauberer Luft, Artenvielfalt, tropischen Regenwäldern und dem klimatischen Gleichgewicht ist nicht rentabel."[278]

»In einer endlichen Welt müssen sich hohe Wachstumsraten selbst zerstören.«
Warren Buffett[279]

Nach-uns-die Sintflut- Mentalität durch Zinseszinsrechnung

Unternehmen, die gegen diese Spielregeln des „Marktes“ verstoßen, indem sie ethische, langfristige, menschen- und umweltgerechte Investitionen tätigen, haben meistens finanzielle Nachteile, verlieren an Unternehmenswert und können dadurch leicht zu Übernahmeobjekten aggressiverer Investoren werden. Mit anderen Worten: Ethisch verantwortungsvolles unternehmerisches Handeln wird häufig vom Markt bestraft. Appelle an ethisches Verhalten helfen da wenig. Es besteht ein struktureller Anreiz, ja, für börsennotierte Unternehmen – das heißt beinahe alle Großunternehmen der Welt – geradezu ein Zwang zu kurzfristig gewinnorientiertem Handeln unter Nichtbeachtung der langfristigen Folgen. Die „Nach-uns-die-Sintflut-Mentalität“[280] wird durch die derzeit bestehenden Anreizstrukturen des Zinseszinssystems geradezu hervorgerufen.

8.5.4 Zins und Wucher in den Religionen

»Man soll beim Leihen nicht mehr oder Besseres nehmen! Wenn aber jemand mehr oder Besseres nimmt, so ist das Wucher und heißt nicht Dienst, sondern Schaden getan seinem Nächsten, genauso, wie es durch Stehlen und Rauben geschieht.«
Martin Luther[281]

Das Zins- bzw. Wucherverbot zieht sich wie ein roter Faden durch die Religionsgeschichte.[282] Nach mittelalterlichen **Hindu-Gesetzen** durften Zinsen das Kapital nicht übersteigen, es gab eine strenge Begrenzung von Zinseszins.[283] Zinsnehmen widerspricht diametral der zentralen Lehre des **Buddha** vom Mitleid und ist damit ein Unding für jeden Buddhisten, der den achtgliedrigen Pfad betritt.[284] Aus buddhistischer Sicht beruht praktisch unser gesamtes Wirtschaftssystem auf Übervorteilung und Betrug, Zinsnehmen ist nur eine Komponente davon. Im **Alten Testament** wird das Zinsnehmen an vielen Stellen explizit verboten. Nach der rabbinischen Lehre umfasst das Zinsnehmen alles, was über das Geliehene hinausgeht, jegliches Mehr.[285] Im **Christentum** widerspricht das Zinsnehmen in praktisch allen Formen dem christlichen Geist. Es gibt zahllose Stellen im Neuen Testament, in päpstlichen Enzykliken und Konzilsbeschlüssen, die das Zinsnehmen verbieten. Zinswucher wurde mit Raubüberfall, Mord oder Krieg verglichen.[286]

Zinsverbot in praktisch allen Religionen

Sehr drastisch drückt sich der herausragende Reformator Martin Luther zu Zinsen, was damals praktisch identisch mit Wucher war,[287] aus:

> „Darum ist ein Wucherer und Geizhals wahrlich kein rechter Mensch; er sündigt auch nicht eigentlich menschlich! Er muss ein Werwolf sein, schlimmer noch als alle Tyrannen, Mörder, Räuber, schier so böse wie der Teufel selbst! Es sitzt nämlich nicht als ein Feind, sondern als ein Freund und Mitbürger im Schutz und Frieden der Gemeinde und raubt und mordet dennoch greulicher als jeder Feind und Mordbrenner. Wenn man daher die Straßenräuber, Mörder und Befehder rädert und köpft, um wie viel mehr noch sollte man da erst alle Wucherer rädern und foltern, alle Geizhälse fortjagen, verfluchen und köpfen [...].“[288]

Martin Luther forderte gar dazu auf, Wucherern die Sakramente sowie ein christliches Begräbnis zu verweigern, d. h. sie de facto aus der Gemeinschaft der Protestanten auszuschließen.

Im **Islam** gilt bis heute das Zinsverbot: 2. Sure, 276ff.:

> „Die, welche Wucher verzehren, sollen nicht anders auferstehen, als wie einer aufersteht, den der Satan durch Berührung geschlagen hat [...] Auswischen wird Allah den Wucher, und vermehren wird er die Almosen, und Allah liebt keinen Ungläubigen und Sünder. [...] Wenn jemand in Schwierigkeit ist, so übt Nachsicht, bis es ihm leichtfällt; schenkt ihr's jedoch als Almosen, so ist's besser für euch, so ihr es wisset.“ 3. Sure, 125: „O, ihr, die ihr glaubt, fresst nicht den Wucher in doppelter Verdoppelung, sondern fürchtet Allah“. 30. Sure, 38: „Und was ihr auf Wucher ausleiht, um es zu vermehren mit dem Gut der Menschen, das soll sich nicht ver-

mehren bei Allah. Und was ihr an Armenspende gebt, im Trachten nach Allahs Angesicht – sie sind es, denen es verdoppelt wird."[289]

Das Verbot des Zinswuchers wurde in der Geschichte des Islam offenbar gewissenhaft durchgesetzt, so dass beispielsweise über lange Zeiträume die Kreditvergabe nie zu einer Vollzeitbeschäftigung von einzelnen Menschen wurde.[290]

Diesen religiös motivierten Einschränkungen von Zins und Zinseszins liegt im Kern die tiefe moralische Ablehnung von Ungerechtigkeit zugrunde. Allerdings dürfte auch die Einsicht eine Rolle gespielt haben, dass Zinseszins und ungehemmte Vermögensvermehrung zwangsläufig zu immer größerer sozialer Ungleichheit und damit zu Unfrieden und gesellschaftlichen Verwerfungen führt. Warum glauben die meisten heutigen Mainstream-Ökonomen, sich über die Aussagen praktisch aller Religionen der Erde zu Zins und Zinseszins hinwegsetzen zu können? Warum werden diese Aussagen als überholt belächelt? Warum dünkt man sich den alten Weisheiten praktisch aller Religionen so überlegen?

9 Weichenstellungen in eine menschengerechte Wirtschaft und Gesellschaft

»So treibt es der Wucher, wenn die Fürsten und Herren nicht gut aufpassen. In kurzer Zeit, ehe man sich umsieht, wächst und steigt er so stark, dass er gar bald das ganze Land und alle Güter frisst und verschlingt, so dass man zuletzt doch mit Gewalt eingreifen und wehren muss.«

Martin Luther[291]

9.1 Bisherige Maßnahmen zur Bekämpfung der Krise

Frankreich in den 1780er Jahren, wenige Jahre vor Ausbruch der Französischen Revolution: König und Adel bemerken, dass die Bevölkerung immer mehr murrt. Sie beschließen, die Abgaben für die einfache Bevölkerung zu erhöhen, die Unterstützungszahlungen für die Bedürftigen zu senken und diese zusätzlichen Gelder dem Adel zukommen zu lassen. Begründung: Wir, von Gottes Gnaden, müssen Adel und Großgrundbesitz stärken, damit wir weiter investieren, konsumieren und Diener beschäftigen, damit die Ökonomie nicht zusammenbricht. Diese Maßnahmen sind alternativlos. Die Geschichte wird uns recht geben.[292]

Zunächst soll hier dargestellt werden, welche Maßnahmen sicherlich *nicht* aus der gegenwärtigen Krise, die uns wohl leider noch recht lange begleiten wird, führen werden: nämlich praktisch alle seit 2007 ergriffenen sogenannten Rettungs- und sonstigen Maßnahmen zur Bekämpfung der Krise. Bereits in der Frühphase der Krise, bis Oktober 2008, wurden von den Regierungen der Industrieländer weltweit über 3.200 Mrd. Euro (sic!) für Bankgarantien, Eigenkapitalfinanzierungen und den direkten Aufkauf fauler Kredite bewilligt.[293]

Hier stellen sich zwei Fragen:

1. Wer zahlte (und zahlt weiterhin) für diese Maßnahmen?

2. Wer verdient (und bekommt weiterhin) das Geld?

9.1.1 Wer zahlt?

Einkommensschwache und Kinderreiche werden überproportional stark belastet

Für die Finanzierung der – historisch betrachtet gigantischen – Stützungsaktionen wurden von den Regierungen vielfach Steuer- und Ausgabenreformen beschlossen. Ein Beispiel: Im Juni 2010 beschloss die britische Regierung als Reaktion auf die Finanz- und Wirtschaftskrise eine umfangreiche Steuer- und Ausgabenreform. Diese Reform wurde daraufhin untersucht, wie sich die Belastung auf ärmere und reichere britische Haushalte verteilt. Das Ergebnis: Je ärmer die Haushalte, desto höher der prozentuale Verlust an Nettoeinkommen durch die Reformen, je reicher die Haushalte, desto geringer die prozentualen Belastungen; dabei hatten Haushalte mit Kindern durchweg höhere Einkommensverluste zu erwarten als solche ohne Kinder. Das ärmste Zehntel der britischen Familien mit Kindern hatte Nettoeinkommensverluste von über 5 % zu erwarten, das reichste Zehntel Einkommensverluste von nur etwa 1 %.[294] Mit einem Wort: Eine durch und durch asoziale Finanzierung, in der die Schwachen und Kinderreichen stärker belastet werden als die Wohlhabenden und Kinderlosen.

Dieses Ergebnis dürfte für fast alle (Krisen-)Maßnahmen der Regierungen seit 2007 gelten. Zum einen wurden vielfach Umsatzsteuern, allen voran die Mehrwertsteuer, erhöht. Eine Erhöhung der Umsatzsteuern trifft in der Regel einkommensschwächere Haushalte prozentual stärker als wohlhabende Haushalte. Auf der anderen Seite wurden bevorzugt die Sozial- und „sonstigen" Ausgaben gekürzt. Diese Ausgaben der Regierungen kommen normalerweise prozentual stärker den ärmeren Haushalten zugute, z. B. Rentenzahlungen, Arbeitslosenunterstützung, direkte Sozialausgaben wie Hartz IV usw., aber auch Ausgaben für Büchereien, Schwimmbäder und andere öffentliche Einrichtungen oder Verwaltungsleistungen. Das ist kein Zufall. Der IWF, der bei vielen der Rettungsaktionen beteiligt ist „verlangt, dass die Schulden fast ausschließlich aus den Taschen der Armen beglichen werden“,[295] um die Ansprüche der Gläubiger durchzusetzen.

9.1.2 Wer verdient?

Rettung der Aktionäre

Unterstützung für die wohlhabendsten 1 % der Bevölkerung

Betrachten wir die Rettung einer Bank oder einer Versicherung durch Staatsgarantien oder direkte Eigenkapitalzuschüsse des Staates.[296] Wer wird dadurch in erste Linie begünstigt? Zum einen die Eigentümer, also die Aktionäre. Durch Staatseingriffe werden die Aktienkurse davor bewahrt, weiter zu fallen als sie es ohne Staatseingriffe täten. Das Vermögen der Aktionäre bekommt also einen Rettungsschirm, Vater Staat verhindert, dass die betroffenen Aktienvermögen völlig verschwinden. Wer sind die Aktionäre von Banken und Versicherungen? In den USA beispielsweise befinden sich 61 % der Anteile an Finanzaktien (financial securities) in Händen der reichsten 1 % der US-Amerikaner, 98 % aller Finanzaktien gehören den reichsten 10 % der US-Amerikaner.[297] In anderen Ländern sieht es nicht sehr viel anders aus. Das Eigentum an Unternehmen befindet sich im Wesentlichen im Eigentum der oberen 10 % der Bevölkerung.

Zu niedrig ausgewiesene Rettungskosten

Was ist mit dem Argument: „Der größte Teil der Rettungsaktionen sind doch »nur« Garantien. Solange diese Garantien nicht in Anspruch genommen werden, kostet das ja nichts?“ Das ist ein großer Irrtum, besser: eine vermutlich gewollte Fehldarstellung. Jeder Banker lernt schon als Azubi, welchen Preis Bankgarantien (Avale) haben: Sie kosten den Risikoaufschlag des betroffenen Avalnehmers. Ein Beispiel: Die Fremdkapitalkosten des bereits oben erwähnten Energiekonzerns Eon, einem betriebswirtschaftlich gesunden Unternehmen, betrugen 2011 5,0 %.[298] Die risikofreien Zinsen (Kreditnehmer Bundesrepublik Deutschland mit einem AAA-Rating) lagen vielleicht bei etwa 2,0 %. Das heißt, Eon zahlte 2011 eine Risikoprämie von etwa 3 % pro Jahr. Eon ist von der Bonität her kein schlechter Kreditnehmer, das Rating von Moody's betrug 2011 A3, das von S&P A.[299] Von solch einem guten Rating sind diejenigen Finanzkonzerne und Staaten, denen die (Staats-)Garantien zugutekamen, meilenweit entfernt. Sie müssen sehr viel höhere Zinsen und Avalgebühren zahlen. Mit anderen Worten: Der Marktpreis dieser Garantien ist richtig hoch. Bei Garantien im Wert von 3.000 Mrd. Euro lägen die Kosten pro Jahr bei einem Risikoaufschlag von lediglich 3 % bereits bei 90 Mrd. Euro pro Jahr. Davon zu sprechen, dass die Garantien ja nichts kosten, solange sie nicht in Anspruch genommen werden, ist nicht allein völlig falsch, sondern darüber hinaus hochgradig irreführend. Die Kosten werden möglicherweise mit Absicht viel zu niedrig dargestellt, um die politische Durchsetzbarkeit zu erleichtern oder überhaupt erst zu ermöglichen. Wären die tatsächlichen Größenordnungen der Kosten bekannt, müsste eigentlich ein Aufschrei der Bevölkerung stattfinden.

Bisherige *Rettungs*aktionen: Transfer von Arm zu Reich

Durch staatliche Rettungsaktionen von Banken und Versicherungen, für die in direkter Form hunderte Milliarden US-Dollar, indirekt tausende Milliarden US-Dollar verwendet wurden und werden, subventionieren die Regierungen also im Wesentlichen die reichen und superreichen Haushalte (*Ultra High Net Worth Households*) dieser Erde. Für deren Vermögen werden die Rettungsschirme aufgespannt. Das gilt auch für einen großen Teil der sogenannten Euro-Rettungsschirme. Auf den ersten Blick überrascht, dass es keinen Aufschrei in der Bevölkerung gibt. Sieht man sich jedoch die Berichterstattung in den Medien an, so weiß man warum: Dort werden diese Tatsachen entweder praktisch nicht erwähnt oder falsch dargestellt.

Zusammenfassend für die Rettungsaktionen auf Aktionärsebene kann man sagen: Es findet eine grandiose Umverteilung von unten nach oben statt: Ärmere Haushalte tragen überproportional zur Finanzierung der Krisenhaushalte bei. Die hieraus gewonnenen Finanzmittel fließen zum allergrößten Teil auf die Konten der reichen und superreichen Haushalte.

Rettung der Gläubiger oder Einleger bei Finanzinstituten

Wer profitiert außerdem von den Banken- und Versicherungsrettungen? Die Einleger, also diejenigen Menschen, die den betroffenen Banken und Versicherungen ihr Geld anvertraut haben. Wer sind die Einleger von Banken und Versicherungen? Zum größten Teil die reichsten 10 % der Bevölkerung, da auch das Geldvermögen in allen Ländern der Erde äusserst ungleich verteilt ist.[300]

Auch für die Rettung der Einleger findet eine großzügige Umverteilung der Regierungen von unten nach oben statt. Der ‚kleine Steuerzahler' mit einem Monatseinkommen von vielleicht 2.000 Euro haftet und zahlt dafür, dass die Großanleger mit Beträgen von über 5 Millionen Euro bei Banken und Versicherungen „geschützt" werden. Eine geradezu groteske Situation. Es ist wirklich verwunderlich, warum die Menschen nicht zu Steuerboykott oder Aufruhr übergehen. Man kann es sich eigentlich nur damit erklären, dass die meisten Medien über diese Zusammenhänge kaum oder unrichtig berichten.

Irreführende Darstellung in den Medien

Wenn schon diese Art von Banken- und Versicherungsrettung[301] gemacht wird – in meinen Augen müssten allerdings komplett andere Maßnahmen zur Krisenbekämpfung ergriffen werden, siehe unten –, so könnte man sie erheblich gerechter gestalten:

Privatisierung der Gewinne – Sozialisierung der Verluste

1. Staatliche Zuschüsse an Eigenkapital aller Art erst dann, wenn der Aktienkurs auf null gefallen ist, d. h. die Altaktionäre durch die Marktprozesse komplett enteignet sind. Denn die Aktionäre haften in einer funktionierenden Marktwirtschaft für die Fehlentscheidungen der Unternehmensleitung an erster Stelle. Sie profitierten auch jahrelang von hohen Gewinnen der Finanzbranche. Die Marktwirtschaft wird an dieser Stelle aber durch Staatseingriffe ausgehebelt. Die Gewinne wurden jahrelang privatisiert, flossen auf die Konten der wohlhabendsten Haushalte der Erde, an den Verlusten werden nun alle Normalbürger beteiligt.[302]
2. Keine unlimitierten Garantien für alle Einleger, sondern gestaffelt nach der Einlagenhöhe. Man könnte beispielsweise alle Einlagen von natürlichen Personen bis 100.000 Euro zu 100 % durch Staatsgarantien decken, Einlagen zwischen 100.000 und 1.000.000 Million Euro zu 50 %, Einlagen über 1.000.000 Euro zu 0 % durch Staatsgarantien absichern.

Denn wie will man ehrlicher- und fairerweise einer Krankenschwester oder einer Friseurin mit einem Monatseinkommen von unter 2.000 Euro vermitteln, dass ihre heutigen und künftigen Steuerzahlungen die Vermögen der Vermögenden schützen? Also wäre die richtige Vorgehensweise: Banken und Versicherungen, die sich verspekuliert haben, für eine logische Sekunde in *Insolvenz* gehen lassen, das heißt alle Aktionäre werden über die freien Marktmechanismen enteignet, Großgläubiger über 1 Mio. Euro leer ausgehen lassen, *dann* erst mit staatlichen Mitteln rekapitalisieren.

Eine ähnliche Vorgehensweise empfiehlt sich für Staatsschulden von Staaten, die ihren Schuldverpflichtungen nicht mehr nachkommen können. Man kann das freie Spiel der Marktkräfte walten lassen: Die betreffende Regierung kann die Insolvenz erklären mit der Zusage, alle Gläubiger mit Anlagen von bis zu 100.000 Euro zu 100 % zu entschädigen, Gläubiger mit Anlagen zwischen 100.000 und 1.000.000 Euro zu 50 % zu entschädigen, darüber hinausgehende Geldbeträge nicht zu entschädigen. Durch die marktmäßige Enteignung von Großvermögen dürfte ein Schuldenschnitt von weit über 50 % erfolgen und die verbleibende Schuldenlast wäre problemlos tragbar.

Vernünftiger, geordneter Schuldenschnitt oder unvernünftige, chaotische Entwicklungen?

Bereits ein flüchtiger **Blick in die Geschichte** mit ihren zahllosen Schuldenschnitten zeigt, dass wir um massive Schuldenschnitte auf praktisch allen Ebenen nicht herumkommen werden. Also lieber möglichst bald und mit Vernunft, geordnet, die Schuldenerlasse in die Wege leiten als später unter vermutlich chaotischen Verhältnissen die unvermeidlich kommende Abwicklung schmerzlich und konvulsivisch sich vollziehen lassen.

Denn was sind die **Alternativen zu einem offenen Schuldenerlass durch Insolvenz**?

1. Wirtschaftszusammenbruch mit Deflation

2. Inflation

3. (Für den Euro-Raum): Eine (Teil-)Rückabwicklung des Euro und Wiedereinführung nationaler Währungen (wird im Kapitel zum Euro behandelt)

Zu 1.) Wirtschaftszusammenbruch mit Deflation (= Horrorszenario), zum Beispiel vom Wall Street Journal auch „nuclear option", also Kettenreaktion und GAU genannt. Das Szenario sieht grob wie folgt aus: Die Banken und anderen Unternehmen werden nicht vom Staat gerettet. Es kommt zu Bankrun, Bankzusammenbrüchen, Bankschließungen, Unterbrechung der Geldzirkulation, fallenden Preisen (Deflation) Unternehmenszusammenbrüchen, Stocken des gesamten Wirtschaftslebens; es folgen Massenarbeitslosigkeit, weiter fallende Preise (Deflation), Chaos, politische Radikalisierung, gegebenenfalls Bürgerkrieg usw. Im Wesentlichen ist dies das Szenario der Großen Depression ab 1929 (siehe oben). Da man in diesem Punkt aus der Geschichte gelernt hat, dürfte dieses Horrorszenario nicht eintreten. Man kann Deflation heute auch relativ leicht durch „Drucken" zusätzlichen Geldes durch die Notenbanken, wie es derzeit weltweit geschieht, verhindern.[303]

The so-called *nuclear option*

Helicopter-Ben

Zu 2.) Inflation: Häufig wird angeführt: Dann kommt eben eine mittlere Inflation über mehrere Jahre. Das ist durchaus möglich. Es hängt von den entsprechenden politischen Entscheidungen in der Zukunft ab. Ein mögliches Szenario wäre eine Inflation, also allgemein steigende Preise, von vielleicht 10 % pro Jahr über einen Zeitraum von vielleicht 10 Jahren. Sowohl die USA in den 1970er Jahren wie auch viele europäische Länder hatten während der 70er Jahre über viele Jahre zweistellige Inflationsraten. Von daher hat dieses Szenario nichts Horrendes, nur etwas Unangenehmes.

Was hat höhere Inflation mit Entschuldung zu tun? Ein Beispiel: Angenommen Eon habe 2012 einen Kredit über 100 Mio. Euro mit einer Laufzeit von 10 Jahren, also bis 2022, zu einem Zinssatz von 5 % aufgenommen. Wenn die Inflation von 2013 bis 2022 10 % pro Jahr beträgt, dann kann Eon vermutlich auch seine Strom- und Gaspreise um gut 10 % pro Jahr erhöhen. Eine Preiserhöhung über 10 Jahre von 10 % pro Jahr bedeutet, dass bis zum Jahre 2022 die Strompreise um kumuliert 159 % steigen, also z. B. von 100 Euro pro Monat Stromverbrauch auf 259 Euro pro Monat Stromverbrauch, wenn man konstanten Stromverbrauch unterstellt.

Aus Bank- bzw. Gläubigersicht stellt sich eine **10-prozentige jährliche Inflation** folgendermaßen dar:

100 Euro Kredit heute sind bei Rückzahlung in 1 Jahr 90,9 Euro.
100 Euro Kredit heute sind bei Rückzahlung in 2 Jahren 82,6 Euro.
100 Euro Kredit heute sind bei Rückzahlung in 3 Jahren 75,1 Euro.
100 Euro Kredit heute sind bei Rückzahlung in 4 Jahren 68,3 Euro.
100 Euro Kredit heute sind bei Rückzahlung in 5 Jahren 62,1 Euro.
100 Euro Kredit heute sind bei Rückzahlung in 6 Jahren 56,5 Euro.
100 Euro Kredit heute sind bei Rückzahlung in 7 Jahren 51,3 Euro.
100 Euro Kredit heute sind bei Rückzahlung in 8 Jahren 46,7 Euro.
100 Euro Kredit heute sind bei Rückzahlung in 9 Jahren 42,4 Euro.
100 Euro Kredit heute sind bei Rückzahlung in 10 Jahren 38,6 Euro.

Mit anderen Worten: Für 100 Euro Geldwert heute bekommt der Gläubiger bei 10 % Inflation pro Jahr im Jahre 10 nur noch 38,6 Euro zurück. Er bekommt zwar 5 % Zins pro Jahr für sein Darlehen, aber diese reichen nicht aus, den Preisanstieg zu kompensieren, so dass der Gläubiger real gut 5 % pro Jahr verliert.

USA nach dem 2. Weltkrieg: Halbierung der Staatsschulden durch Inflationssprung

Im **Ergebnis** führt Inflation auf den ersten Blick ebenso wie ein offener Schuldenschnitt über Insolvenz zu einer realen **Reduzierung der Schuldenlast**, stellt also ebenfalls einen *Schuldenschnitt* dar. So reduzierten beispielsweise die USA kurz nach dem Zweiten Weltkrieg ihre Staatsschulden, die nach dem 2. Weltkrieg deutlich über 100 % vom BIP lagen, durch die Freigabe der zuvor administrierten, das heißt künstlich niedrig gehaltenen Preise. Nach Außerkraftsetzung der Preisverordnungen aus der Kriegszeit am 9.11.1946 durch Präsident Truman stiegen die Großhandelspreise innerhalb weniger Monate um etwa 43 %, die Einzelhandelspreise um 28 %, nachdem sie bereits von 1938/39 bis Juni 1946 um 47 bzw. 50 % gestiegen waren. Zwischen 1938/39 und Februar 1948 stiegen die Großhandelspreise insgesamt um 110 %, die Einzelhandelspreise um 92 %.[304]

Das heißt, in den zehn Jahren von 1938 bis 1948 halbierte sich die Kaufkraft des US-Dollars. Dadurch verringerte sich die reale Schuldenlast der US-Regierung erheblich und wurde wieder handhabbar. Nicht nur die Schuldenlast der US-Regierung, sondern die aller

Schuldner halbierte sich in diesen zehn Jahren, während reine Geldgläubiger entsprechende Wertverluste hinzunehmen hatten. De facto fand durch die Geldmengenausweitung im Laufe des Krieges ein Schuldenschnitt zu Lasten der Geldgläubiger statt. Die Gläubiger, die zum Beispiel 1938 eine US-Staatsanleihe im Wert von 1.000 $ zeichneten oder Spareinlagen von 1.000 $ hatten, bekamen dafür 1948 real nur etwa 500 $ zurück. Selbst unter Einbeziehung zwischenzeitlich erzielter Zinserträge war das ein Negativinvestment. Umgekehrt konnten Familien, die vor dem Krieg Immobilienkredite aufgenommen hatten, oder Unternehmen mit Schulden diese halbieren. Dadurch wurde die chronische US-Immobilienkrise der 1930er Jahre praktisch behoben.

Inflation: chaotischer, willkürlicher und schädigender Schuldenschnitt

Der Weg zum Schuldenschnitt ist jedoch bei Inflation vergleichsweise chaotisch, willkürlich und ungeordnet, was die Lasten- bzw. die Verlustverteilung anlangt, wie zum Beispiel ein Blick auf die große deutsche Inflation von 1918–1923 lehrt.[305] Die von Goldman Sachs und anderen sehr klugen Vermögensberatern betreuten Kunden mit Nettovermögen ab etwa 5 Mio. Euro können über Hedging-Strategien in Rohstoffe, Immobilien usw. ausweichen, der einfache Sparbuchbesitzer jedoch wird zur Ader gelassen.

Außerdem führen Inflationsraten im zweistelligen Prozentbereich zu Relativpreisverzerrungen, Verzerrungen der Preise zwischen den Gütern, da die Preise der Güter nie im Gleichschritt steigen. Inflation wirkt so, wie wenn jemand das Messgerät verstellt hätte. Diese schwer vorherzusehenden Preisverzerrungen führen zu willkürlichen Schwächungen bzw. Stärkungen einzelner Branchen, Fehlinvestitionen und Fehlplanungen bei Unternehmen und einem Anstieg von Spekulation, was der gesamtwirtschaftlichen Entwicklung schadet. Wiederum lehrt ein Blick in die Geschichte starker Inflationsphasen in sehr vielen Ländern, wie Wirtschaftsschwächung durch hohe Inflationsraten bewirkt wird.

9.2 Die fatalen Auswirkungen der bisherigen Rettungsaktionen

Bisherige Rettungsaktionen verschlimmern die Krise

Wie oben gezeigt, führen praktisch alle bisherigen staatlichen ‚Rettungsaktionen' zu einer finanziellen Umverteilung von unten nach oben, von Arm zu Reich. Doch gerade die hohe und zunehmende Ungleichverteilung ist die zentrale Ursache der derzeitigen Finanz- und Wirtschaftskrise. Fast alle bisher ergriffenen politischen Maßnahmen verschlimmern in Wirklichkeit die Finanzkrise statt sie zu mildern. Man beruhigt kurzfristig die Märkte, indem man mit Öl löscht. Es handelt sich um eine haarsträubende Bumerang-Politik, die die Ursachen der Krise verstärkt statt sie zu bekämpfen. Die bisherigen Maßnahmen sind nicht nur hochgradig unsozial und ungerecht, sondern enorm schädlich, ja gefährlich.

Die große Angst vor großen Bankzusammenbrüchen

Das gängige Argument, weshalb **Bankenrettungen**, **Schutzschirme** usw. gemacht werden, lautet: Wenn eine oder mehrere große Banken oder Versicherungen in Konkurs gehen, kommt es zu einem Bankrun, einer Vertrauenskrise, es werden keine Kredite mehr vergeben, der Geldkreislauf steht still und die Wirtschaft kollabiert. Millionen und Abermillionen von Arbeitslosen wären die Folge. Dieses Argument klingt plausibel und es gibt verheerende Parallelen in der Geschichte. Im Frühjahr 1931 schien in Deutschland der Tiefpunkt der Depression überwunden und es zeigten sich schüchterne Aufschwungsignale. Gerade da ereignete sich das Fiasko der Danat-Bank, die im Juni 1931 zusammenbrach. Dieser Bankzusammenbruch riss weitere große deutsche Banken mit in den Abgrund, eine Kredit-, Geld- und Vertrauenskrise setzte ein und eine zweite, verheerende Welle der Depression brach über Deutschland herein, die die Zahl der Arbeitslosen auf über 6 Mio. trieb und die unglückselige Radikalisierung bei den Wahlen 1932 und 1933 herbeiführte. Diese Gefahr besteht selbstverständlich auch heute.

Doch diese Gefahr bannt man mit Sicherheit nicht durch die bisher ergriffenen asozialen Maßnahmen. Man müsste an komplett anderer Stelle ansetzen. **Banken und Versicherungskonzerne, die sich verspekuliert oder falsche Kredite vergeben haben, kann man retten, *nachdem* die Eigentümer und Großeinleger wie oben ausgeführt marktmäßig enteignet wurden, aber *nicht* mit Mit-**

teln der „kleinen Leute" bzw. aller Steuerzahler und Empfänger von sozialen Ausgaben, sondern mit Mitteln derjenigen Menschen, die jahrelang von unserem Renten- oder Rentiersystem – im Sinne von Geldbezug, ohne dafür zu arbeiten – bzw. Zinseszinssystem profitiert haben: der wohlhabendsten unserer Mitbürger, der sogenannten Ultra High Net Wealth Households und die High Net Wealth Households. Ein geeignetes Mittel dazu wären beispielsweise substanzielle Vermögenssteuern.

9.3 Wege in eine menschengerechte Wirtschaft durch gesellschaftliche Weichenstellungen

»Wenn der Staat nicht zugrunde gehen sollte, so musste man dieses zerstörte Gleichgewicht der Güter auf eine gewaltsame Art wieder herstellen.«

Friedrich Schiller[306]

Das Grunddilemma: die Exponentialfunktion

Die unten stehende Grafik[307] zeigt das Grunddilemma unserer derzeitigen Wirtschaftsordnung. Vermögen wachsen, wie oben gezeigt wurde, mit einer exponentiellen Dynamik (Kurve links: *Normale Exponentialfunktion*), bis das Gesellschaftssystem in einer der historisch ungezählten Machtmissbrauchs- oder Überschuldungskrisen landet.

Man kann die Wachstumsdynamik abschwächen durch eine Erbschaftssteuer (Kurve Mitte: *Exponentialfunktion mit Erbschaftssteuer*). Eine signifikante Erbschaftssteuer von vielleicht 25 bis 50 % ist sicherlich keine schlechte Idee, sie reicht aber nicht aus, wie die Grafik zeigt: Die Wachstumsdynamik der Vermögenskonzentration wird nur gebremst, der Zug fährt eine oder zwei Generationen später gegen die Wand, indem das Wirtschaftsleben durch die Großvermögen erwürgt wird.

Oder man führt eine spürbare progressive Besteuerung der Einkommen ein, mit z. B. einem Spitzensteuersatz von 50 %. Auch diese Maßnahme ist durchaus begrüßenswert, da sie die Wucht der Vermögenskonzentration abmildert. Insbesondere in Kombination mit einer signifikanten Erbschaftssteuer ermöglicht sie vergleichsweise lange Phasen von weitgehend sozialverträglicher wirtschaftlicher Entwicklung. Aber sie hebt die Vermögenskonzentration nicht auf. Ein Kollaps muss kommen, wenn auch deutlich später als bei ungehemmter Vermögenskonzentration.

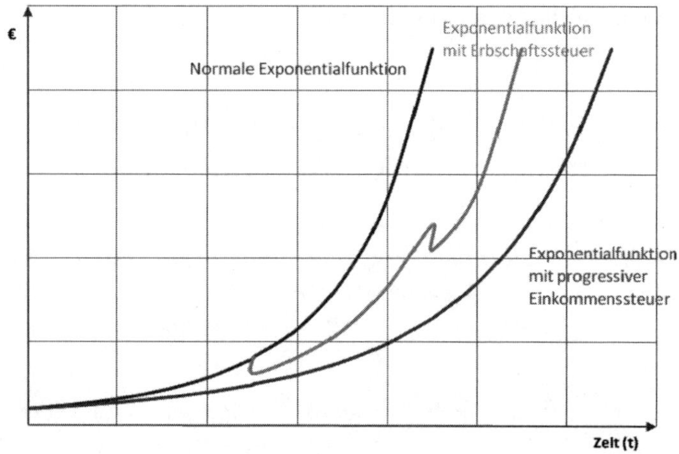

»Denn eine kurze Betrachtung wird zeigen, welche enormen sozialen Veränderungen durch das allmähliche Verschwinden der Renditen angesammelter Reichtümer resultieren würden. Ein Mensch könnte zwar seine Einkünfte weiter anhäufen, um sie möglicherweise zu einem späteren Zeitpunkt auszugeben. Aber seine Rücklagen würden nicht wachsen […] der Rentier würde verschwinden.«

J. M. Keynes[308]

Nur am Rande sei bemerkt, dass in Deutschland aufgrund der hohen Belastung durch die Sozialabgaben (Renten-, Kranken, Arbeitslosen- und Pflegeversicherung) niedrige und mittlere Einkommen deutlich stärker prozentual belastet werden als hohe Einkommen, die jenseits der Obergrenzen der sozialabgabepflichtigen Einkommen liegen. Deutschland hat über entscheidende Strecken – nämlich im sogenannten Mittelstandsbauch – keine progressive, sondern eine regressive Einkommensbesteuerung. Die höchste Abgabenlast zahlen mittlere Einkommensbezieher. Dies ist nicht nur in hohem Maße ungerecht, sondern auch dumm, denn es begünstigt die Vermögenskonzentration und beschleunigt damit eine krisenhafte Zuspitzung der Wirtschaftsentwicklung. Dieser Missstand wird von politischer Seite unverständlicherweise weitestgehend ignoriert.

Durch unser **Sozialabgabensystem** wird die arbeitende Bevölkerung doppelt belastet, mit Lohnsteuer und Sozialabgaben, während Nicht-Arbeits-Einkommen (Renteneinkommen in Form von Mieten, Pachten, Zinsen, Dividenden) aus Großvermögen für die Finanzierung der Sozialabgaben nicht herangezogen werden. Dies ist eine nicht nur völlig asoziale und absurde Finanzierungsstruktur, sondern eine in hohem Grade für die wirtschaftliche und gesellschaftliche Entwicklung schädliche Verteilung der Finanzlasten. Hier wäre dringender finanzpolitischer Handlungsbedarf.

Bei der Untersuchung dieser Sachverhalte stellt sich immer und immer wieder die Frage: **Warum haben wir solch asoziale Finanzströme in unserem Wirtschafts- bzw. Gesellschaftssystem?** Warum wird das nicht mit Empörung öffentlich thematisiert und geändert? Die Antwort lautet immer wieder: Die Interessen der Nutznießer dieses Systems scheinen sich zu Lasten der großen Mehrheit der Bevölkerung auf den meisten Ebenen immer wieder durchzusetzen: im Wesentlichen über Lobbyarbeit und Medienbeeinflussung.

Als **Zwischenergebnis** lässt sich festhalten: Weder eine substanzielle Erbschaftssteuer von z. B. real 50 % noch eine progressive Besteuerung der Einkommen mit einem Spitzensteuersatz von z. B. 50 % oder gar 75 %, wie kürzlich vom französischen Premierminister Ayrault angekündigt, sind eine dauerhafte Lösung. Sie gehen zwar in die richtige Richtung, aber nicht an die eigentliche Wurzel des Problems, die Vermögenskonzentration als solche. **Man muss demnach bei der Wurzel, bei den Vermögen selbst ansetzen, z. B. durch Vermögenssteuern auf die drei Hauptarten von Vermögen: 1. Grund und Boden (inklusive den darauf befindlichen Immobilien), 2. Anteile an Unternehmen, 3. Geldvermögen.**

9.3.1 Nichtarbeitseinkommen reduzieren, Arbeitseinkommen erhöhen

»Es wäre die Euthanasie des Rentiers – und folglich die Auslöschung der geballten repressiven Macht des Kapitalisten, sich am Kapitalmangel zu bereichern.«
J. M. Keynes[309]

Die **Grundidee** der folgenden Ausführungen ist einfach: Rentiereinkommen, also Einnahmen, für die man nicht arbeiten muss, aus den drei Hauptvermögensarten Grund und Boden, Unternehmensanteilen und Geldvermögen sind nicht nur unsozial – der wohlhabendste Teil der Bevölkerung erhält erhebliche Einkommen, ohne dafür arbeiten zu müssen, alle übrigen Mitbürger müssen daher mehr arbeiten, um die oben aufgezeigten Ströme an die Reichen zu ermöglichen – sondern auch schädlich, da sie zu steigender Vermögenskonzentration und damit langfristig zum Abwürgen der Wirtschaftsentwicklung führen.

John Maynard Keynes spricht in diesem Zusammenhang von der erwähnten „Euthanasie des Rentiers", die kommen müsse und auch kommen werde: „Es wäre die Euthanasie des Rentiers – und folglich die Auslöschung der geballten repressiven Macht des Kapitalisten, sich am Kapitalmangel zu bereichern."[310] Der „funktionslose Investor" müsse verschwinden und dürfe so nicht länger einen Bonus erhalten.

Leider **unterlag Keynes** der **fatalen Fehleinschätzung** zu glauben, dass die Elimination der Rentiers von alleine stattfinden würde:

> „**Deswegen sehe ich den Rentier-Aspekt des Kapitalismus als Übergangsphase, die beendet sein wird, sobald sie ihre Aufgabe erfüllt hat**. Und mit dem Verschwinden seines Rentier-Aspekts wird vieles Weitere damit verbundene eine grundlegende Veränderung erfahren. Es wird so sein, dass die Euthanasie des Rentiers, des funktionslosen Investors – überdies ein großer Nutzen für das Vorgehen, das ich befürworte – nicht plötzlich vonstattengeht, sondern eher **eine allmähliche, aber anhaltende Fortführung dessen**

sein wird, **was wir in Großbritannien in jüngster Zeit beobachten konnten; es wird keine Revolution von Nöten sein.**"[311]

Wie zäh und stabil Rentierkapitalismus aber sein kann, zeigt ein Blick auf die heutige Welt.

Renteneinkommen reduzieren

Je höher der Anteil der Renteneinkommen in einer Gesellschaft, desto ungesünder, unsozialer und krisengefährdeter ist sie, wie die umfangreichen Studien von Wilkinson und Pickett detailliert zeigen.[312] Also lautet die einzige logische Konsequenz: Die Renteneinkommen müssen reduziert werden.[313] Da Steuern auf laufende Rentenströme (progressive Einkommensteuer) oder jede Generation anfallende Rentenströme (Erbschaftssteuer) nicht ausreichen, müssen die Rentenquellen selbst angegangen werden: die Vermögen selbst.[314] Solche Maßnahmen sind nicht nur sozial, sondern auch wirtschaftsfördernd, da sie einen zwangsläufig immer wiederkommenden Wirtschaftskollaps vermeiden. Umso erstaunlicher ist, dass diese Maßnahmen nicht schon längst weltweit durchgeführt werden.

John Maynard Keynes schildert sehr anschaulich, welch segensreiche Auswirkungen die Abschaffung der Zinseszinseinkommen von Rentiers hätte, also die Abschaffung der Zunahme der Akkumulation, weshalb sein Zitat erneut aufgegriffen wird: „Denn eine kurze Betrachtung wird zeigen, welche enormen sozialen Veränderungen durch das allmähliche Verschwinden der Renditen angesammelter Reichtümer resultieren würden. Ein Mensch könnte so zwar seine Einkünfte weiter anhäufen, um sie möglicherweise zu einem späteren Zeitpunkt auszugeben. Aber seine **Rücklagen** würden **nicht wachsen.**“[315]

9.3.2 Vermögenssteuer auf nicht selbst genutzten Grund und Boden und Immobilien

»Darum sollt ihr das Land nicht verkaufen für immer; denn das Land ist mein und ihr seid Fremdlinge und Beisassen bei mir.«
1. Mose 25, 23

Einführung einer Vermögenssteuer von 3 % pro Jahr auf nicht selbst genutzten Grund und Boden sowie Immobilien

Der sogenannte „sonstige Immobilienbesitz" in Deutschland befindet sich in Händen von 10,4 % der Bevölkerung.[316] Das sind diejenigen Immobilien, die man nicht selbst bewohnt, sondern die zum Beispiel vermietet oder verpachtet werden. Mit anderen Worten: Sämtliche Miet- und Pachteinnahmen in Deutschland fließen auf die Konten von etwa 10 % aller deutschen Haushalte. 90 % – neun Zehntel aller Mitbürger! – bekommen keine Miet- oder Pachteinnahmen, sondern zahlen diese entweder in direkter Form (Mietwohnung) oder indirekter Form (Miete oder Pacht, die z. B. der Bäcker zahlt, wird auf den Brot- oder Semmelpreis umgelegt, verteuert also Brot oder Semmel).

Diese Miet- und Pachtzahlungen, für die die Bezieher nicht zu arbeiten brauchen, sind, wie oben gezeigt, nicht nur ungerecht (sie fließen auf die Konten der wohlhabendsten 10 % aller Haushalte), unsozial (die „unteren" 90 % der Bevölkerung, also fast alle, zahlen an die Wohlhabendsten), sondern auch gefährlich, da sie zu steigender Ungleichverteilung und damit mittelfristig einer Wirtschaftskrise führen.

Also könnte man Grund und Boden, inklusive der darauf befindlichen Immobilien, der sich im Eigentum von Privatpersonen befindet und der **nicht selbst bewohnt oder bebaut** wird, mit beispielsweise **3 % auf den Verkehrswert besteuern**. Von dieser Steuer wären also **nicht** betroffen beispielsweise Familien, die im eigenen Haus oder der eigenen Wohnung wohnen oder der Landwirt, der seinen eigenen Grund und Boden bearbeitet.

Dagegen würden große Immobilienbesitzer, die viele Wohnungen vermieten, oder große Grundbesitzer, die ihr Land verpachten, diese Steuer entrichten müssen. De facto wären von dieser Steuer lediglich gut 10 % der deutschen Bevölkerung betroffen.

Vermögenssteuer nur auf Großgrundbesitz

Statt des Kriteriums „selbst bewohnen oder bebauen" könnte man auch **Freibeträge**[317] einführen, beispielsweise: Bis zu einem Marktwert von 2 Mio. Euro von Immobilien- und Bodenbesitz in Privateigentum wird keine Vermögenssteuer erhoben, erst für Vermögen, die größer als 2 Mio. Euro sind. Ein Beispiel: Eine Familie mit vier Kindern besitzt 4 Häuser mit einem Marktwert von insgesamt 2 Mio. Euro. Sie würde keine Vermögenssteuer zahlen. Eine andere Familie mit 4 Kindern ist in Besitz von 300 Immobilien sowie Liegenschaften mit einem gesamten Marktwert von 202 Mio. Euro. Hierauf würde folgende Steuer anfallen: Marktwert € 202 Mio. abzüglich Freibetrag von € 2 Mio. ergibt € 200 Mio. Euro zu versteuerndes Vermögen. Dieses Vermögen von € 200 Mio. unterliegt dem Vermögenssteuersatz von 3 %. Das heißt, es würde eine Steuerzahlung von € 6 Mio. Euro **Vermögenssteuer** auf Grund und Boden inklusive Immobilienbesitz anfallen. Diese Steuer müsste jährlich entrichtet werden. Sie kann von Jahr zu Jahr variieren, je nach der Höhe des tatsächlichen Marktwertes der Liegenschaften.

Freibeträge hätten den Vorteil der leichteren Handhabbarkeit. Es würden umständliche Nachweise entfallen, dass die Immobilien bzw. der Boden selbst bewirtschaftet oder bewohnt wird. Aber der **Grundgedanke** dahinter bleibt: **Nur derjenige Immobilien- und Bodenbesitz, der nicht selbst genutzt wird, der lediglich zur Erzielung von Nicht-Arbeits- bzw. Renteneinkommen dient, soll besteuert werden. Wer Wohnraum selbst nutzt oder wer den Boden selbst bearbeitet, soll steuerfrei bleiben.**

Im Gegenzug Senkung der Sozialbeiträge oder Senkung der Mehrwertsteuer

Die Einnahmen aus dieser Steuer könnte man dazu verwenden, die Beiträge zur **Sozialversicherung** zu **senken**, indem man die staatlichen Zuschüsse hierfür erhöht. Eine spürbare Senkung beispielsweise der Rentenbeiträge hätte starke positive Auswirkungen:

1. Es findet eine Umverteilung der Steuerlast von der arbeitenden Bevölkerung zu der Nicht-Arbeits-Einkommen beziehenden Bevölkerung statt. Unser Abgabensystem würde sozialer und gerechter.

2. Die Einstellung von Arbeitnehmern würde für Unternehmen billiger, da die Lohnnebenkosten, die die Unternehmen an die Sozialkassen abführen müssen, geringer werden. Wenn der „Faktor Arbeit" aus Unternehmenssicht billiger wird, wird davon mehr nachgefragt: Es entstehen zusätzliche Arbeitsplätze, die Arbeitslosigkeit sinkt.[318]

3. Durch die sinkende Arbeitslosigkeit bzw. die Zunahme der Arbeitsplätze erhöht sich das Wirtschaftswachstum.

4. Die Nettolöhne der Arbeitnehmer steigen, weil sie bei gleichem Bruttogehalt nun weniger Abgaben zahlen: der Wohlstand der Arbeitnehmer steigt, die Nachfrage und damit das Wirtschaftswachstum steigen.

Steuerflucht unmöglich, da Boden nicht fliehen kann

Das Problem der **Steuerflucht**, indem man z. B. sein Vermögen ins Ausland schafft, stellt sich nicht, da der Boden nicht ins Ausland fliehen kann. Diese politische Ausrede kann also nicht ins Feld geführt werden. Auch administrative, verwaltungstechnische Probleme dürften handhabbar sein: In den Grundbüchern der Kommunen ist sämtlicher Bodenbesitz detailliert erfasst.

Welche Größenordnung könnten **Steuereinnahmen** aus dieser vorgeschlagenen Maßnahme haben? Das Statistische Bundesamt und die Deutsche Bundesbank beziffern den Wert aller Wohnbauten in Deutschland für 2010 auf 4.139 Mrd. Euro, den Wert des Baulandes für 2008 auf 2.118 Mrd. Euro, den Wert des gesamten Wohnbereichs also auf etwa 6.257 Mrd. Euro.[319] Nach Abzug der Wohnungsbaukredite von 1.057 Mrd. Euro[320] bleibt ein Nettovermögen von etwa 5.200 Mrd. Euro. Wenn man annimmt, dass hiervon 50 % selbst genutzt wird,[321] bzw. wenn man annimmt, dass die Freibeträge 2.600 Mrd. Euro betragen, was sehr viel erscheint, verbleiben 2.600 Mrd. Euro zu versteuerndes Vermögen.[322] Hiervon 3 % entsprechen einem Betrag von **78 Mrd. Euro** Steuereinnahmen pro Jahr.

Die Beitragssätze zur deutschen Rentenversicherung belaufen sich derzeit auf 19,6 % (9,8 % Arbeitnehmeranteil, 9,8 % Arbeitgeberanteil). Die hieraus eingenommenen Mittel betrugen 2011 ca. 177,4 Mrd. Euro.[323] Würde man die oben berechneten Einnahmen aus der Vermögenssteuer auf Grund und Boden von etwa 78 Mrd. Euro für eine Senkung der Rentenbeiträge verwenden, so könnte man die Beitragssätze von 19,6 auf etwa 11 %, um über 8 Prozentpunkte, senken.

Steuerreform als Konjunkturprogramm

Die Nettoeinkommen der Arbeitnehmer würden also um deutlich über 4 % steigen und die Lohnkosten für die Arbeitgeber würden um über 4 % sinken. Ein **gigantisches Konjunkturprogramm**! Die Zahl der Arbeitsplätze dürfte um über 800.000 zunehmen, die Arbeitslosigkeit entsprechend sinken. Die Finanzierung dieses Konjunkturprogramms geschieht dadurch, dass die wohlhabendsten 10 % der Bevölkerung einen Teil ihres Rentiereinkommens, ihres Nicht-Arbeits-Einkommens abgeben.

Der Vorwurf an Deutschland, über hohe Exportüberschüsse zu Lasten anderer Länder zu produzieren, würde geschwächt, da es sich bei der obigen Konjunkturmaßnahme um ein Ankurbelungsprogramm, das die Binnenwirtschaft anwirft, handelt. Die deutschen Importe dürften zunehmen, Deutschland würde zur Konjunkturlokomotive und die Leistungsbilanz würde kurzfristig vermutlich ausgeglichener.[324] Um die deutschen Leistungsbilanzüberschüsse gezielt abzubauen, könnte man die Steuereinnahmen aus der Vermögenssteuer auch ganz oder teilweise für eine Senkung der Mehrwertsteuer und für Infrastrukturprojekte wie den Ausbau von Kindergärten, Schulen, Hochschulen usw. verwenden. Mit den oben geschätzten Steuereinnahmen von 78 Mrd. Euro pro Jahr könnte man z. B. die **Mehrwertsteuer halbieren**.[325] Eine Verbilligung der meisten Güter um beinahe 10 % würde die Kaufkraft dramatisch erhöhen, vermutlich einen Kaufrausch in Deutschland auslösen und einen Importsog nach sich ziehen.

Bei einer Volksabstimmung müssten etwa 90 % aller Deutschen dafür stimmen

Wenn man über diese steuerpolitische Maßnahme demokratisch abstimmen ließe, müssten eigentlich 90 % der deutschen Bevölkerung dafür stimmen, da 90 % sich hierdurch besser bzw. nicht schlechter stellen würden.

9.3.3 Lösungsansatz für die Eurokrise

Konjunkturpaket: Zugleich ein Lösungsansatz für die *Eurokrise*

Dieses starke Konjunkturpaket könnte in praktisch allen derzeit von der Finanz- und Wirtschaftskrise betroffenen Ländern eingeführt werden, insbesondere auch von Spanien oder Griechenland, die unter tragischer Arbeitslosigkeit leiden. Eine Steuer auf nicht selbst genutztes Immobilienvermögen in Spanien und Griechenland, also eine Vermögensbesteuerung der reichsten Haushalte, würde deren Konjunktur sofort in ganz erheblichem Maße ankurbeln und ein großer Teil der sogenannten Rettungsmaßnahmen würde obsolet. Hierdurch würde wirklich an der Wurzel der wirtschaftlichen Übel dieser Länder angesetzt. Statt der derzeitigen ungerechten und widersinnigen Rettungsmaßnahmen würden sinnvolle und gerechte Schritte gegangen, die das Problem nicht nur kurzfristig kosmetisch übertünchen, sondern langfristig beheben. Auch das **Problem der Steuerflucht**, indem man z. B. sein Vermögen ins Ausland schafft, **stellt sich nicht**, da der Boden nicht ins Ausland fliehen kann. Diese politische Ausrede kann also nicht ins Feld geführt werden. Ebenso dürften administrative, verwaltungstechnische Probleme handhabbar sein, da der Bodenbesitz in der Regel detailliert erfasst ist. Ein Aufschrei käme natürlich von den Großgrundbesitzern.[326] Allerdings deutet vieles darauf hin, dass selbst für Vermögende eine überschaubare Vermögenssteuer vermutlich besser ist als die möglichen auf uns zukommenden Alternativen.[327]

9.3.4 Vermögenssteuer auf Unternehmensanteile

Um die in der jüngeren Wirtschaftsgeschichte möglichen Größenordnungen zu zeigen, die ein Anleger ohne Arbeitsleistung erzielen konnte, sei das Beispiel Coca Cola angeführt, das Warren Buffett beschreibt:

»Obwohl die 1919 in eine Aktie investierten 40 Dollar (einschließlich reinvestierter Dividenden) bis Ende 1938 zu 3.277 Dollar wurden, wären 40 dann frisch in Coca-Cola-Aktien investierte Dollar bis zum Jahresende 1993 auf 25.000 Dollar angewachsen.«

Warren Buffett[328]

Die 40 im Jahr 1919 investierten Dollar haben sich demnach in der Realität bis 1993 auf 2.048.125 Dollar erhöht, also in 80 Jahren ver-51.000-facht. Diese Vervielfachung floss real bestimmten Aktionären zu, ohne in irgendeiner Form dafür gearbeitet zu haben.

Der gleiche Grundgedanke wie bei der Einführung einer Vermögenssteuer auf nicht selbst genutzten oder bearbeiteten Grund und Boden gilt auch für das Eigentum an Unternehmen, also Aktien, GmbH-Anteile usw.[329] Renteneinkommen aus dem Besitz an Unternehmen, die weit über die eigene ins Unternehmen eingebrachte Arbeitsleistung hinausgehen oder die ganz ohne Arbeitsleistung für das Unternehmen fließen, sollen besteuert werden.

Konkret könnte man eine **Vermögenssteuer** in Höhe von **3 % des tatsächlichen Markt- bzw. Verkehrswertes** pro Jahr einführen nach Berücksichtigung eines **Freibetrages** von vielleicht 2 Mio. Euro.

Beispiele: 1. Der selbständige Handwerker, dessen Unternehmen insgesamt 2 Mio. Euro oder weniger wert ist, also vermutlich über 95 % aller Betriebe, zahlt diese Vermögenssteuer nicht.
2. Großeigentümer mit maßgeblichen Aktienpaketen an Unternehmen zahlen die Vermögenssteuer. Beispielsweise eine Familie, die Mehrheitseigentümerin eines angesehenen deutschen Automobil-

produzenten ist, dessen Marktwert 20 Mrd. Euro beträgt, würde etwa 300 Mio. Euro Vermögenssteuer pro Jahr zahlen.

90 % der deutschen Haushalte *nicht* von der Steuer betroffen

Nicht von der Steuer betroffen wären vermutlich über 95 % aller Unternehmen in Deutschland. Von der Steuer betroffen wären relativ wenige deutsche Haushalte: Nur 4,4 % der deutschen Bevölkerung sind in Besitz von Betriebsvermögen[330], nur etwa 10 % der deutschen Haushalte besitzen Aktien.[331] Also etwa neun Zehntel aller deutschen Haushalte wären von dieser Steuer nicht betroffen.

Es soll nicht der kreative, aufbauende, seine Ideen verwirklichende Unternehmer besteuert bzw. ‚bestraft' werden, sondern lediglich der Rentier-Eigentümer ab einer bestimmten Größenordnung. Es soll auch nicht der Aufbau von Vermögen überhaupt verhindert werden, im Gegenteil. Lediglich die ungehemmte exponentielle Weitervermehrung ab einer bestimmten Schwelle soll erschwert werden.

»Die Initiative Vermögender für eine Vermögensabgabe ist eine Gruppe Vermögender, die an die Politik appelliert, Reiche durch eine Vermögensabgabe stärker zu belasten.«

Initiative Vermögender für eine Vermögensabgabe[332]

Welche Größenordnung könnte eine solche Steuer haben? Das gesamte in privaten Händen befindliche Brutto-Unternehmensvermögen in Deutschland ist nicht unerheblich. Es belief sich 2010 auf etwa 2.620 Mrd. Euro Buchwert.[333] Der Marktwert dürfte höher sein, da viele börsennotierte Aktienunternehmen über dem Buchwert ihres Eigenkapitals gehandelt werden. Hiervon sind die Schulden abzuziehen. Das Netto-Unternehmensvermögen beträgt etwa 1.462 Mrd. Euro.[334] Da es in vergleichsweise wenigen Händen konzentriert ist, dürften die Freibeträge recht schnell aufgebraucht sein. Unterstellt man Freibeträge in Höhe von 50 %, beliefe sich das jährlich zu versteuernde Unternehmensvermögen auf etwa 731 Mrd. Euro. Hiervon 3 % **Vermögenssteuer** wären **etwa 22 Mrd. Euro pro Jahr**, also etwa ein Viertel der oben sehr grob geschätzten Einnahmen aus der Vermögenssteuer auf Grund und Boden.

Mit diesen Einnahmen könnte man beispielsweise die Rentenbeiträge um weitere gut 2 Prozentpunkte absenken mit entsprechenden positiven Konjunkturauswirkungen oder die Mehrwertsteuer um etwa 3 Prozentpunkte senken, um die Binnenkonjunktur anzukurbeln.

Der **Grundidee** hinter diesem Steuer-Vorschlag liegen **Lehren aus der Geschichte** zugrunde. Viele ausgezeichnete, tüchtige Unternehmer bauen mit neuen Erfindungen, Ideen und Mut ihre Unternehmen auf und verbessern dadurch den Lebensstandard sehr vieler Menschen. Wenn die ursprünglichen Unternehmensgründer aus dem Betrieb ausscheiden, geht die Unternehmensleitung ein oder zwei Generationen später häufig an externe Manager über. Die ursprünglichen Unternehmerfamilien bleiben oft große Anteilseigner der Unternehmen und bekommen unbefristet Dividenden, tragen zum Fortbestehen des Betriebes jedoch normalerweise nicht mehr nennenswert bei.

Was ursprünglich durch ausgezeichnete unternehmerische Leistungen in Form eines Gründer-Kapitalismus aufgebaut wurde, verwandelt sich im Laufe der Generationen in einen Rentier-Kapitalismus. Recht schlägt um in Unrecht. Aufbau, Bereicherung der Gesellschaft, Schaffung von Arbeitsplätzen schlägt um ins Gegenteil. Gründer-Kapitalismus wird hier in dem Sinne verwendet, dass der Unternehmensgründer frei nach seinen Ideen und Vorstellungen mit dem ihm anvertrauten Kapital umgehen kann, frei nach seinen individuellen Begabungen, Talenten und Möglichkeiten. In diesem Sinne ist Kapitalismus ein großartiger Vorteil für Wirtschaft und Gesellschaft.

Gleichbehandlung von geistigem und materiellem Eigentum?

Aber mit welchem Recht bekommt die dritte, vierte, fünfte Generation noch Dividenden aus den Leistungen der Ahnen? Warum bekommen die Ururenkel von Mozart und Goethe heute keine Urheberrechte mehr ausbezahlt? Bei **geistigem Eigentum**[335] gibt es einen gesellschaftlichen Konsens, dass es nach Ablauf einer bestimmten Zeit Eigentum der Allgemeinheit werden soll, das heißt, nicht unbegrenzt weitervererbt werden darf, was sehr vernünftig ist. Bei **materiellem bzw. Unternehmenseigentum** geht man davon aus, dass es unbeschränkt und unbefristet weitervererbt werden darf. Mit welcher Berechtigung wird hier mit zweierlei Maß gemessen?

Man könnte daher auch, was Eigentum an Unternehmen angeht, andenken, ähnlich den Rechten an geistigem Eigentum wie Partituren und Büchern auch die Eigentumsrechte an Unternehmen nach zum Beispiel 70 Jahren in das Eigentum der Allgemeinheit zu überführen, etwa der jeweiligen Kommune wie z. B. bei ZF Friedrichshafen[336] oder in gemeinnützige Stiftungen nach dem Modell z. B. der Robert Bosch Stiftung[337], zwei segensreiche Einrichtungen, die viel Gutes für die Allgemeinheit bewirken.

»Meine Freunde und ich wurden lange genug vom milliardärsfreundlichen Kongress verhätschelt. Es wird Zeit, dass unsere Regierung endlich die Lasten gerecht verteilt.«
Warren Buffett[338]

Ökonomie-Axiom der Gewinnmaximierung ist nur eine Seite

Man mag argumentieren, wenn das hart erarbeitete Unternehmervermögen später hoch besteuert wird, man es also nicht mehr seinen Kindeskindern weitervererben kann, so entfällt der wichtigste Anreiz, Unternehmen und Vermögen aufzubauen und deshalb werden Unternehmensgründungen und harte Arbeit zum Unternehmensaufbau abnehmen oder gar ganz zurückgehen. Das halte ich jedoch für falsch. In den gängigen Ökonomie-Lehrbüchern wird unterstellt, das zentrale Motiv der Unternehmensleitung sei die Gewinnmaximierung. Für manche etablierten Unternehmen, vor allem für praktisch alle börsennotierten Unternehmen dürfte das stimmen. Für den größten Teil aller mittleren und kleineren inhabergeführten Unternehmen und insbesondere für alle wirklich innovativen Unternehmer ist die hauptsächliche Unterstellung des Gewinnmotivs[339] jedoch eine karikaturhafte Einseitigkeit, die dem Denken in Kategorien des *homo oeconomicus* entspricht, der eine groteske Karikatur allen Menschseins darstellt.[340]

Religiöse Wurzeln unternehmerischen Handelns

Ein Blick in die Geschichte zeigt, dass die großen Unternehmensgründer große Ideen hatten, die sie realisieren wollten, und häufig alles andere als gewinngetrieben waren.[341] Max Weber verwies auf die religiösen Wurzeln unternehmerischen Handelns und hob gerade das Berufsethos hervor – Disziplin, Gewissenhaftigkeit, Arbeitsamkeit usw. –, nicht nur das kontinuierliche, rationale Streben nach Gewinn, das dem Kapitalismus innewohne.[342] Schumpeter erwähnt, dass in den Prosperitätsjahren vor 1929 die Hälfte der US-amerikanischen Unternehmungen mit Verlust, mit Gewinn gleich null oder mit einem nicht den Anstrengungen genügenden Gewinn arbeiteten.[343]

Es ist die verzerrte Sichtweise des *homo oeconomicus*, auf welchen sich heute noch immer viele Grundannahmen der Mainstream-Ökonomie stützen, die mit der Wirklichkeit oft wenig, mit wahrem Menschsein – etwa im Sinne Goethes – praktisch nichts mehr zu tun haben. Auch hier zeigt sich wieder: Wenn wichtige Grundannahmen eines Modells Zerrbilder sind, wird auch das Ergebnis entsprechend sein. Schlimmer ist jedoch: Wenn Menschen über einen längeren Zeitraum in diesem Sinne erzogen werden, wie es in den letzten Generationen geschah und weiterhin geschieht – siehe oben die Ausführungen zum Ökonomienobelpreisträger Gary Becker, der Kinder als langlebige Konsumgüter ansieht –, steht zu befürchten, dass sich die soziale Wirklichkeit nach und nach diesem Zerrbild annähert.[344]

9.3.5 Geldreform: Fließendes Geld, Geld mit Durchhaltekosten, Alterndes Geld

»Die Idee des ‚Freigeldes' ist sinnvoll.«
J. M. Keynes[345]

Die dritte Hauptvermögensart ist Geldvermögen. Der Begriff Geldvermögen, wie er hier gebraucht wird, umfasst **nicht Aktien** oder andere Unternehmensbeteiligungen und **nicht Immobilien**, sondern ausschließlich Anlagen, die reinen Forderungscharakter haben, z. B. Bargeld, Bankeinlagen oder Anleihen, Anlagen, denen auf der Gegenseite ein Schuldverhältnis bzw. eine Verbindlichkeit gegenübersteht, keine unmittelbaren Verfügungsrechte über Realvermögen.[346] Bei den so verstandenen Geldvermögen im engeren Sinne tritt der oben geschilderte Zinseszinseffekt mit seiner Exponentialfunktion in seiner reinsten Form auf.

Rentiereinkommen aus Zinsen vermindern

Die gleiche **Grundidee** wie oben soll daher auch auf Geldvermögen angewendet werden: **Reine Rentiereinkommen**, Nicht-Arbeits-Einkommen, sollen **vermindert** und die uneingeschränkte Vermehrung von Vermögen durch Zinseszins soll verhindert werden. Dies kann am einfachsten bewirkt werden durch die Einführung von Freigeld[347], alterndem Geld[348], bzw. Durchhaltekosten (carrying costs, stamped money) auf Geld. Hierzu liegen seit langem gut durchdachte, umfangreiche theoretische Konzepte vor.

Die Einführung von Schwundgeld mit Umlaufsicherung bzw. Durchhaltekosten („carrying costs“) würde bewirken, dass die Realzinsen deutlich sinken und sich gegen null bewegen. Die realen Einlagen- bzw. Habenzinsen würden, je nach Laufzeit, etwa minus 4 % bis 0 % pro Jahr betragen, die realen Kredit- bzw. Sollzinsen würden etwa zwischen +1 % und +3 % liegen.[349] Weder Inflation noch Deflation würden in nennenswertem Umfang stattfinden.[350]

Durch die Absenkung der Einlagenzinsen würde verhindert, dass Geldvermögen ohne Arbeitsleistung sich ständig weiter vermehrt, das heißt die Nicht-Arbeits-Einkommen aus Zinsen würden de facto eingestellt. Ein prominenter Befürworter einer solchen Einführung von Durchhaltekosten bzw. carrying costs auf Geld war John Maynard Keynes. Er meinte hierzu schon 1936: „*The idea behind stamped money is sound.*“ Doch dieser Aspekt der Gedanken von Keynes wurde von der gängigen Mainstream-Ökonomie ignoriert. Die Frage ist: Warum?

9.3.6 Ein Blick in die Geschichte: Wära und Wörgl

Freigeld bzw. Geld mit Durchhaltekosten wurde in der Geschichte mit Erfolg praktiziert. Zurückgehend auf die Ideen von Silvio Gesell wurde in Erfurt im **Oktober 1929** die Wära-Tauschgesellschaft gegründet. Sie hatte das Ziel, neben der deflationären Reichsmark einen zweiten Geldkreislauf zu installieren.[351]

Erfolgreiche *Wära-Geldscheine* 1931

Die Hilfswährung **Wära** (aus den Worten: Währung und Ware) sollte die Probleme, die sich in der deutschen Wirtschaft durch Kreditbeschränkung und Geldknappheit ergeben hatten, mildern helfen. Wie bei Gesell vorgesehen, waren die Wära-Geldscheine einem Umlaufzwang unterworfen. Jeden Monat musste der Geldbesitzer den Nennwertverlust mittels Aufkleben einer Marke im Wert von einem Prozent des Nennwertes auf den Wära-Schein ausgleichen. Nach Ablauf eines Jahres, wenn alle zwölf Felder beklebt waren, wurden die alten Wära-Scheine gegen neue umgetauscht. Der Werteverlust betrug also jährlich zwölf Prozent des Nennwertes. Es gab nur zwei Möglichkeiten, um dem Schwund zu entgehen: Rasches Umsetzen des Geldes oder Sparen ohne Gewinn durch Hinterlegung bei einer der rund fünfzehn Geschäftsstellen der Tauschgesellschaft. Nachdem aufgrund der allgemeinen Deflationspolitik von den Banken kaum Kreditkapital zu bekommen war und die Wirtschaft Geld dringend benötigte, griff die Wära-Idee schnell um sich. Nach zwei Jahren, 1931, gehörten bereits mehr als **1000 Unternehmen** in Deutschland dem Tauschverband an. Sie führten das Hinweisschild „Hier wird Wära angenommen". Zum Teil bezahlten die Unternehmen auch ihre Beschäftigten in Wära, so dass neben der Reichsmark ein kleiner separater Geldkreislauf zu entstehen begann.
Unter ihnen waren etwa Lebensmittelgeschäfte, Bäckereien, Molkereien, Restaurants, Reformhäuser, Schlachtereien, Blumenläden, Friseursalons, Handarbeitsläden, Möbelgeschäfte, Elektrohändler, Fahrradgeschäfte, verschiedene Handwerksbetriebe, Druckereien, Buchhandlungen und Kohlenhandlungen. Die Bezeichnung Wära drückte die Hoffnung aus, dass die Währung nach den Jahren der Inflation und Deflation wirklich währen sollte. Im Oktober 1932 waren an die 2.000 Firmen in Deutschland Mitglieder der Tauschgesellschaft.[352]

Die „Wära-Insel im Bayerischen Wald" 1931

Ende 1930 erregte das Freigeldexperiment internationales Aufsehen, als es Schwanenkirchen, eine kleine Gemeinde mit 500 Einwohnern im Bayrischen Wald in Niederbayern, zum Aufblühen brachte. Dort war 1927 das Braunkohlebergwerk stillgelegt worden, andere Betriebe entließen ebenso Arbeiter, der Konsum ging zurück. Im Herbst 1930 wurde die Produktion des Bergwerkes wieder aufgenommen, indem die Wära-Tauschgesellschaft ein Betriebskapital von 50.000 Reichsmark verschaffte, die zum größeren Teil in Wära und zum kleineren Teil in Reichsmark ausbezahlt wurden.[353]

Die *Wära-Insel* wird durch Staatsgewalt 1931 versenkt

Die Löhne der Bergarbeiter wurden zum größeren Teil in Wära ausbezahlt und nach anfänglicher Skepsis seitens der örtlichen Geschäftsleute wurde die Wära weitgehend als Zahlungsmittel akzeptiert. „Während die Massen von Arbeitslosen andernorts große Not zu leiden hatten, kam die lokale Wirtschaft in Schwanenkirchen, Hengersberg und Söllnach wieder in Gang. Alsbald war die Rede von der »**Wära-Insel im Bayerischen Wald**«."[354]

> „Während in Berlin der Reichsfinanzminister von der Krise, vom Preisabbau, vom Sparen und von Arbeitslosigkeit sprach, hat man sich in Schwanenkirchen im Bayerischen Wald von der Geldnot unabhängig gemacht. [...] Aus der Krise ist plötzlich Konjunktur geworden. Ein Phänomen – man betrachtet es kopfschüttelnd und ungläubig – aber es ist nicht abzustreiten. [...] Gelbe Zettel [Wära-Scheine, C.K.] kreisen unaufhörlich mit riesiger Geschwindigkeit. In den Kassen, in denen einst die Reichsbanknoten lagen, sind jetzt gelbe Zettel. Einfache gelbe Papierblätter. Jeder freut sich, wenn er sie hat. Gibt sie schnell wieder aus. Denn sie müssen eilig kreisen, damit sie ihren Wert nicht verlieren."[355]

Das Ausgreifen der Aktion führte zunehmend zu einem Konflikt mit der Reichsbank, die ihr Notenbankmonopol gefährdet sah. Am 6. Oktober 1931 erließ Reichsfinanzminister Dietrich im Zuge der Brüningschen Notverordnungen ein Verbot der Herstellung, Ausgabe und Benutzung jeglichen Notgeldes. Mit Beschlagnahmungen von Prägeplatten und Wära-Scheinen und unter Einschaltung von Polizei wurde das Wära-Experiment deutschlandweit beendet.

Das Bergwerk in Schwanenkirchen musste wieder geschlossen werden. „Die Wära-Insel [...] wurde von Krisenwellen überflutet. In Anbetracht dieser Auswirkungen ist es geradezu makaber, dass sie [die Verordnung] ausgerechnet die Bezeichnung »**Verordnung zur Sicherung von Wirtschaft und Finanzen und zur Bekämpfung politischer Ausschreitungen**« trug".[356]

Das „Experiment von Wörgl"

Das bekannteste, weil erfolgreichste Experiment mit Freigeld wurde in der österreichischen Gemeinde **Wörgl** von 31. Juli 1932 bis 15. September 1933, inmitten der Großen Depression durchgeführt.[357] Die Gemeinde Wörgl hatte damals etwa 4.200 Einwohner. Wörgl litt, wie fast alle Regionen Europas und Nordamerikas damals, unter bedrückender Arbeitslosigkeit, die im Juli 1932 etwa 25 % betrug. Auf Betreiben des Bürgermeisters Michael Unterguggenberger gab die Gemeindeverwaltung Ende Juli 1932 sogenannte Arbeitswertscheine aus, den Wörgler Schilling. Unterguggenberger kannte die Wära-Aktion in Deutschland, war selbst in Schwanenkirchen gewesen und hatte sich genau darüber informiert. Seit 1917 hatte sich Unterguggenberger mit der Freiwirtschaftslehre Silvio Gesells beschäftigt. Der Besuch in Schwanenkirchen hatte ihm gezeigt, dass sich die Theorie auch praktisch umsetzen ließ, und er beschloss daraufhin, dies auch in Wörgl zu versuchen.[358]

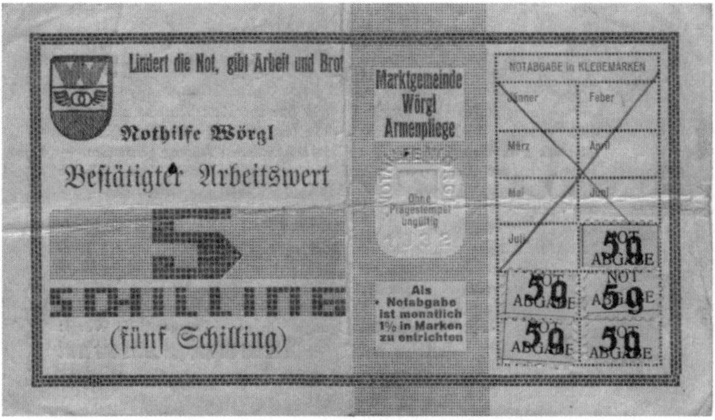

Notgeld[359]

Das Notgeld war formal durch Hinterlegung von offiziellen österreichischen Schillingen bei der örtlichen Raiffeisenkasse gedeckt und an den Schilling gekoppelt. Daher handelte es sich um eine sogenannte **Komplementärwährung**, also eine „Ergänzungswährung", nicht die sogenannte „Hauptwährung", die offiziell weiterhin der österreichische Schilling blieb. Die Gemeindeverwaltung Wörgl gab die Arbeitswertscheine zur Bezahlung öffentlicher Projekte sowie der teilweisen Bezahlung der Gemeindeangestellten bzw. der vollen Bezahlung der Arbeiter, die an öffentlichen Projekten beteiligt waren, aus und akzeptierte sie zur Begleichung von Steuern. Die einheimischen Geschäftsleute und solche der angrenzenden Gemeinden nahmen das Notgeld an, man konnte also damit ganz normal einkaufen gehen.

»Der Welt ein Zeichen geben«

Michael Unterguggenberger, Bürgermeister von Wörg[360]

Dieses Notgeld war umlaufgesichertes Freigeld, das auf den Gedanken von Silvio Gesell beruhte.[361] Es verlor jeden Monat 1 % an Wert.[362] Jeweils zum 1. Kalendertag eines neuen Monats war das Zahlungsmittel nur mehr gültig, wenn eine Wertmarke, eine sogenannte Notabgabe, in Höhe von 1 % des jeweiligen Geldscheines darauf aufgeklebt wurde. Die Wertmarken konnte man bei der Gemeindeverwaltung kaufen. Also derjenige, der den Geldschein z. B. am 1.10.1932 morgens in Händen hatte, musste, um ihn weiterhin gebrauchen zu können, eine Wertmarke kaufen und aufkleben. Das mit dem Verkauf der Wertmarken erlöste Geld floss einem von der Gemeinde eingerichteten Armenfonds für soziale Fürsorge zu.

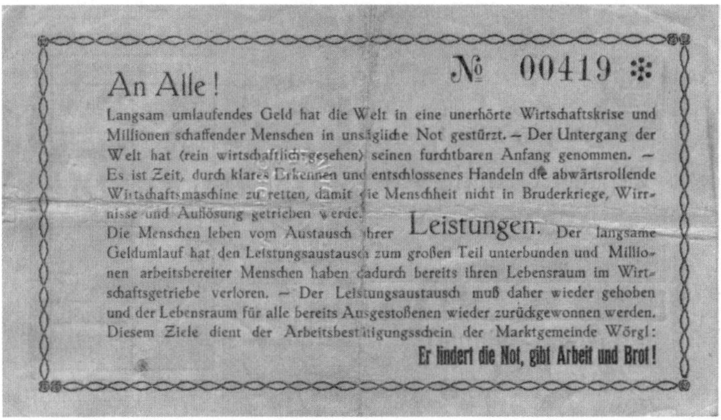

№ 00419

An Alle!

Langsam umlaufendes Geld hat die Welt in eine unerhörte Wirtschaftskrise und Millionen schaffender Menschen in unsägliche Not gestürzt. – Der Untergang der Welt hat (rein wirtschaftlich gesehen) seinen furchtbaren Anfang genommen. – Es ist Zeit, durch klares Erkennen und entschlossenes Handeln die abwärtsrollende Wirtschaftsmaschine zu retten, damit die Menschheit nicht in Bruderkriege, Wirrnisse und Auflösung getrieben werde.

Die Menschen leben vom Austausch ihrer Leistungen. Der langsame Geldumlauf hat den Leistungsaustausch zum großen Teil unterbunden und Millionen arbeitsbereiter Menschen haben dadurch bereits ihren Lebensraum im Wirtschaftsgetriebe verloren. – Der Leistungsaustausch muß daher wieder gehoben und der Lebensraum für alle bereits Ausgestoßenen wieder zurückgewonnen werden. Diesem Ziele dient der Arbeitsbestätigungsschein der Marktgemeinde Wörgl:

Er lindert die Not, gibt Arbeit und Brot!

Notschein Rückseite[363]

Warum die Notscheine so schnell – die allgemeine Akzeptanz dauerte nach anfänglicher Skepsis nur wenige Wochen[364] – von allen Einwohnern Wörgls akzeptiert wurden, kann man erahnen, wenn man den bewegenden Text auf der hier abgedruckten Rückseite des Notgeldes sieht. Dort wurde in wenigen, prägnanten, leiddurchtränkten Sätzen die Kernursache der Wirtschaftsdepression erläutert: „Langsam umlaufendes Geld hat die Welt in eine unerhörte Wirtschaftskrise und Millionen schaffender Menschen in unsägliche Not gestürzt. – Der Untergang der Welt hat (rein wirtschaftlich gesehen) seinen furchtbaren Anfang genommen.“ Der Text wendet sich „An Alle!“ und endet mit der Erklärung „Er lindert die Not, gibt Arbeit und Brot“ – wahre Worte, die sich auch auf der Vorderseite des Scheines finden: **„Er lindert die Not, gibt Arbeit und Brot!“**

Damals herrschte in Österreich – wie in vielen anderen Ländern – eine tragische Deflation, das heißt, die Preise fielen. In Zeiten fallender Preise ist es für den Inhaber von Bargeld von Vorteil, das Geld zu horten. Denn von Monat zu Monat steigt die Kaufkraft der Banknote. Nicht zuletzt dieser Anreiz, Geld zu horten, führte zum Zusammenbruch der Wirtschaft: Geld wurde zurückgehalten, die Nachfrage nach Produkten sank, die Unternehmen senkten die Preise, produzierten weniger und entließen Mitarbeiter, dadurch stieg die Arbeitslosigkeit weiter, die Nachfrage sank erneut und die Abwärtsspirale setzt sich fort bis zur tragischen Massenarbeitslosigkeit, sozialer Not und Elend, die fast weltweit während der Großen Depression 1929–1940 zu durchleben waren.

Das Tragische an dieser Situation ist, dass es für jeden Einzelnen rational, das heißt vernünftig, ist, Geld zu horten, er wird dafür **belohnt**, weil er durch das **Warten**[365] für sein Geld immer mehr bekommt. Wenn das Warten und Horten jedoch in großem Umfang geschieht, führt es zum kollektiv irrationalen Ergebnis der Depression. Eine klassische Prisoner's Dilemma-Situation, in der individuelle und kollektive Rationalität auseinanderfallen. Man müsste also, um das individuell rationale Verhalten in Einklang zu bringen mit kollektiv rationalem Verhalten, den **Anreiz zum Geldhorten** beim Individuum **stoppen**. Und genau dies taten das Wörgler Freigeld (und die Wära).

Durch den Wertverlust von 1 % pro Monat wurde die Abwärtsspirale in Wörgl durchbrochen: Es bestand kein Anreiz, das Notgeld zu horten, um damit Gewinne zu machen, im Gegenteil, **wer Geld hortete, wurde hierfür durch Wertverlust von 1 % pro Monat bestraft**. 1 % pro Monat ist natürlich ein sehr starker Wertverfall, das entspricht über 12 % pro Jahr. In einem Umfeld seit Jahren sinkender Preise wie während der Großen Depression war es allerdings außerordentlich klug – wie überhaupt das ganze Projekt geradezu genial klug war –, einen so hohen Wertverfall zu wählen. Durch diese Strafe auf Geldhortung zirkulierten die Wörgler Schillinge unglaublich schnell. Der Geldumlauf, der zuvor wie in praktisch ganz Österreich und weiten Teilen der Erde nahezu zum Erliegen gekommen war, kam verblüffend schnell wieder in Fluss. Die „Taler" wanderten wieder von einer Hand zur anderen, statt zu versteinern und die Wirtschaft der Gemeinde Wörgl blühte auf. Es wurde binnen kürzester Zeit begonnen, an vielen Stellen zu bauen und zu investieren, während Rest-Österreich in tiefer Depression verharrte. In den knapp vierzehn Monaten, die das *Freigeld-Experiment* dauerte, sank die Arbeitslosenquote in Wörgl von 21 auf 15 %, während sie im übrigen Österreich um über 7 % anstieg.[366]

Das „Wunder von Wörgl"

Das ‚Experiment' war so erfolgreich, dass man bald in der internationalen Presse vom **„Wunder von Wörgl"** sprach. Das ausländische Presse-Echo war beeindruckend. Es erschien eine Vielzahl wohlwollender Presseartikel in Deutschland, England, Frankreich, der Schweiz, der Tschechoslowakei, Ungarn, Jugoslawien, USA, Rumänien usw.[367] Viele Interessierte kamen nach Wörgl, um sich von der Situation selbst ein Bild zu machen. Der französische Finanzminister Édouard Daladier reiste offenbar nach Wörgl, um sich über die Hintergründe zu erkundigen, und wurde starker Befürworter von Freigeld.[368]

Im März 1933 war sowohl im US-Senat wie im Repräsentantenhaus vom Wörgler Freigeld die Rede.[369] Einer der führenden US-Geldtheoretiker, Irving Fisher, dessen Geldtheorien teilweise heute noch unterrichtet werden, schlug damals der US-Regierung vor, Freigeld in den USA einzuführen. Dadurch, so Fisher, würden die USA binnen drei Wochen die Depression hinter sich lassen. Dutzende US-amerikanische Städte und Gemeinden führten, bezugnehmend auf Wörgl, ab 1932 umlaufgesichertes Geld ein („stamp scrips"). Allerdings betrug die Umlaufsicherung gemäß einem Antrag zweier US-Senatoren von März 1933 2 % pro Woche. Das bedeutet, dass ein gehorteter US-Dollar nach einem Jahr (52 Wochen) nur mehr etwa 35 Cent wert war. Auf ein Jahr hochgerechnet sind das etwa 180 % Zins pro Jahr. Dies war eine so absurd hohe Schwundrate – das Geld zerrann buchstäblich zwischen den Fingern –, dass die Versuche von Anfang an zum Scheitern verurteilt waren, auch tatsächlich scheiterten und daraufhin an Popularität massiv verloren.[370] Silvio Gesell selbst schlug eine jährliche Schwundrate von etwa 5 % vor.[371] Durch diese absurde Übertreibung wurde die Idee für die USA diskreditiert.[372] Generell kann man sagen, dass durch starke Übertreibung gute Ideen ins Gegenteil verkehrt werden können. Ein im Übrigen beliebter politischer Kniff.

Bürgermeister Unterguggenberger hielt zuletzt Vorträge vor tausenden von Menschen über sein ‚Experiment'. Hunderte Gemeinden und Städte Österreichs und darüber hinaus wollten Freigeld einführen.[373] Die Situation war kurz davor, ein „Flächenbrand" zu werden, der Funke von Wörgl war drauf und dran, eine Geldrevolution in Mitteleuropa auszulösen, vermutlich zum Segen der leidenden Bevölkerung.[374]

»Hätte man seinerzeit das Experiment in Wörgl nicht verboten, sondern es nach und nach für das ganze Land eingeführt, so wäre Österreich heute noch unabhängig und frei!«
Schweizer Redakteur J.B.Busch 1938[375]

Verbot des ‚Experiments': Wörgl versinkt wieder in Depression

In dieser Situation setzte die österreichische Notenbank ihr bereits früher ergangenes **Verbot unter Androhung von Polizeieinsatz, dem Notgeld**, wenn nötig, **mit Gewalt ein Ende zu bereiten**, durch. Zwischen dem 10. und 15.9.1933 wurden die verbliebenen Arbeitswertscheine wieder aus dem Verkehr gezogen.[376] Wörgl verfiel erneut in tiefe Depression.[377]

Wie konnte das geschehen? Wie konnte man eine solche, nicht nur unglaubliche Dummheit, sondern eine solche Unmenschlichkeit begehen, die das Leid tausender, möglicherweise von Millionen Menschen hervorrief, wenn man bedenkt, dass das ‚Experiment' in hunderten von Städten und Gemeinden eingeführt werden sollte? Wie kann es sein, dass Elend und Leid für viele Menschen vorsätzlich herbeigeführt wurde?

»Hier ist die Not nicht von Gott gesandt, sondern durch Gesetze und menschliche Verirrung angeordnet.«
Michael Unterguggenberger, Bürgermeister von Wörgl, im November 1933[378]

Um dies zu verstehen, muss man sich klarmachen, welche machtpolitischen Einflüsse umlaufgesichertes Geld hat. Der Einfluss großer Finanzvermögen würde dadurch mittelfristig stark reduziert. Édouard Daladier stellte, wie oben bereits zitiert, 1935 für sein eigenes Land fest: „Infolge der Durchsetzung der Verwaltungsräte [sind] in diesem Land der individualistischen Demokratie [Frankreich] 200 Familien die unbestrittenen Gebieterinnen nicht allein der französischen Wirtschaft, sondern auch der Politik selbst geworden".[379] Solche Gebilde habe nicht einmal Richelieu im Königreich Frankreich geduldet. Daladier geht sogar noch weiter, indem er ausführt, dass der Zusammenbruch des kleinen Gewerbes und des kleinen Handels in Frankreich **„durch die Krisenbestrebungen des Großkapitals verursacht wird"**[380], er unterstellt also, dass es im Interesse des Großkapitals war, diese Krise herbeizuführen.[381] Den Interessen dieser von Daladier genannten 200 Familien würde Freigeld diametral widersprechen. Denn durch Freigeld wird der Zinseszins abgeschafft. Wenn der Zinseszins abgeschafft wird, können sich große Geldvermögen, die hauptsächlichen Nutznießer von Zinseszins, nicht mehr „von alleine" zu Lasten der übrigen Bevölkerung vermehren. Einfluss und Macht der großen Geldvermögen bzw. der Familien, denen sie gehören, würden dauerhaft sinken.

Machtinteressen

So liegt es im Interesse einflussreicher Individuen oder Familien, über Lobbyarbeit, Einfluss auf Medien, Beziehungen zu Polizei, Militär und anderen Wegen solche ‚Experimente' zu verhindern. Und wenn man mit Daladier – der wusste, wovon er redet, denn er war sowohl Finanzminister wie auch Ministerpräsident Frankreichs – davon ausgeht, dass diese 200 reichsten Familien Frankreichs nicht nur die „unbestrittenen Gebieterinnen" der französischen Wirtschaft, sondern „auch der Politik selbst"[382] sind, liegt es nahe, dass derartige Experimente verhindert werden. Man kann wohl davon ausgehen, dass die von Daladier für Frankreich geschilderten Zustände sich nicht grundlegend von den Reichtums- und Einflussstrukturen im damaligen Österreich oder anderen Ländern unterschieden. Von daher liegt die Mutmaßung nahe, dass das Experiment von Wörgl im Interesse der entsprechenden einflussreichen Kreise verhindert wurde.

9.3.7 Lehren aus der Geschichte

Das Beispiel Wörgl zeigt, dass umlaufgesichertes Geld funktionieren kann. Wie lange das „Experiment" noch gutgegangen wäre, ist schwierig einzuschätzen. Aber sicherlich hätte es noch länger funktioniert als bis Mitte September 1933, als das Ende mit Gewaltandrohung erzwungen wurde und Wörgl wieder in Depression versank.

Fertig durchdachte Freigeldmodelle liegen vor

Ein Geldsystem, das unbegrenzt Zinseszins zulässt, ist auf lange Sicht gesehen, vielleicht alle 70 Jahre, zu immer wiederkehrenden wirtschaftlichen und sozialen Krisen verurteilt. Die einzige langfristige, vernünftige Lösung ist die Beschränkung von Zinseszins. Ob dies durch Freigeld (Schwundgeld) bzw. umlaufgesichertes Geld – wie beispielsweise von Helmut Creutz oder Margrit Kennedy vertreten – oder durch sogenanntes „alterndes Geld"[383] geschieht, der Grundgedanke ist der gleiche: Menschliche Vernunft bzw. gesunder Menschenverstand und eine neue Sicht der Funktionen des Geldes können die periodisch wiederkehrenden Systemkrisen, die Chaos, Elend, Not oder Unfrieden mit sich bringen, verhindern und sollte dies auch tun. Ohne eine solche grundlegende Geldreform ist auch die derzeitige Finanzkrise nicht lösbar. Dies zeigt das neue Buch von Bernard Lietaer et.al. *Geld und Nachhaltigkeit – von einem überholten Finanzsystem zu einem monetären Ökosystem* (Ein Bericht des Club of Rome/EU Chapter, Berlin, 2013) mit einer Fülle von praktischen Beispielen. Auf eine ausführliche Darstellung dieser alternativen und komplementären Geldsysteme soll mit Verweis auf die umfangreiche Literatur hierzu verzichtet werden.

Die hier vorgestellten drei Maßnahmen

1. Vermögenssteuer auf Grund und Boden
2. Vermögenssteuer auf Produktionseigentum
3. Einführung eines Geldwesens ohne Zinseszins

sind lediglich **ein** Weg, die derzeitige Finanz- und Wirtschaftskrise in ihren Ursachen anzugehen. Allerdings reichen diese Maßnahmen bei Weitem noch nicht aus, langfristig eine günstige gesellschaftliche und soziale Entwicklung herbeizuführen. Denn wenn man lediglich Vermögenssteuern bzw. „Reichensteuern“ einführt, ohne einen sozialen Konsens dazu herzustellen, ohne über die Hintergründe dazu ausführlich aufzuklären und ohne mittel- bis langfristig ein Umdenken in breiten Bevölkerungskreisen zu bewirken, so dürften diese Maßnahmen zum Scheitern verurteilt sein.

Falls nur eine dieser Maßnahmen eingeführt wird, z. B. eine Vermögenssteuer auf Grundbesitz, wird das Kapital in andere Verwendungsmöglichkeiten umgeschichtet werden bzw. fliehen, z. B. in Aktienkapital, in Geldkapital, in Anlagezertifikate auf Rohstoffe oder ins Ausland. Daher können Einzelmaßnahmen immer nur den Anfang bilden. Ohne eine **umfassende Reform**, die **alle drei Hauptvermögensbereiche** umfasst, dürfte die Hauptwurzel der derzeitigen Übel nicht erfasst werden.

»Gleichheit ist Glück. Warum gerechtere Gesellschaften für alle besser sind«
Wilkinson/Pickett[384]

9.3.8 Alternative Lösung: Vermögensobergrenzen

Eine noch grundlegendere **alternative Lösung** würde darin bestehen, die Eigentumsordnung als solche zu ändern, indem man Obergrenzen an Eigentum einführt, also **Vermögensobergrenzen**. So schlägt etwa Christian Felber eine Vermögensobergrenze von 10 Mio. Euro pro Mensch vor und eine Begrenzung des Erbrechts auf 500.000 Euro pro Erben. Darüber hinausgehende Beträge sind an die Allgemeinheit abzuführen.[385] Diese Maßnahmen erinnern stark an die kommunistischen Enteignungsvorgänge in Russland ab 1918 oder großen Teilen Osteuropas nach 1945, wecken daher Ängste und sind ohne ein grundlegendes Umdenken weiter Bevölkerungskreise heute wegen ihrer Radikalität wohl nicht realisierbar. Daher sollen sie hier nicht empfohlen, sondern nur darauf hingewiesen werden.

Wie entstehen große Vermögen?

Was die **ethische Berechtigung** der Vorschläge von Christian Felber angeht, so kann man sie sich klar machen durch die Überlegung: Wie entstehen große Vermögen? Nehmen wir an, ein tüchtiger Kinderarzt hat durch seine Heilerfolge ein Jahreseinkommen von 100.000 Euro. Nach Steuern und Konsum möge er 25.000 Euro pro Jahr sparen. Ohne Zins und Zinseszins könnte er auf diese Weise, durch seiner Hände und seines Geistes Arbeit, im Laufe eines 40-jährigen Berufslebens 1 Mio. Euro Vermögen ansparen. Ein darüber hinausgehendes Vermögen wäre nicht erarbeitet, sondern kann nur aus Nicht-Arbeits-Einkommen bzw. Rentiereinkommen stammen. Man kann auch die „Stundenlohnberechnung" von Harald Wozniewski heranziehen: „Gefragt ist, welchen Stundenlohn man haben müsste, um mit 40 Jahren Arbeit, bei 230 Tagen im Jahr, 8 Stunden am Tag, und natürlich bei Abzug von Einkommensteuer zu dem entsprechenden Vermögen zu kommen."[386] Um auf ein Vermögen von beispielsweise 4,7 Mrd. Euro zu kommen, wie es 2008 beispielsweise Stefan und Johanna Quandt hatten (BMW), wäre der Stundenlohn 131.667 Euro.[387]

Große Vermögen entstehen nicht durch Arbeit

Wie wurde Bill Gates reich? Im Wesentlichen dadurch: Er zahlt den Beschäftigten seines Unternehmens z. B. 6.000 $ Monatslohn. Die Beschäftigten erwirtschaften jedoch einen Wert von, sagen wir, 10.000 $ pro Monat. Die Differenz fließt an Bill Gates (und seine Miteigentümer), nicht an die Beschäftigten. Auf der Abnehmerseite verkauft das Unternehmen eine Software zum Preis von, sagen wir, 400 $. Die eigentlichen Herstellungskosten betragen jedoch vielleicht nur 250 $. Die Differenz, die der Kunde ‚zu viel' zahlt, fließt ebenfalls an Bill Gates und seine Miteigentümer, bleibt nicht im Portemonnaie des Kunden. Alle großen Vermögen entstehen solcherart durch Nicht-Arbeits-Leistung, durch Zahlungen anderer Menschen, durch Aneignung des Ergebnisses anderer Menschen Arbeit. Große Vermögen können nicht durch Arbeit entstehen.

9.3.9 Zur Anschauung: Daimler 2011

Anhand von Zahlen[388] der Daimler AG soll dargestellt werden, welche Größenordnung solche Aneignungsprozesse durch Personen, die nicht zur Wertschöpfung bei Daimler beitragen, stattfinden. Die Daimler AG beschäftigte im Geschäftsjahr 2011 weltweit 271.370 Mitarbeiter, der gesamte Personalaufwand betrug 17.424 Mio. Euro. Der Gewinn vor Zinsen und Steuern betrug 8.755 Mio. Euro, das Konzernergebnis nach Steuern betrug 6.029 Mio. Euro. Die Nettozinszahlungen beliefen sich auf 306 Mio. Euro, die Dividendensumme betrug 2.346 Mio. Euro. Hätte man die Nettozinszahlungen und die Dividenden statt an die nicht im Unternehmen mitarbeitenden und daher nicht zur Erzeugung von Daimler beitragenden Kreditgeber und Aktionäre an die Mitarbeiter ausgeschüttet, so hätte man die Durchschnittslöhne um knapp 10.000 Euro[389] Jahreslohn erhöhen können. Würde man alle Gewinne nach Steuern und die Nettozinszahlungen den Beschäftigten zukommen lassen, so könnte man die Jahreslöhne und -gehälter im Durchschnitt um 23.300 Euro erhöhen bzw. die Monatslöhne um knapp 2.000 Euro.[390] Die **Löhne bei Daimler** hätten 2011 also etwa **ein Drittel höher** sein können, wenn man einen großen Teil des erwirtschafteten Ergebnisses nicht als Renteneinkommen den Geldgebern hätte zukommen lassen.[391] Umgekehrt ausgedrückt: Etwa ein Viertel des Lohnes wurde den Mitarbeitern vorenthalten, um sie den Kapitalgebern als Nicht-Arbeits-Einkommen zukommen zu lassen als eine Art „Reichensteuer“: Die wohlhabenden Menschen eignen sich so etwa ein Viertel der Löhne wie durch unsichtbare Hand an.

Man könnte die Löhne und Gehälter bei *Daimler* um etwa ein Drittel erhöhen

Exkurs: Hintergründe der Eurokrise, Fallbeispiel Spanien

»Krankhafte[s], unkontrollierte[s] Wachstum – ‚Immobilientumor'«
Montalvo, spanischer Ökonom, 2008[392]

Vor dem Hintergrund steigender Ungleichverteilung weltweit mit steigender Ersparnisbildung, steigendem Kapitalangebot, Blasenbildung auf der einen, exzessiver Verschuldung auf der anderen Seite sollen kurz die tieferen Ursachen der Eurokrise beleuchtet werden. Anhand der Entwicklungen in **Spanien** sollen **als Beispiel für die Entwicklungen, die in vielen Ländern der Eurozone stattgefunden haben**, die Prozesse beleuchtet werden, die zu der derzeitigen Krise im Euroraum geführt haben. Am Rande wird auch auf Deutschland eingegangen.

Kaum ein anderes Land im Euroraum hat einen so ausgeprägten *boom and bust*-Zyklus durchlaufen wie Spanien. Bis 2007 noch als Musterschüler gelobt, hat es sich in verblüffend kurzer Zeit zu einem der größten Sorgenkinder verwandelt. Bis 2007 wurden v. a. das vorbildlich niedrige Staatsdefizit und die strenge Bankaufsicht gelobt. Strenge Bankaufsicht und sorgfältige Kreditvergabe, so die allgemeine Meinung bis 2009, würden Spanien Bankprobleme, wie sie in anderen Ländern gleich zu Beginn der Finanzkrise auftraten, gänzlich ersparen. „Hätten doch nur die anderen Länder eine ebensolche vorzügliche Bankaufsicht gehabt wie Spanien!", war noch 2009 zu hören. Die Fehleinschätzungen der Ökonomen und der Wirtschaftspresse zu Spanien sind, im Nachhinein betrachtet, nur schwer zu überbieten.

Rein ökonomisch gesehen traf die aktuelle Finanz- und Wirtschaftskrise Spanien beinahe von Anfang an besonders hart. Die wirtschaftliche Entwicklung Spaniens ging besonders schnell und steil talabwärts und verharrt zäh dort unten. Mit über 25 % Arbeitslosenquote bzw. über 50 % Jugendarbeitslosigkeit ist Spanien nun schon seit längerem trauriger Rekordträger im Euroraum. Auch das Staatsdefizit ist erschreckend hoch und die spanischen Banken wackeln stärker als in den meisten anderen Euroländern. Was war geschehen?

Der Hauptgrund für die derzeitige schlimme wirtschaftliche Entwicklung in Spanien liegt an dem überstarken Wirtschaftsaufschwung der zehn bis 15 Jahre bis 2007, der maßgeblich durch den Beitritt zum Euro 1999 ausgelöst wurde. Die Übertreibungen des letzten Jahrzehnts werden nun schmerzlich abgebaut.

Die spanischen Zinsen sanken um sechs Siebtel

Die Aussicht auf den Euro-Beitritt ließ in Spanien seit 1993 die Zinsen dramatisch sinken. Die kurzfristigen Zinsen sanken von über 14 % 1993 auf teilweise nur noch 2 %, also um etwa sechs Siebtel.[393] Und auch die langfristigen Zinsen sanken dramatisch.[394] Ökonomisch wirksam war der Euro bereits ab 1995, als die Festlegung der Wechselkurse und damit eine einheitliche Geldpolitik im künftigen Euroraum erfolgten. Seit spätestens 1995 begannen die Zinsen in den sogenannten Peripheriestaaten des Euroraumes dramatisch zu sinken und wurden für etwa zehn Jahre praktisch im kompletten Euroraum identisch. Man sprach von der sogenannten Konvergenz der Zinsen im Euroraum.

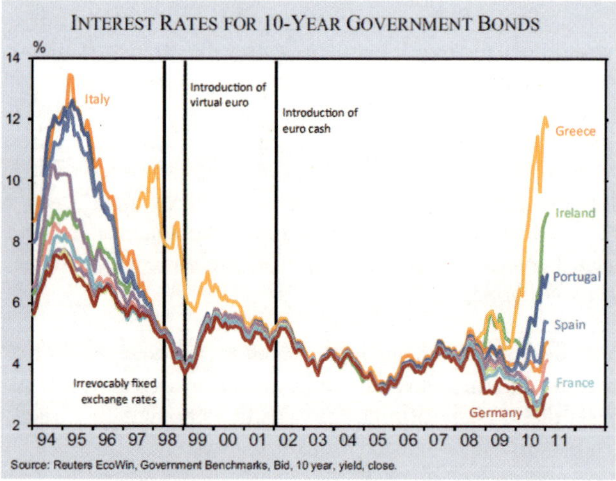

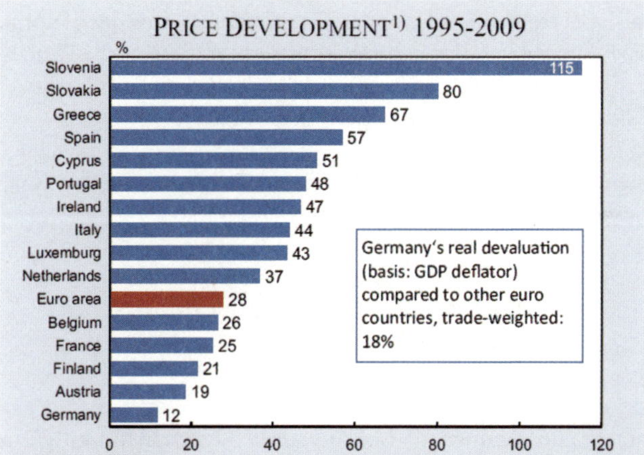

[1)] GDP deflator.
Sources: Eurostat, Database, *Economy and Finance, National accounts,GDP and main components - Price indices*, 30 November 2010; Ifo Institute calculations.

Stellt man den für einen langen Zeitraum identischen Zinsen die länderspezifischen Inflationsraten gegenüber, so zeigt sich, dass Spanien mit einer kumulierten Inflationsrate von 57 % von 1995 bis 2009 weit über dem Euroraumdurchschnitt von 28 % und insbesondere weit über der deutschen Inflationsrate von 12 % im selben Zeitraum liegt. Je höher die Inflationsrate, desto niedriger der Realzins.

Ein Beispiel: Angenommen, die Hauspreise in einem Land steigen um 10 %, die Zinsen für einen Hausbaukredit betragen 3 %. Ein Häuslebauer baut ein Haus für 200.000 Euro und nimmt darauf einen Immobilienkredit von 150.000 Euro auf. Die verbleibenden 50.000 Euro zahlt er aus seinem Ersparten (Eigenkapital). Aus Sicht des Häuslebauers sieht dann die Rechnung folgendermaßen aus: Der Wert des Hauses steigt um 10 % von 200.000 auf 220.000 Euro. Der Kreditzins beträgt 4.500 Euro (3 % auf 150.000 Euro). Würde der Kredit nach einem Jahr zurückgezahlt und das Haus verkauft (unter Vernachlässigung der Transaktionskosten), so erhält der Häuslebauer 222.000 Euro minus 150.000 Euro (Kredittilgung) minus 4.500 Euro Zinsen = 65.500 Euro. Eingesetzt hatte der Investor 50.000 Euro Eigenkapital, er macht hiermit einen Gewinn von 15.500 Euro oder 31 % Rendite, ein gutes Geschäft. Es lohnt sich also bei steigenden Hauspreisen und einem niedrigen Nominalzinssatz, Schulden aufzunehmen und zu investieren. Die Realzinsen für den Hausbauenden betragen in diesem Beispiel etwa minus 7 % (als Näherungsformel: Zinssatz minus Inflation).

Spanien hatte also 14 Jahre lang einen deutlich niedrigeren Realzins als die meisten Euroländer und Deutschland.[395]

»Der kranke Mann Europas war deutsch.«
Gustav Horn[396]

Umgekehrt hatte Deutschland die höchsten Realzinsen im ganzen Euroraum zu bezahlen.[397] Das führte in Deutschland zu geringen Investitionen, schwachem Wirtschaftswachstum, steigender Arbeitslosigkeit (bis zum Höchststand von über 5 Mio. Arbeitslosen 2005, sechs Jahre nach Einführung des Euros) und stagnierenden oder sinkenden Reallöhnen der Beschäftigten und der Rentner.[398] Deutschland wurde (mit Horns oben zitierten Worten) zum kranken Mann Europas.

In keinem anderen Land der Eurozone litten die Arbeitnehmer, Rentner, Arbeitslosen und Sozialhilfeempfänger bis 2005 so stark unter der Einführung des Euros wie in Deutschland. Die deutsche Volkswirtschaft mit ihren etwa 40 Millionen Arbeitnehmern, 20 Millionen Rentnern und 5 Millionen Arbeitslosen (2005) war von 1995 bis 2005 die größte Verliererin der Euro-Einführung.[399] Wie in der unten stehenden Grafik[400] erkennbar, hat Deutschland seit 2006 – kumuliert über alle Jahre seit 1995 – nur mehr die zweitschlechteste Performance im Euroraum, die Arbeitslosigkeit konnte langsam abgebaut und die Löhne und Renten moderat erhöht werden.

Höchste Realzinsen in Deutschland

Selbstverständlich gab es aber auch in Deutschland Gewinner der Euro-Einführung, z. B. die Großunternehmen, die nun quasi einen einheitlichen Binnenmarkt zur Verfügung hatten. Doch die DAX-Unternehmen beschäftigen nur einen sehr kleinen Anteil der Arbeitnehmer. Volkswirtschaftlich gesprochen sind die 40 Millionen Arbeitnehmer, die 20 Millionen Rentner und Pensionäre sowie die Arbeitslosen und Hartz-IV-Empfänger der reale Maßstab, an dem letztlich die Auswirkungen der Euro-Einführung zu messen sind – und nicht die Gewinnentwicklung in Großunternehmen. An diesem Maßstab der überwältigenden Mehrheit der deutschen Menschen gemessen, war die deutsche Volkswirtschaft lange Zeit die größte Verliererin der Euro-Einführung.

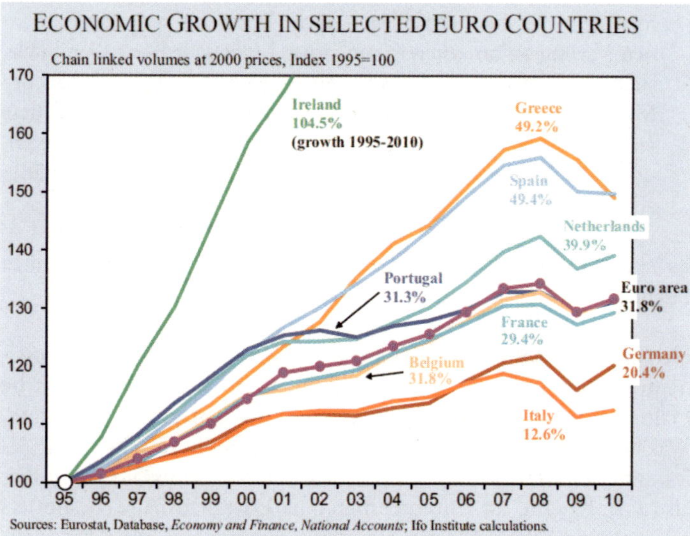

Dennoch wird dies in den Medien und von wichtigen Persönlichkeiten häufig anders dargestellt. So sagte der frühere US-Finanzminister Larry Summers in der einflussreichen New York Times: „Können die Deutschen nicht sehen, dass ihre Volkswirtschaft die Hauptgewinnerin der Spekulationsblasen in Griechenland und den anderen Ländern der Euro-Peripherie war?“[401]

In einem Leitartikel des Wall Street Journal (Europe edition) von Irwin Stelzer, dem „director of economic policy studies at the Hudson Institute, Washington“, vom 28.11.2011 war gar zu lesen, Kanzlerin Angela Merkel plane das ***Vierte Reich***.[402]

> „Frau Merkel, Deutschlands neuster ‚Eiserner Kanzler', stellt sich entschieden gegen jegliche Maßnahmen, die die Tendenzen aufhalten könnten, die dabei sind den Euro zu verschlingen [...]. Zyniker sagen, dass all das Frau Merkel entgegenkommt. Und die deutschen Wähler befürworten tüchtig Frau Merkels Beharrlichkeit, den überverschuldeten Nationen die Tugenden deutscher Vernunft und harter Arbeit beizubringen. [...] Und (sie) wird solange damit fortfahren, bis sie ihre Kollegen davon überzeugt hat, den Eurozonen-Vertrag zu novellieren, um Brüssel (das sich B-e-r-l-i-n buchstabiert) zu erlauben, Steuer-, Ausgaben- und Finanzpolitik der Mitglieder der Eurozone zu kontrollieren. [...] Es sei denn, dass viele der Mitgliedsstaaten stattdessen aus der Eurozone austreten, um ein Teil dessen zu werden, was inzwischen gewohnheitsmäßig als **Viertes Reich** bezeichnet wird."[403]

Es ist recht erstaunlich, dass keinerlei öffentliche Reaktion darauf in Deutschland zu erkennen war.

Genau die gegenteilige Entwicklung zeigte sich in Spanien: Solch niedrige Nominal- und insbesondere Realzinsen hatte die iberische Halbinsel noch nie in ihrer jüngeren Wirtschaftsgeschichte erlebt. Was bewirken stark fallende oder niedrige Zinsen für ein Land? Alles, was mit Krediten zu tun hat, wird plötzlich unglaublich billig, also z. B. Kredite an Unternehmen oder Privathaushalte. Besonders relevant sind Zinsen für den Hausbau oder Hauserwerb, denn Häuser sind, gemessen am Durchschnittseinkommen, normalerweise sehr teuer und deshalb kaufen fast alle Menschen Häuser mit Hilfe von Bankkrediten. Da diese Hausbaukredite für die Spanier nun plötzlich unglaublich billig waren – so billig, dass die Spanier sich erst einmal die Augen reiben mussten, um das wirklich glauben zu können –, begannen die Menschen dort sich ihren langjährigen Lebenstraum zu verwirklichen. Es wurden Häuser in einem Ausmaße gekauft und gebaut, dass man sich nun eigentlich wiederum erst recht die Augen hätte reiben müssen .

Spanien baut mehr Häuser als Deutschland, Frankreich und Italien zusammen

Denn in den fünf Jahren von 2002 bis 2006 wurden in Spanien mehr Häuser gebaut als in Deutschland, Frankreich und Italien zusammen.[404] Dabei muss man bedenken, dass die drei Länder Deutschland, Frankreich und Italien gemeinsam eine Wirtschaftskraft haben, die etwa sechs Mal so groß ist wie diejenige Spaniens, und eine Bevölkerung, die gemeinsam mehr als vier Mal so hoch ist wie diejenige Spaniens. Also mit gesundem Menschenverstand betrachtet war dies eigentlich völlig verrückt und unhaltbar. Umso überraschender ist, dass fast keine namhaften Ökonomen auf diese und andere kaum übersehbare Fehlentwicklungen hingewiesen haben, sondern im Gegenteil Spanien häufig als Musterschüler Europas hingestellt wurde.[405]

Die Baubranche entwickelte sich in Spanien seit dem Euro-Beitritt zur führenden Wachstumsbranche und zog das Wirtschaftswachstum des ganzen Landes hoch. Der Anteil der Baubranche am gesamten Sozialprodukt lag in Spanien bis 2008 weit über dem Durchschnitt in Europa oder den USA, er war etwa doppelt so hoch wie in anderen Ländern.[406]

Gleichzeitig stiegen die Hauspreise in Spanien stark an, deutlich stärker als z. B. in den USA.[407] Durch die starke Verteuerung der Häuser in Spanien wurden die Häuser im Laufe der Jahre für viele Durchschnittsverdiener immer unerschwinglicher. Zuletzt waren die Hauspreise, gemessen am Durchschnittseinkommen, etwa doppelt so teuer wie in Deutschland.[408] Bei nüchterner Betrachtung mit gesundem Menschenverstand war eigentlich schon lange klar, dass das auf Dauer unmöglich gutgehen kann.

Ein auf Sand gebauter Aufschwung

Es wurden sehr viel mehr Häuser gebaut als eigentlich gebraucht wurden, es bauten sich also enorme Überkapazitäten auf. Laut dem spanischen Ökonomen José García Montalvo lag die Zahl der fertig gestellten Wohnungen allein zwischen 2003 und 2006 um etwa 1,2 Millionen höher als die potenzielle Nachfrage.

Aber zunächst einmal schien das ökonomisch gesehen eine großartige Sache für das ganze Land zu sein: Die Wirtschaft brummte, die Löhne stiegen, jeder konnte sich immer mehr leisten und die Geißel Arbeitslosigkeit, die das Land lange Zeit geplagt hatte, fiel ganz dramatisch: von etwa 20 % Anfang der 90er Jahre auf 8 % 2007.[409]

Arbeitslosenquote Spanien[410]

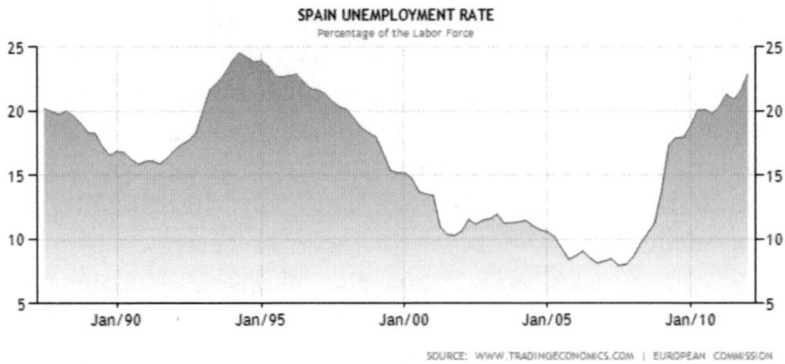

Das ging so über ein Jahrzehnt. Alle waren – ökonomisch gesehen – glücklich, Spanien wurde wie erwähnt wiederholt als Musterschüler Europas gelobt. Was man leider dabei nicht beachtete: Es war zum großen Teil eine Illusion, die auf Sand gebaut war. Denn woher kam das starke Wachstum zum großen Teil in Wirklichkeit? Aus Kapitalzuflüssen aus dem Ausland vor allem aufgrund des Euro-Beitritts. Ein großer Teil des Wachstums geschah künstlich, ‚auf Pump' aus dem Ausland: 2007 hatte Spanien mit € 107 Mrd. hinter den USA das zweitgrößte Leistungsbilanzdefizit der Erde, das heißt, Spanien importierte aus dem Ausland sehr viel mehr Güter und Dienstleistungen als es exportierte. Das entsprach damals über 10 % der gesamten Wirtschaftskraft des Landes.[411]

Spanien mit zweitgrößtem Leistungsbilanzdefizit der Erde

Leistungsbilanz Spanien in % vom BIP[412]

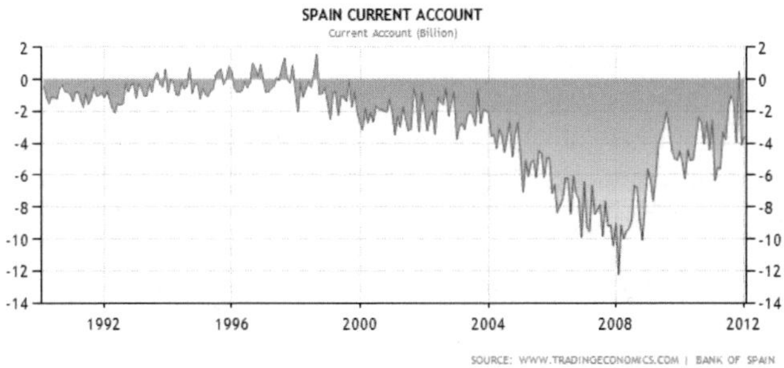

Was bedeutet ein Leistungsbilanzdefizit von 10 % im Jahre 2007? Eine durchschnittliche spanische Familie, die z. B. 1.000 Euro Einnahmen pro Monat hatte, gab 1.100 Euro pro Monat aus. Die Differenz kam von Krediten aus dem Ausland. Entsprechend stark stieg die Verschuldung der spanischen Privathaushalte von etwa 50 % des verfügbaren Jahreseinkommens 1995 auf gut 130 % 2006.[413] Die Verschuldung der spanischen privaten Haushalte wurde damit eine der höchsten der Welt. Wie lange kann das gut gehen? Bis der Schuldenberg, der angehäuft wird, so groß wird, dass die Zinslast daraus immer schwerer zu bedienen wird und folglich der Kreditgeber nicht mehr mitmacht. Dies geschah ab Sommer 2007 mit der einsetzenden internationalen Finanzkrise: Die ersten Banken hörten damals auf, neue Kredite zu geben.

Es war eigentlich schon lange abzusehen, dass es in Spanien ökonomisch zu einem Crash kommen würde. Alle Ampeln signalisierten Rot. Nur: Politiker wollen das nicht so gerne wahrhaben und sehen daher weg, solange es geht, statt mutig Gegenmaßnahmen zu ergreifen. Aber man kann nicht hauptsächlich den Politikern die Schuld geben. Die große Mehrheit der wissenschaftlichen Mainstream-Ökonomen und viele Bank-Analysten lieferten den Politikern grundlegend falsche Analysen und Theorien: Sie waren in der Einschätzung der Situation in einem Ausmaße blind und machten derartig fundamentale Fehlprognosen, dass es nur schwer erklärlich ist. Sämtliche ökonomische Prognosen, die der führende Spanien-

Spezialist der größten und einflussreichsten deutschen Bank am 11.9.2007 zur künftigen Entwicklung Spaniens machte, sind komplett falsch.

Keine Konsequenzen für Fehlaussagen

Generell überraschend dabei ist, dass – wie oben erwähnt – im Wissenschaftsbereich bislang angesichts der Blindheit bei fast allen Prognosen zur Finanz- und Wirtschaftskrise personell keinerlei Konsequenzen gezogen wurden und werden. Trotz fundamental inkompetenter Aussagen wurde keinem Professor der Volkswirtschaftslehre oder etwa einem der „Fünf Weisen" ein Rücktritt oder eine Umschulung nahegelegt. Was würde man mit einem Mathematik-Lehrer machen, bei dem sich herausstellt, dass seine Rechnungen während der letzten drei Jahre fast alle falsch waren und er die Schüler auf falsche Wege geführt hat?

Im Gegensatz zur konventionellen Ökonomie haben Außenseiter wie Helmut Creutz seit langem auf Denkfehler der gängigen Volkswirtschaftslehre und strukturelle Fehlentwicklungen im Ökonomiesystem hingewiesen, wurden jedoch (und werden größtenteils auch weiterhin) von den recht hochmütig sich verhaltenden Anhängern der gängigen Ökonomielehre nicht ernst genommen. Daher kann dieser mit Recht sagen:

> „Was ist das überhaupt für eine Wissenschaft, in der man – abgesehen von wenigen Ausnahmen – die entscheidenden Ursachen unserer wesentlichen Miseren und Zwänge nicht wahrnimmt und uns damit ohne gangbare Auswege in die Zukunft entlässt?"[414]

Solange diese von Creutz und anderen angesprochenen Denk- und daher auch Konstruktionsfehler im sozialen Leben nicht grundlegend angegangen werden, wie es im Hauptteil dieser Ausführungen geschieht, ist auch keine nachhaltige Lösung der derzeitigen Finanz- und Wirtschaftskrise zu erwarten.

Ein Leben in Illusionen

Warum handelte es sich bei dem starken Wirtschaftswachstum Spaniens bis 2007 zum größten Teil um eine Illusion? Wie konnte es dazu kommen? Warum fielen so viele Menschen darauf herein? Nun, das Hereinfallen der am Wirtschaftsprozess unmittelbar Beteiligten, wenn die Weichen erst einmal gründlich falsch gestellt sind, ist am leichtesten zu erklären: Wenn es so gut läuft, ist es einfach zu schön als dass man kritisch nachfragen wollte. Alle freuen sich: die spanischen Häuslebauer, die spanischen Nicht-Mehr-Arbeitslosen, die Regierung, deren Steuereinnahmen sprudeln, aber auch die Kreditgeber im Ausland: Das Kreditgeschäft brummt, läuft gut und profitabel.

Inwiefern handelte es sich nun also beim starken Wirtschaftswachstum bis 2007 primär um eine Illusion?

Die Löhne und damit die Lohnkosten stiegen in Spanien im letzten Jahrzehnt viel stärker als die Produktivität der arbeitenden Bevölkerung. Dadurch stiegen die spanischen Lohnstückkosten weitaus stärker als in den meisten anderen Ländern der Eurozone.[415] Dies führte dazu, dass die in Spanien hergestellten Güter und Dienstleistungen im Vergleich mit den anderen Euro-Ländern immer teurer und teurer wurden und zuletzt kaum mehr im Ausland verkaufbar waren. Dadurch kam auch das oben erwähnte hohe Leistungsbilanzdefizit zustande: Spanien wurde wegen seiner im Vergleich zu anderen Euro-Ländern immer weiter steigenden Preise immer weniger wettbewerbsfähig, konnte immer weniger exportieren und musste immer mehr importieren – auf Kredit aus dem Ausland. Die eigene Produktivität, die eigene Wirtschaftskraft des Landes hätte bei Weitem nicht ausgereicht, sich einen solch hohen Lebensstandard zu leisten, wie er in den letzten Jahren vor der Krise üblich geworden war. Diese Argumentation trifft auch auf eine Reihe anderer Euro-Länder zu, insbesondere Griechenland, Portugal, Irland und teilweise Italien.

Was hat das mit dem Euro zu tun? Ohne Euro, sondern mit der Peseta, hätte die spanische Notenbank in der Zeit vor 2007 die Zinsen anheben und damit die Überhitzung am Immobilienmarkt und in der gesamten Wirtschaft stoppen können. Bei Einsetzen der Krise 2007/2008 hätte sich die Peseta abwerten können, wie es in der Vergangenheit häufig der Fall war. Durch eine solche Abwertung wären die spanischen Produkte im Ausland wieder preislich wettbewerbsfähig geworden. Stattdessen ließ man der Entwicklung ungebremst und verantwortungslos viel zu lange über die extrem niedrigen Zinsen die Zügel schießen und so haben sich die krebsartigen

Wucherungen in der Ökonomie gebildet. Man hat den Rausch genossen und ständig weiter verstärkt, statt zu bremsen oder aufzuwachen und lebte in der Illusion ständig wachsenden Wohllebens.

Wie geht es weiter? Nicht gut. Der Bereinigungsprozess ist auch 2013 noch nicht abgeschlossen. Die Kreditausfälle befinden sich weiterhin auf hohem Niveau.[416] Aufgrund viel zu vieler leer stehender Häuser (allein über eine Million neugebaute Häuser[417]) und zu viel Gewerberaum werden auch in Zukunft erhebliche Kreditausfälle erwartet, was die Neukreditvergabe der Banken und damit potenzielles Wirtschaftswachstum in den kommenden Jahren hemmen wird.

Die Wirtschaftskrise in Spanien dürfte daher noch einige Jahre anhalten, vergleichbar der *lost decade* in Japan nach dem Platzen der dortigen Immobilienblase 1990, mit hoch bleibender oder ansteigender Arbeitslosigkeit und vermutlich starken sozialen Unruhen. Gründe dafür sind:

1. Da die Löhne im Vergleich mit anderen Euro-Staaten um etwa 20 bis 30 % zu hoch sind, müssen sie um diesen Betrag sinken, damit Spanien wieder wettbewerbsfähig wird. Während dieses Prozesses sinkender Löhne wird die Kaufkraft im Land zurückgehen und damit die Inlandsnachfrage für die spanische Volkswirtschaft fehlen.

2. Die Immobilienpreise waren Ende der 2000er Jahre etwa doppelt so hoch wie langfristig vertretbar, d. h. sie müssen um etwa 50 % sinken. Das führt dazu, dass jahrelang Druck auf die Banken in Form von unzureichenden Sicherheiten, und – wegen der sinkenden Löhne – Kreditausfällen bestehen wird, was die Neukreditvergabe abwürgt und damit das Wirtschaftswachstum.

Eine Inanspruchnahme des finanziellen *Rettungsschirmes* der Euro-Länder und des IWF für die spanischen Banken oder die spanische Regierung löst für Spanien keine Probleme, sondern verschafft bestenfalls Zeit für den Anpassungsprozess, denn diese Mittel kommen den vermögenden Haushalten im In- und Ausland zugute und nur zum geringsten Teil, wenn überhaupt, der spanischen Volkswirtschaft bzw. der spanischen Bevölkerung. Angesichts der bevorstehenden schmerzhaften und langwierigen Anpassungskrise mit schwacher Wirtschaftsentwicklung, hoher Arbeitslosigkeit und sozialen Spannungen könnten spanische Politiker daher versucht sein, einen weniger schmerzhaften Weg zu gehen: den **Austritt aus dem Euro** und die Wiedereinführung der Peseta. Dies würde die zugrunde liegenden wirtschaftlichen Probleme erheblich abmildern: Über eine Währungsabschwächung könnte die preisliche Wettbewerbsfähigkeit der spanischen Wirtschaft sofort wiederhergestellt werden und dadurch die Exporte gefördert sowie die Importe durch mehr heimische Produktion ersetzt werden.

Lieber Austritt aus dem Euro?

Allerdings wäre der Preis eines Euro-Austritts recht hoch: Deutlich steigende Inflation, eine Staatsschulden- sowie Bankenkrise, Abschneiden von den internationalen Finanzmärkten und eine zunächst drastisch einbrechende Wirtschaft nach dem Muster Argentiniens 2001/2002.

Die Alternative bei einem Verbleib in der Euro-Zone: jahrelange wirtschaftliche Stagnation oder Schrumpfung, weiter hohe oder steigende Arbeitslosigkeit und ebenfalls eine Staatsschulden- und Bankenkrise.

Die Gefahr bei dem Ganzen, unabhängig davon, ob Spanien den Euro beibehält oder nicht: Wenn Illusionen oder Träume platzen, wie es in den nächsten Jahren in Spanien (und einer ganzen Reihe anderer Länder in Süd-, West- und Osteuropa) kommen muss, entsteht leicht böses Blut. Es dürften während der nächsten zehn Jahre unruhige Zeiten ins Haus stehen. Im Rückblick wird man in ein paar Jahren sagen können: Das Experiment Euro hat für alle Beteiligten schlimme Konsequenzen bewirkt: In Mitteleuropa ein verlorenes Jahrzehnt der Arbeitnehmer und Rentner, in den Peripherieländern große Illusionen, die schmerzhaft zusammenbrechen mussten. Die falschen Anreizsysteme durch die falsche Zinsstruktur zwischen den beteiligten Ländern, die der Euro gebracht hat – über seine Verhältnisse leben in den Peripherieländern, sparen, sparen, Lohnzurückhaltung in Deutschland – haben allen geschadet. In den kommenden Jahren dürften starke Nationalismen aufleben (was bereits in vielen Ländern in vollem Gang ist) und Kontinentaleuropa schwächer und uneiniger dastehen als zuvor.

Die kommende Wirtschafts- und Sozialkrise dürfte Spanien, Europa und weite Teile der Erde in große soziale und politische Unruhen stürzen, falls nicht an die Wurzel gehende Maßnahmen ergriffen werden. Der Euro ist aufgrund der oben genannten Entwicklungen, die nicht nur auf Spanien, sondern auf eine ganze Reihe von Euroländern zutreffen, in seiner jetzigen Form ökonomisch längst gescheitert. Durch die über ein Jahrzehnt währenden falschen Anreizstrukturen und Kapitallenkungen im Euroraum wird die Krise in Kontinentaleuropa besonders schlimm ausfallen. Ein weitgehender Zusammenbruch der Wirtschaft im Euroraum, ob unter Beibehaltung, Teilbeibehaltung oder unter Auflösung des Euros ist unausweichlich, wenn nicht drastische Maßnahmen zur Bekämpfung der wahren Ursachen der Krise ergriffen werden.

Da die Produktionskapazitäten weltweit, wie oben gezeigt, viel zu hoch sind, müssen sie in den kommenden etwa 10 Jahren irgendwo in der Welt eliminiert werden. Je mehr Chaos und Unruhen in Kontinentaleuropa, desto weniger wird investiert werden bzw. desto stärker wird der Desinvestitionsprozess ausfallen, etwa durch Randale, Plünderungen oder einfach durch Nicht-Ersetzen alter Anlagen wegen hoher Unsicherheit, Angst und Arbeitslosigkeit. Je stärker der Kapazitätsabbau in Kontinentaleuropa erfolgt, desto geringer, relativ gesehen, muss er in anderen Erdteilen ausfallen.

Ein Weg für den Euroraum ohne Chaos, Leid und Katastrophen

Ein Blick in die Geschichte

Die bisherigen „Rettungsmaßnahmen“, „Hilfsmaßnahmen“ oder „Unterstützungen“ an Griechenland und andere Länder erinnern stark an eine „Hilfsaktion“ der Zwischenkriegszeit:

Völkerbundanleihe für Österreich im Sommer 1932: »Sie hat der österreichischen Wirtschaft keinen einzigen Schilling gebracht.«[418]

„Österreichs Bundeskanzler Engelbert Dollfuß hatte nach extrem schwierigen Verhandlungen, die am 20. Juni 1932 angefangen hatten, die sogenannten Lausanner Protokolle unterzeichnet. Sie liegen am 15. Juli dem Völkerbundrat zur Beschlussfassung und Unterzeichnung vor.

Sie sehen vor, dass Österreich eine Anleihe im Nennbetrag von 300 Millionen Schilling vom Völkerbund erhalten soll, die von England, Frankreich, Italien und Belgien garantiert ist bzw. von Banken in diesen Ländern gegeben werden. »Das Protokoll war in den Augen der Großmächte ein Mittel, Österreichs Verlangen nach einer Hilfsaktion zu befriedigen, die finanzielle Lage des Landes zu erleichtern und zur politischen Entspannung […] beizutragen.« […]

Abgesehen von den außenpolitischen Beschränkungen (de facto eine Bestätigung und Fortsetzung des Anschlussverbotes an Deutschland) erlegt das Lausanner Protokoll der Regierung Dollfuß einschneidende wirtschaftliche Reformen auf: Herstellung des **Gleichgewichtes im Haushalt**, weitere **Einsparungsmaßnahmen**, […], staatliche Einflussnahme auf die Budgets der Länder und Gemeinden, damit diese nicht ausufern.

»Österreich musste zudem wieder […] einen großen Teil dessen, was zu verpfänden war, verpfänden, also Zolleinnahmen, Monopole etc. […] Es ist bezeichnend, dass der **gesamte Erlös** der Lausanner Anleihe **nicht der österreichischen Wirtschaft zufloss**, sondern etwa die Hälfte dazu benutzt wurde, um einen englischen Kredit zu tilgen und die Zinsen der alten Völker-

Der gesamte Erlös der Österreich-Anleihe 1932 floss nicht der österreichischen Wirtschaft zu

bundanleihe zu zahlen, die eine Zeitlang ausgesetzt waren, weil Österreich keine Devisen mehr hatte. Der Rest musste an die österreichischen Banken zurückgezahlt werden, die ihrerseits ihre Wechsel bei der Nationalbank einlösten, was den Geldeinlauf um diesen Betrag reduzierte. Die Lausanner Anleihe war, wenn es überhaupt noch eine Steigerung gab, **noch deflationistischer** als die ganze Genfer Sanierung von 1922, **sie hat der österreichischen Wirtschaft keinen einzigen Schilling gebracht.**«“[419]

Das Ergebnis der „Hilfsaktion“

In Wirklichkeit leitete diese Anleihe die „akute Krise des Parlamentarismus“ ein, trug zu ihrer „Verschärfung“ bei,[420] untermauerte den Ruf Österreichs, eine „Völkerbundkolonie“[421] zu sein, und förderte dadurch den in den Folgejahren kommenden Bürgerkrieg in Österreich sowie die Abschaffung der Demokratie.

Ähnlich funktionieren auch die bisherigen Hilfsmaßnahmen an Griechenland und andere Länder. Von den gewährten Hilfsmitteln kommt de facto so gut wie nichts in den jeweiligen Volkswirtschaften an. Die Hilfsmaßnahmen helfen den wohlhabendsten Haushalten, da diese die Hauptaktionäre und die Haupteinleger der „geretteten“ Institute sind. Finanziert werden die „Hilfsmaßnahmen“ durch die große Mehrheit der Steuerzahler und Kürzungen bei den sozial Schwachen. Die bisherigen Rettungsmaßnahmen stellen, ganz ähnlich wie 1932, eine perverse Umverteilung von unten nach oben, von Arm zu Reich, von Arbeitseinkommen zu Nicht-Arbeits-Einkommen dar. Daher sind praktisch alle bislang ergriffenen Maßnahmen vollkommen kontraproduktiv. Sie beschwichtigen kurzfristig „die Kapitalmärkte“, verschärfen jedoch mittelfristig das Problem, anstatt es zu mildern, indem sie die Ungleichverteilung weiter verstärken. Ähnlich wie 1932 in Österreich wird auch heute der Weg in Aufruhr und Chaos gefördert.

Warum lernen wir nicht endlich aus der Geschichte?

Eine schlimme, chaotische Entwicklung im Euroraum ist jedoch relativ einfach zu vermeiden, wenn man die eigentlichen Wurzeln des Problems angeht: die starke Ungleichverteilung. Eines der derzeitigen konjunkturellen Hauptprobleme von Spanien oder Griechenland ist die mangelnde Massennachfrage wegen zurückgehender Masseneinkommen. In Spanien und Griechenland gibt es jedoch sehr wohlhabende Familien – Onassis war bekanntermaßen ein Grieche. Das Hauptproblem ist: das Geld wird derzeit nicht ausgegeben, es zirkuliert nicht, sondern gerinnt an der Spitze der Einkommens- bzw. Vermögenspyramide.

Einfache Lösung wäre sofort möglich!

Würde man **jetzt** wirklich die angesprochenen Vermögenssteuern und umlaufgesichertes (Parallel-)Geld einführen, dürften sich die Konjunkturprobleme in Spanien und Griechenland – ähnlich wie damals in Wörgl – sehr schnell lösen.

Durch eine **Umlaufsicherung** von vielleicht 1 % pro Quartal auf Geld würde das Horten von Geld bestraft und das Zirkulieren von Geld belohnt. Geld würde vermehrt ausgegeben, die Taler würden wieder wandern und die Wirtschaft könnte endlich wieder recht florieren. **Inflationssorgen bestehen** – wie seinerzeit in Wörgl – für mehrere Jahre **nicht** angesichts der hohen unausgelasteten Produktionskapazitäten und insbesondere der hohen Arbeitslosigkeit.

Durch die Einführung einer **Vermögenssteuer auf Großbesitz an Grund und Boden** inklusive Immobilien sowie Unternehmenseigentum von 3 % des aktuellen Marktwertes (nach Abzug eines Freibetrages von beispielsweise 500.000 Euro, um Kleinbesitzer zu schonen) würden erhebliche Finanzströme in die öffentlichen Kassen gelenkt.

Staatsdefizite könnten deutlich sinken, es bestünden gegebenenfalls sogar Handlungsspielräume, die Steuern und Abgaben auf Arbeit zu reduzieren, was einen **Konjunkturboom** auslösen könnte.

Das Argument der Steuerflucht zieht bei Immobilienbesitz nicht: Boden kann nicht in Steueroasen fliehen. Was das Eigentum an

Unternehmen angeht, könnte man eine Quellensteuer auf Aktien- und Anteilsbesitz an Unternehmen, die direkt bei den im Lande befindlichen Unternehmen ansetzt, in Betracht ziehen. Dadurch wäre Steuerflucht ebenfalls weitgehend auszuschalten.[422]

Selbstverständlich löst man durch obige Maßnahmen nicht alle ökonomischen oder sozialen Probleme Spaniens oder Griechenlands, aber doch einen zentralen Teil: das derzeitige Konjunktur- und Arbeitslosenproblem. Insbesondere könnte man durch eine Senkung der Abgaben und Steuern auf Arbeit die Lohnkosten in Spanien und Griechenland senken und damit zumindest einen Teil der durch die Einführung des Euros ausgelösten Wettbewerbsnachteile in Form überhöhter Lohnkosten rückgängig machen. Im Gegenzug müssten in Deutschland in den kommenden Jahren die Löhne und Preise stärker steigen als in den anderen Ländern der Eurozone.

10 Schlusswort: Auf friedlichem Wege die Krise vermeiden

Jetzt hätten wir die Gelegenheit, durch die Einführung vermögensumverteilender Maßnahmen auf friedlichem Wege einen wirtschaftlichen Zusammenbruch, der sich etwa alle 70 Jahre ereignet, zu vermeiden. Dies wäre auch im Sinne der vermögendsten Schichten, da sie bei einer geordneten Vermögensumverteilung weniger Einbußen hinnehmen müssten als durch eine große Depression, soziale Unruhen oder Kriege.

Denn nicht nur in Zeiten von Krisen, sondern ebenfalls in Zeiten von Prosperität zeigen international vergleichende Studien, dass auch die wohlhabendsten Gesellschaftsschichten von mehr Gleichheit Vorteile haben.[423]

Die in diesem Buch skizzierten politischen Weichenstellungen stellen einen Anfang dar auf dem Weg zu einer menschengerechten Gesellschaftsordnung, die menschenwürdiges Dasein und wirkliche Demokratie für alle Bürgerinnen und Bürger ermöglicht. Darüber hinaus müsste eine Fülle sozialer, politischer und individueller Schritte in verschiedenen Lebensbereichen unternommen werden. Diese sind Gegenstand verschiedener Aufsätze des Autors[424] sowie eines geplanten folgenden Buches. Mit der konkreten Umsetzung der hier dargestellten Maßnahmen werden diese Schritte jedoch schon wesentlich leichter zu gehen sein.

Wir befinden uns also derzeit noch in der Schlussphase eines langen, mächtigen, knapp 70-jährigen Aufschwungzyklus, der, verglichen mit dem Jahr 1945, über große Teile der Erde eine beinahe märchenhafte Zunahme an materiellem Wohlstand gebracht hat. Auch wenn darüber die bittere Armut von über einer Milliarde Menschen und die vielen Hungertoten jedes Jahr nicht vergessen werden dürfen. Dieser Zyklus neigt sich nun seinem Ende zu.

Wie geht es weiter?

Mir ist klar, dass präzise Prognosen über die kommenden Ereignisse sehr schwer sind. Aber so wie man bei einem Schachspiel, bei dem man beide Spieler kennt, mit einiger Sicherheit vorhersagen kann, zu wessen Gunsten das Spiel wohl ausgehen wird, auch wenn man die einzelnen Schachzüge nicht vorhersehen kann, so kann man auch manche Aussagen über vermutlich kommende Ereignisse oder gar Abläufe treffen, wenn man die unserem Gesellschaftsgeschehen zugrunde liegenden wirksamen Kräfte und Interessen bzw. die „Spieler“ kennt. Wenn sich die „Spieler“ ändern, ändern sich natürlich auch die Prognosen, wie es etwa 1789 in Frankreich, 1917 und 1989 in Russland, 1949 und 1976 in China oder 1933 und 1945 in Deutschland der Fall war.

1. Unter Berücksichtigung dieser Einschränkungen möchte ich folgende **Prognosen** für die kommenden etwa **fünf bis zehn Jahre** abgeben: **Die Eurokrise ist nicht vorbei**. Die größten Erschütterungen stehen noch bevor. Ob der Euro in Zukunft weiterbestehen wird, ist eine rein politische Entscheidung. Ökonomisch ist er längst gescheitert. Wenn man freien Markt zulassen würde, wäre der Euro schon zerbrochen. Auf Kontinentaleuropa kommen sehr schwere ökonomische und soziale Zeiten zu. Die Eurokrise steht erst am Anfang. Kontinentaleuropa war, ist und wird vermutlich das Epizentrum der kommenden Wirtschaftskrise sein.

2. Die **Industrieländer stehen vor einer Weltfinanz- und Weltwirtschaftskrise**. Die in den Industrieländern aufgebauten krebsartigen Produktionskapazitäten sind in ihrem heutigen Umfang nicht haltbar. Die aufgebauten privaten und öffentlichen Schulden sind nicht haltbar. Die Industrieländer stehen vor dramatischen Bereinigungen, hoher Arbeitslosigkeit und vermutlich sozialen Unruhen. Die Finanzkrise und die hieraus folgende Wirtschaftskrise haben noch gar nicht richtig angefangen. Aus globaler Sicht stehen harte Verteilungskämpfe an darüber, wo Produktionseinschränkungen stattfinden werden. Es bleibt zu hoffen, dass die Konflikte, anders als in der Vergangenheit, möglichst friedlich gelöst werden.

Diese Prognosen haben nur solange Gültigkeit, wie die derzeitige, am vollkommen falschen Ende ansetzende Krisenpolitik beibehalten wird. Hauptursache für die mangelhafte Krisenpolitik sind die schädlichen ökonomischen Denkansätze beispielsweise des IWF, die von vielen Ökonomen in den Industrieländern geteilt werden und daher unsere Wirtschafts- und Sozialpolitik stark beeinflussen. Ändert sich die Einsicht in die bestehenden Kräfte und Prozesse, ändern sich die ökonomischen und gesellschaftlichen Denkansätze und damit die gesellschaftlichen Weichenstellungen, so lassen sich die schlimmen Folgen der kommenden Weltfinanz- und Wirtschaftskrise erheblich mildern oder gar weitgehend verhindern. Von daher wäre nur allzu sehr zu wünschen, dass ein Umdenkprozess oder Bewusstseinswandel stattfindet. Hierzu möchte das vorliegende Buch beitragen.

Unsere sozialen und ökonomischen Zustände sind also nicht das notwendige Resultat von Marktgesetzen oder des Weltfinanz- und Wirtschaftssystems, sondern die Ergebnisse von Regeln und Gesetzen, die Menschen gemacht haben. Unsere sozialen Gegebenheiten sind nicht die Folge von Naturgesetzen, sondern von Menschengesetzen. Wir können diese Regeln und Gesetze jederzeit in Richtung mehr Menschlichkeit ändern. Die Zukunft liegt in unserer Hand.

Aalen, März 2013

Literatur

Abel, Wilhelm (1972): Massenarmut und Hungerkrisen im vorindustriellen Deutschland, Göttingen

ACEA (2011): EU Economic Report, Brüssel, Juli 2011

auto motor und sport, Heft 25 vom 21.11.2007

Ayrault, Jean-Marc (2012): Discours de politique générale de Jean-Marc Ayrault, Premier Ministre, à l'assemblé générale, service de presse, Paris, 3.7.2012

Bach, Stefan (2012): Vermögensabgaben – ein Beitrag zur Sanierung der Staatsfinanzen in Europa, in: DIW Wochenbericht 28/2012, Berlin 11.7.2012

BCG (The Boston Consulting Group) (2011a): Shaping a New Tomorrow, How to Capitalize on the Momentum of Change, Global Wealth Report 2011, May 2011

BCG (The Boston Consulting Group) (2011b): Collateral Damage – Back to Mesopotamia? – The Looming Threat of Debt Restructuring, by David Rhodes and Daniel Stelter, September 2011

BCG (The Boston Consulting Group) (2012): The Battle to Regain Strength, Global Wealth Report 2012, May 2012

Becker, Gary (2004): Vom Nutzen der Liebe, Interview in: McK Wissen. Das Magazin von McKinsey, Ausgabe 11, Hamburg, 3. Jahrgang, Dezember 2004, S. 78–83

Bedau, Klaus-Dietrich (1999): Ersparnis und Vorsorgeaufwendungen nach Haushaltsgruppen, DIW Discussion Papers, Berlin, Juli 1999

Berger, Wolfgang (2006a): Eisiges Schweigen, in: Humane Wirtschaft 01/2006

Berger, Wolfgang (2006b): Verantwortung für die Zukunft ist unrentabel, in: Humane Wirtschaft 5/2006

Berger, Wolfgang (2009a): Der Neoliberalismus führt Krieg gegen uns, in: Humane Wirtschaft März 2009, S. 13–18

Berger, Wolfgang (2009b): Ein toter Nobelpreisträger führt Krieg gegen uns, in: ÖkologiePolitik, November 2009

Berger, Wolfgang, ohne Datum, Geld regiert die Welt, warum eigentlich? Teil 1, in: Humanwirtschaft, S.1–7

Bergheim, Stefan (2007): Spanien 2020 – die Erfolgsgeschichte geht weiter, herausgegeben von Deutsche Bank Research (DB Research), 11.9.2007

Berk, Jonathan und DeMarzo, Peter (2007): Corporate Finance, Boston

Betsch, Oskar, Groh, Alexander P. und Lohmann, Lutz G. E. (2000): Corporate Finance, München

Bofinger, Peter (2007): Grundzüge der Volkswirtschaftslehre. Eine Einführung in die Wissenschaft von Märkten, München

Borchardt, Knut (1985): Grundriss der deutschen Wirtschaftsgeschichte, 2. Auflage, Göttingen

Börsen- Zeitung

Brealey, Richard A. und Myers, Stewart C. (2003): Principles of Corporate Finance, 7. Auflage, New York

Broer, Wolfgang (2007): Schwundgeld. Bürgermeister Michael Unterguggenberger und das Wörgler Währungsexperiment 1932/33, Innsbruck

Bruner, Robert F. und Carr, Sean D. (2007): The Panic of 1907. Lesson's Learned from the Market's Perfect Storm, Hoboken, New Jersey

Buffett, Warren (2006): Die Essays von Warren Buffett – Das Buch für Investoren, München

Bundeszentrale für politische Bildung (2012), www.bpb.de, Bruttoinlandsprodukt (BIP)

BVK (Bundesverband deutscher Kapitalbeteiligungsgesellschaften), Statistiken (www.bvkap.de)

CBO (Congress of the United States Congressional Budget Office) (2009): The Budget and Economic Outlook: Fiscal Years 2009 to 2019, January 2009

CBO (Congress of the United States Congressional Budget Office) (2012): The Budget and Economic Outlook: Fiscal Years 2012 to 2022, January 2012Center for Economic and Policy Research (2011): New Census Numbers Make it Official: 2000–2010 Was a Lost Economic Decade, 13.9.2011

Chang, Nancy (2004): Das Ende der Bürgerrechte? Die freiheitsfeindlichen Antiterrorgesetze der USA nach dem 11. September, Berlin Coase, Ronald (1960): The Problem of Social Cost, in: The Journal of Law and Economics, Oct. 1960, S. 1–44

Creutz, Helmut (2003): Das Geld-Syndrom. Wege zu einer krisenfreien Wirtschaftsordnung, Aachen

Creutz, Helmut (2009): Minuszins braucht Umlaufsicherung, in: Humane Wirtschaft Sept./Okt. 2009, S. 3–7

Creutz, Helmut (2010): Armut und Reichtum driften auseinander – Die Rolle der zinsbedingten Umverteilung, in: Humane Wirtschaft Sept/Okt. 2010, S. 2–7

Daimler AG (2011): Geschäftsbericht 2011

Danoritzer, Cosima (2011): Kaufen für die Müllhalde, Dokumentationsfilm, arte, 2011

Deutsche Bundesbank, diverse Monatsberichte

Deutsche Bundesbank (2007): Leveraged-Buyout-Transaktionen: die Rolle von Finanzintermediären und Aspekte der Finanzstabilität, Monatsbericht April 2007, Frankfurt/M.

Die Welt, 3.4.2008, Spanien steht kurz vor Immobilien-Crash

Die Welt in Zahlen 2012, brand eins Verlag, Hamburg 2011

DIW – Deutsches Institut für Wirtschaftsforschung Berlin (2007): Vermögen in Deutschland wesentlich ungleicher verteilt als Einkommen, Wochenbericht 7. Nov. 2007

Domhoff, G. William: Wealth, Income and Power, in: WhorulesAmerica.net, www.sociology.ucsc.edu

Dunning, John H. und Lundan, Sarianna M. (2008): Multinational Enterprises and the Global Economy, Cheltenham (GB) and Northampton (USA)

Eisenstein, Charles (2012): Der Geist von Occupy. Keine Forderung kann groß genug sein – Die Revolution der Liebe, Berlin und München

Eon AG (2011): Geschäftsbericht 2011

Esty, Benjamin und Sesia, Aldo (2010): An Overview of Project Finance and Infrastructure Finance – Update 2009 (June 30, 2010), Harvard

EZB (Europäische Zentralbank) (2011): Do Financial Investors Destabilize the Oil Price?, written by Lombardi, Marco J. and Robays Ine van, Working Paper Series 1346, Juni 2011, Frankfurt a. M.

Europäische Zentralbank (EZB): Monatsberichte

Felber, Christian (2010): Gemeinwohl-Ökonomie. Das Wirtschaftsmodell der Zukunft, Wien

Felber, Christian (2012): Retten wir den Euro!, Wien

Financial Times Deutschland

Fira de Barcelona, Departamento de Estudios, El sector de la construcción en Espana y en Cataluna, Mayo 2007

Fischer, Wolfram (1982): Armut in der Geschichte. Erscheinungsformen und Lösungsversuche der „Sozialen Frage“ in Europa seit dem Mittelalter, Göttingen

Freund, Robert (2009): Automobilindustrie: Zu viele Massenproduzenten und zu wenige Mass Customizer, 15. November 2009, www.robertfreund.de

Frick, Joachim und Grabka, Markus (2009): Gestiegene Vermögensungleichverteilung in Deutschland, Deutsches Institut für Wirtschaftsforschung (DIW), Berlin, Januar 2009

Foodwatch (2011): Foodwatch Report 2011: Die Hungermacher – Wie Deutsche Bank, Goldman Sachs & Co. auf Kosten der Ärmsten mit Lebensmitteln spekulieren, Berlin 2011

Galbraith, John Kenneth (1992): The Great Crash 1929, London (Erstausgabe 1954)

Geitmann, Robert (1989): Bibel, Kirchen und Zinswirtschaft, Vortrag vom 10.8.1989 in Wuppertal-Neviges

Gesell, Silvio (2009): Gesammelte Werke, Band 11, 1920, Die natürliche Wirtschaftsordnung durch Freiland und Freigeld, Nachdruck der 4., letztmalig vom Autor überarbeiteten Auflage 2009, Kiel

Godschalk, Hugo (2007): Rezension zu Wolfgang Broer, ZfSÖ Nr. 155, Dezember 2007, S. 43–44

Graeber, David (2012): Schulden, Stuttgart

Gregoriou, Greg N. und Renneboog Luc (Editors) (2007): International Mergers and Acquisitions Activity Since 1990. Recent Research and Quantitative Analysis, San Diego, USA

Hardach, Karl (1979): Wirtschaftsgeschichte Deutschlands im 20. Jahrhundert, Göttingen

Hardach, Karl (1986): Deutschland 1914–1979, in: Cipolla, Carlo M. und Borchardt, Knut (Hg.), Europäische Wirtschaftsgeschichte, Band 5, Stuttgart und New York

Henning, Friedrich-Wilhelm (1978): Landwirtschaft und ländliche Gesellschaft in Deutschland Band 2, 1750 bis 1976, Paderborn 1978

Henning, Friedrich-Wilhelm (1979): Das industrialisierte Deutschland 1914 bis 1978, Paderborn

Hentschel, Volker (1986): Wirtschaftsgeschichte des modernen Japans 1. Die japanische Industrialisierung Voraussetzungen, Grundlagen, Durchsetzung (1600–1929), Stuttgart

Hermannstorfer, Udo (1992): Scheinmarktwirtschaft. Die Unverkäuflichkeit von Arbeit, Boden und Kapital, Stuttgart

Herring, Richard J. und Wachter, Susan (1998): Real Estate and Banking Busts: An International Perspective, The Wharton School, University of Pennsylvania

Hirsch, Fred (2005): Social Limits to Growth, London

Holtfrerich, Carl-Ludwig (1980): Die deutsche Inflation 1918–1923. Ursachen und Folgen in internationaler Sicht, Berlin und New York

Horn, Gustav A. (2011): Des Reichtums fette Beute. Wie die Ungleichheit unser Land ruiniert, Frankfurt und New York

HSBC Trinkaus, Die Aktienmuffel, Düsseldorf, 18.8.2011, www.hsbc-zertifikate.de

Hubert, Frank (2008): Einkommensverteilung und Gerechtigkeit, in: WISU Das Wirtschaftsstudium, Lange Verlag Düsseldorf, März 2008

Hudson, Michael, The Bubble and Beyond – Fictitious capital, debt deflation and global crisis, ISLET Verlag, Dresden 2012

IdW (Institut der deutschen Wirtschaft Köln), Wochenberichte

IdW (Institut der deutschen Wirtschaft Köln) (2012): Deutschland in Zahlen, Ausgabe 2012, Köln

Instituto Nacional de Estadística (INE), España en cifras

IWF (International Monetary Fund) (2009): World Economic Outlook April 2009, Crisis and Recovery, Washington, USA

IWF (International Monetary Fund) (2010): World Economic Outlook April 2010, Rebalancing Growth, Washington, USA

IWF (International Monetary Fund) (2012): World Economic Outlook April 2012, Growth Resuming, Dangers Remain, Washington, USA

Journal Quality List, www.harzing.com

Kennedy, Margrit (1996): Geld ohne Zinsen und Inflation, ohne Ort

Keynes, John Maynard (1964): The General Theory of Employment, Interest and Money, New York

Kinder, Hermann und Hilgemann, Werner (1979): dtv-Atlas zur Weltgeschichte, Band II, 14. Auflage, München

Kindleberger, Charles Poor (1984): Die Weltwirtschaftskrise 1929–1939, 3. Auflage, München

Kirsch, Guy (2004): Neue Politische Ökonomie, 5. Auflage, Stuttgart

Kocka, Jürgen (1975): Unternehmer in der deutschen Industrialisierung, Göttingen

Koo, Richard (2009): Koo's Good News Speedy, Substantial and Sustained Fiscal Stimulus is only Relax for Economies as Private Sectors Shed Leverage, 11.9.2009

Koran in der Übersetzung von Max Henning, Leipzig 1989

Kreiß, Christian (2009a): Ungleichverteilung und Wirtschaftskrise. Analogie zwischen 1929 und heute, in: horizonte 33, Januar 2009, Mannheim, S. 16–20

Kreiß, Christian (2009b): Spanien vor Finanzkrise, in: WiSt, Heft 1, Januar 2009, Verlage C.H. Beck und Vahlen, München, S. 45–48

Kreiß, Christian (2009c): Wie geht die Wirtschafts- und Finanzkrise weiter?, in: horizonte 34, September 2009, Mannheim, S. 65–67

Kreiß, Christian (2010a): Auswirkungen von Private Equity auf Investoren, übernommene Unternehmen und die Volkswirtschaft, in: WiSt Wirtschaftswissenschaftliches Studium, Feb. 2010 S. 91–95, Verlage C.H. Beck und Vahlen, München und Frankfurt

Kreiß, Christian (2010b): Wege aus der Krise I: Was kann jeder Einzelne tun?, in: horizonte 36, September 2010, Mannheim, S. 66–70

Kreiß, Christian (2011): Alles nur Zufall? Die Auswirkungen der Finanzkrise auf Spanien in: Hispanorama 133, August 2011, Bremen, S. 50–56

Kreiß, Christian (2013): Werbung: Einige volkswirtschaftliche und soziale Auswirkungen, in: horizonte 41, März 2013, Mannheim, S. 22–26

Krysmanski, Hans Jürgen (2012): 0,1 Prozent Das Imperium der Milliardäre, Frankfurt/M. 2012

Landes, David S. (1983): Der entfesselte Prometheus Technologischer Wandel und industrielle Entwicklung in Westeuropa von 1750 bis zur Gegenwart, München

Lebenslagen in Deutschland, Entwurf des 4. Armuts- und Reichtumsberichts der Bundesregierung 17.9.2012

Lietaer, Bernard, Arnsperger, Christian, Goerner, Sally, Brunnhuber, Stefan (2013), Geld und Nachhaltigkeit – Von einem überholten Finanzsystem zu einem monetären Ökosystem. Ein Bericht des Club of Rome, Berlin

Luther, Martin, An die Pfarrherren, wider den Wucher zu predigen – Vermahnung, 1540, in: Fabiunke, Günter, Martin Luther als Nationalökonom, (Ost-)Berlin 1963, im Anhang unverkürzt wiedergegebene Schrift Luthers, S. 193–230

Maurer, Rainer (2011): Krise der Europäischen Währungsunion, in: WiSt Wirtschaftswissenschaftliches Studium, München, Februar 2011

Mensch, Gerhard (2008): Finanz-Controlling: Finanzplanung und -kontrolle, Controlling zur finanziellen Unternehmensführung, 2. Auflage, München und Wien

Mueller, Dennis C. (2008): Public Choice III, New York

OECD 20.12.2010, Economy: Spain emerging from recession but broad reforms needed, www.oecd.org

OECD November 2011, Divided We Stand: Why Inequality Keeps Rising, Country Note Germany

Onken, Werner (1997): Modellversuche mit sozialpflichtigem Boden und Geld, Lütjenburg

Ottacher, Gebhard (2007): Der Welt ein Zeichen geben. Das Freigeldexperiment von Wörgl/Tirol 1932/33, Kiel

PEI Media (Private Equity International Media) (2007): Private Equity. A Brief Overview, An Introduction into the Fundamentals of an Expanding, Global Industry by David Snow, Executive Editor PEI Media, New York

Perkins, John, Bekenntnisse eines Economic Hit Man, Unterwegs im Dienst der Wirtschaftsmafia, München, 2004

PwC (PricewaterhouseCoopers) (2008): Global Private Equity Report 2008

PwC (PricewaterhouseCoopers) (2012): Autofacts

Robert Bosch Stiftung (2010): Jahresbericht 2010

Rudolph, Sven (2009): Die ökologische Steuerreform in Deutschland, 2.7.2009, www.uni-kassel.de

Rürup, Bert und Heilmann, Dirk (2012): Fette Jahre – Warum Deutschland eine glänzende Zukunft hat, München

Sachverständigenrat zur Begutachtung der gesamtwirtschaftlichen Entwicklung (SVR), Jahresgutachten

Samuelson, Paul, A. (1973): Volkswirtschaftslehre. Eine Einführung, 6. Auflage, Köln

Samuelson, Paul A. und Nordhaus, William D. (2005): Volkswirtschaftslehre, Landsberg 2005 (Original New York, 2005)

Schiller, Friedrich: Die Gesetzgebung des Lykurgus und Solon, Emil Vollmer Verlag, München und Wiesbaden

Schmidtchen, Dieter, ohne Datum, Funktionen und Schutz von „property rights. Eine Ökonomische Analyse, Center fort he Study of Law and Economics, Discussion Paper 9804

Schridde, Stefan und Kreiß, Christian (unter Mitarbeit von Winzer, Janis) (2013), Geplante Obsoleszenz, Entstehungsursachen, Konkrete Beispiele, Schadensfolgen, Handlungsprogramm, Gutachten im Auftrag der Bundestagsfraktion Bündnis 90/ Die Grünen, Berlin 2013

Schumpeter, Joseph Alois (2005): Kapitalismus, Sozialismus und Demokratie, 8. Auflage, Tübingen

Schwarz, Fritz (1933): Morgan – der ungekrönte König der Welt, Erstauflage 1924, 5. Auflage, Bern

Schwarz, Fritz (1951): Das Experiment von Wörgl. Ein Weg aus der Wirtschaftskrise, Bern

Shaxson, Nicholas, Christensen, John, Mathiason, Nick (2012), Inequalitiy: You don't Know the Half of It (Or why inequality is worse than we thought), tax justice network, London, 22 July 2012

Sinn, Hans-Werner (2009): Kasino-Kapitalismus. Wie es zur Finanzkrise kam, und was jetzt zu tun ist, 2. Auflage, Berlin

Sinn, Hans-Werner, Buchen, Teresa und Wollmershäuser, Timo (2011): Trade Imbalances – Causes, Consequences and Policy Measures: IFO's Statement for the Camdessus Commission, München, 19.2.2011, CESifo Forum 1/2011

Slade, Giles (2007): Made to Break – Technology and Obsolescence in America, Cambridge und London

Smiley, Gene (1993): The American Economy in the 20th Century, Chapter 2, revised 5-3-93, www.qc-econ-bba.org

Sohmen, Egon (1976): Allokationstheorie und Wirtschaftspolitik, Tübingen

Statistisches Bundesamt/Deutsche Bundesbank, Sektorale und gesamtwirtschaftliche Vermögensbilanzen 1992–2010, Wiesbaden, September 2010 (Destatis/Bundesbank 2010)

Statistisches Bundesamt, Statistisches Jahrbuch, www.destatis.de

Steiner, Rudolf (1920): Vortrag vom 15.9.1920, Gesamtausgabe 337a, Dornach, Schweiz, 1999

Stiglitz, Joseph (2012): The Price of Inequality, London

SZ (Süddeutsche Zeitung) vom 5.5.2008: Mittelschicht in Deutschland schrumpft. McKinsey-Studie: Millionen Menschen droht der Abstieg – wenn Wirtschaft nicht stärker wächst. Sowie: SZ vom 21.5.2008, 20.10.2008, 13.12.2011, 4.7.2012 tax justice network, Financial Secrecy Index, http://www.financialsecrecyindex.comhttp://www.financialsecrecyindex.com

tax justice network (2012) (Ed.), Revealed: global super-rich has at least $21 trillion hidden in secret tax havens, 22 July 2012

The Distribution of Wealth in America, www.faculty.fairfield.edu

The New York Times

Umweltbundesamt (2002): Ökosteuer – sparen oder zahlen? Berlin, November 2002

Westfälische Wilhelmsuniversität Münster, Keynesianische Verteilungsfunktion, www.uni-muenster.de

Unruh, Conrad Max von (1918): Zur Physiologie der Sozialwirtschaft, Leipzig

US Census Bureau, US Department of Commerce, Economics and Statistics Administration (Hg.): Income, Poverty and Health Insurance Coverage in the United States: 2011 Current Population Reports, by Carmen DeNavas-Walt, Bernadette D. Proctor, Jessica C. Smith, Washington September 2012

VHB jourqal, www.vhbonline.org

Wall Street Journal

Weber, Max (2004): Die protestantische Ethik und der Geist des Kapitalismus, München 2004, 3. Auflage 2010, Erstausgabe 1904 bzw. 1920

Wee, Herman van der (1984): Der gebremste Wohlstand. Wiederaufbau, Wachstum, Strukturwandel 1945–1980, in: Geschichte der Weltwirtschaft im 20. Jahrhundert, Wolfram Fischer (Hg.), Band 6, München

Wilkinson, Richard und Pickett, Kate (2012): Gleichheit ist Glück. Warum gerechte Gesellschaften für alle besser sind, 4. Auflage, Frankfurt

WIFO Monatsberichte 2/2000: Walterskirchen, Ewald, Huber, Peter, Lehner, Gerhard, Weber, Andrea, Möglichkeiten und Auswirkungen einer Senkung der Lohnnebenkosten

Winterhagen, Johannes und Dudenhöffer, Ferdinand (2009): Weltweite Überkapazität bei 16 Millionen Fahrzeugen, 30.1.2009

Wozniewski, Harald (2009), Wie der Nil in der Wüste, Ergänzungsband 2009, Norderstedt

www.appell-vermoegensabgabe.de

www.moneymuseum.com

www.spiegel.de

www.tradingeconomics.com

www.unterguggenberger.org

Yescombe, E. R., (2002) Principles of Project Finance, London, U.K.

ZF Friedrichshafen, ZF.com, Homepage

Zimmer, Heinrich (1976): Philosophie und Religion Indiens (Erstausgabe 1961), 2. Auflage, Baden-Baden

Zoche, Georg (2009): Welt Macht Geld, München

Anmerkungen

1 *Generell zum Zitieren: Zitate im Englischen wurden für diese Veröffentlichung ins Deutsche übertragen, Hervorhebungen im Original wurden dabei beachtet; Übersetzung: Christoph Göbel.*

Keynes 1964 (Ersterscheinungsjahr 1936), S. 374. Man bemerke jedoch: Die Ungleichverteilung in England und Amerika ist heute größer als 1936.

2 Für Deutschland: Artikel 14 Grundgesetz.

3 Vgl. BCG 2012, S. 6–9.

4 2011 waren 39 % des weltweiten Vermögens in Händen von 0,9 % der Weltbevölkerung, 22 % des Weltvermögens befanden sich in Händen von 0,1 % der Weltbevölkerung. Die Haushalte mit einem Nettovermögen von mindestens USD 100.000 – entsprechend etwa 16 % der Weltbevölkerung – verfügten über 87 % der Weltvermögen, vgl. BCG 2011, S. 7.

5 Frick/Grabka 2009, S. 60. Ohne selbstgenutztes Wohneigentum, ohne Bodenbesitz durch Ausländer.

6 Bezogen auf das gesamte deutsche Betriebs- und Sachvermögen, vgl. ebd.

7 Vgl. BCG 2011, S. 7.

8 Vgl. Artikel 14 Grundgesetz: „Das Eigentum und das Erbrecht werden gewährleistet. Inhalt und Schranken werden durch Gesetze bestimmt." Schranken wurden bislang de facto nicht eingeführt.

9 Frick/Grabka 2009, S. 60. Demnach wohnten 2007 36,3 % der Deutschen in den eigenen vier Wänden und nur 11,4 % verfügten darüber hinaus über weiteres Immobilienvermögen.

10 Vgl. Wall Street Journal vom 2. Okt. 2010. Demnach mussten 2009 sogar über 36 % der US-Haushalte mehr als 30 % vom verfügbaren Einkommen für Wohnen ausgeben.

11 Bei Berücksichtigung von Einkommensteuern würden die geschilderten Geldströme abgeschwächt, aber nicht aufgehoben.

12 Vgl. Bedau 1999; Uni Münster; vgl. auch Stiglitz 2012, S. 85: „[...] einkommensstarke Personen geben einen kleineren Anteil ihres Einkommens aus als einkommensschwache (die am oberen Ende sparen 15 bis 25 Prozent ihres Einkommens, die am unteren Ende verbrauchen ihr Einkommen komplett)."

13 Vgl. Samuelson 1973, Kapitel 28, Preisbildung der Produktionsfaktoren: Renten für Boden und andere Ressourcen. Demnach beliefen sich die reinen Bodenrenten in den USA Anfang der 1970er Jahre auf etwa 5 % vom BIP; vgl. auch Stiglitz 2012, S. 39: „Der Ausdruck »Rente« beschrieb ursprünglich Bodenrenten, da ja der Besitzer eines Grundstücks diese Zahlungen einzig aufgrund seines Eigentums erhält und nicht dafür, dass er **eine Leistung erbringt.**" Hervorhebung im Original.

14 Vgl. Schridde/Kreiß 2013.

15 4. Armuts- und Reichtumsbericht der deutschen Bundesregierung, September 2012, S. IX.

16 Entnommen aus Frick/Grabka 2009, S. 59.

17 Vgl. Frick/Grabka 2009, S. 59.

18 4. Armuts- und Reichtumsbericht der Bundesregierung, S. IX, Hervorhebungen C.K.

19 Entnommen aus 4. Armuts- und Reichtumsbericht der Bundesregierung, S. VIII. Differenzen zu den vom DIW genannten Zahlen auf Grund verschiedener Erhebungsmethoden. Die Grundaussage, dass die Vermögen ungleich verteilt sind, stimmen jedoch überein.

20 Die Zahlen stammen aus dem Jahresgutachten von Nov. 2011 vom Sachverständigenrat zur Begutachtung der gesamtwirtschaftlichen Entwicklung (SVR), S. 377ff. Im Zuge der Krise fiel der Anteil der Nicht-Arbeits-Einkommen jedoch von 27,9 % des Volkseinkommens auf 24,2 % im Durchschnitt der Jahre 2009–2011.

21 Luther 1540, S. 206.

22 Creutz 2010, S. 2–7.

23 Vgl. SVR, diverse Jahresgutachten.

24 Vgl. Kennedy 1996, S. 5. Die Zahlen beziehen sich auf DM-Werte aus dem Jahre 1996.

25 Assets under Management beliefen sich 2011 laut BCG weltweit auf 122.800 Mrd. US-Dollar, also knapp das Doppelte des Weltsozialproduktes 2011. 2008 umfassten sie 102.300 Mrd. US-Dollar, vgl. BCG 2012, S. 4 und BCG 2011, S. 7.

26 Laut Wall Street Journal entschied sich während der letzten 20 Jahre ein immer größer werdender Teil der Absolventen von US-Eliteuniversitäten zu einer Tätigkeit in der Finanzbranche statt im produzierenden Gewerbe.

27 Vgl. BCG 2012, S. 4.

28 Bibeltexte werden zitiert nach der deutschen Übersetzung Martin Luthers.

29 5. Mose 15,2: „So aber soll's zugehen beim Erlassjahr: Wenn einer seinem Nächsten etwas geborgt hat, der soll's ihm erlassen und soll's nicht eintreiben von seinem Nächsten oder von seinem Bruder; denn man hat ein Erlassjahr ausgerufen des Herrn." Nehemia 5: „Und ich hielt Rat mit mir selbst und schalt die Vornehmen und die Ratsherren und sprach zu ihnen: [...] Ich und meine Brüder und meine Leute haben unseren Brüdern auch Geld geliehen und Getreide; wir wollen ihnen doch diese Schuld erlassen! Gebt ihnen noch heute ihre Äcker, Weinberge, Ölgärten und Häuser zurück und erlasst ihnen die Schuld an Geld, Getreide, Wein und Öl, die ihr von ihnen zu fordern habt. Da sprachen sie: Wir wollen es zurückgeben und wollen nichts von ihnen fordern und wollen tun, wie du gesagt hast."

30 Zu der Diskussion, ob diese Gesetze jemals angewendet wurden, äußert sich der bekannte Anthropologe David Graeber: „Die Masse der Belege spricht mittlerweile dafür, dass auch die Gesetze im Deuteronomium (3. Mose) gewaltsam durchgesetzt wurden, obwohl man natürlich nicht mit Sicherheit sagen kann, wie effektiv das erfolgte." S. 421.

31 Vgl. Graeber 2012, S. 88.

32 Graeber 2012, S. 72. Auch die Boston Consulting Group (BCG) weist mittlerweile in der 2011 erschienenen Studie „Back to Mesopotamia?" auf den rituellen mesopotamischen Schuldenerlass hin und fordert einen solchen Schuldenschnitt für heute durch die Einführung einer einmaligen Vermögensabgabe von 25 % oder mehr für reiche Haushalte!

33 Graeber 2012, S. 14 zitiert hier auch den Althistoriker Moses Finley.

34 Zitiert nach Berger 2009, S. 13.

35 Buffett 2006, S. 283. Allerdings zieht Warren Buffett den Schluss daraus, dass weder er noch Sagan seine Investmentgesellschaft für eine Bakterie halten. „Außerdem schämen wir uns nicht im Mindesten, uns in der Öffentlichkeit – finanziell – zu vermehren. Trotzdem ist Sagans Beobachtung zutreffend."

36 Entnommen aus www.helmut-creutz.de., Schaubild Nr. 22.

37 Gesendet in einer E-Mail von Helmut Creutz an den Verfasser vom 27.6.2012.

38 Entnommen aus www.helmut-creutz.de, Schaubild Nr. 137i, *Einkommensentwicklungen im Vergleich*, 1991–2007.

39 Quelle hier, wie auch in den folgenden Passagen: Schiller, S. 870ff. sowie S. 885ff.

40 Graeber 2012, S. 273.

41 Vgl. SZ vom 4.7.2012, S. 1. Im Originaltext lautet die Regierungserklärung: „... au niveau d'une crise sans précédent et qui menace de nous faire perdre ce que le siècle passé nous a légué, notre modèle sociale et républicain (sic!). [...] Notre pays s'est affaibli économiquement, il s'est dégradé socialement, il s'est divisé politiquement il s'est âbimé moralement." (S. 1) „La sauvegarde (sic!) de notre modèle républicain, la pérennité do notre système sociale, le redressement économique pour l'emploi; voilà la finalité de notre action." Ayrault 2012, S. 3.

42 Vgl. Luther 1540, S. 193 und S. 203.

43 Vgl. Graeber 2012, S. 229: „Denn die offensichtliche Alternative fürchteten die Herrscher: Die Welt würde ins Chaos stürzen, die Bauern als Hirtennomaden umherziehen, und wenn sich der Zusammenbruch fortsetzte, würden sie schließlich zurückkehren, die Städte überrennen und die bestehende wirtschaftliche Ordnung vollständig zerstören."

44 Für Europa vgl. z. B. Landes 1983, S. 220ff.

45 Kinder/Hilgemann 1979, S. 117, Hervorhebung im Original.

46 Dass Schumpeter angesichts solcher Zahlen davon ausgeht, „die kapitalistische Maschine, wenn sich selbst überlassen" – was sie seiner Aussage nach von 1860 bis 1914 in den USA weitestgehend war – führe **nicht** zu größerer Ungleichverteilung, ist nur schwer nachzuvollziehen. Vgl. Schumpeter 2005, S. 111f.

47 Slade 2007, S. 9.

48 Vgl. Landes 1983, S. 226ff; für Großbritanniens Schlüsselindustrie, die Textilindustrie: „Trotz dieser Erhöhung konnte die Nachfrage auf dem Binnenmarkt mit dem Angebot nicht Schritt halten." (S. 226)

49 So nahm das reale Bruttosozialprodukt dieses Landes von 1914 bis 1918 um ein Drittel, die Industrieproduktion sogar um die Hälfte zu. Am Ende des Krieges war Japan nach Großbritannien und den USA die drittgrößte Schiffsbaunation der Welt. Das Problem war: Nach Ende des Krieges wurden große Teile dieser Kapazitäten nicht mehr benötigt. Vgl. Hentschel 1986, S. 161ff. und insbesondere das Kapitel: „Nachkriegskrise und anhaltende Investitionsschwäche". 1929 hatte sich die japanische Fertigstahlproduktion gegenüber 1914 mehr als versechsfacht.

50 Vgl. Kindleberger 1984, S. 87.

51 Kindleberger 1984, S. 61.

52 Zitiert nach Slade 2007, S. 9, Hervorhebung C.K.

53 Vgl. auch im Folgenden Galbraith 1992, S. 192ff.

54 Galbraith 1992, S. 195.

55 „Von **1925 bis 1929** lief in der Welt-Rohstoffwirtschaft ein Prozess ab, den man analog als eine strukturelle Deflation bezeichnen kann. Anstelle von Übernachfrage bestand ein Überangebot. Einige Länder versuchten der Lage Herr zu werden, indem sie das Überangebot auf Lager nahmen. Ohne eine Anpassung der Produktion wurde das Problem damit nur aufgeschoben. [...] So zwingt das Überangebot dem System der Weltwirtschaft eine Art struktureller Deflation auf." Kindleberger 1984, S. 108f. Hervorhebung C.K.

56 Galbraith 1992, S. 195.

57 „Die **Überexpansion der Ausrüstungsinvestitionen** war durch den Börsenboom und die **billigen Investitionskredite** bedingt oder durch die im Vergleich zu den Löhnen zu hohen Gewinne, welche die Nachfrage nach neuen Anlagen erhöhte. Die **Unterkonsumption** ist das Gegenstück der **Überinvestition**." Kindleberger 1984, S. 121, Hervorhebungen C.K.

58 Vgl. Herring/Wachter 1998, die detailliert Hintergründe und Auswirkungen der japanischen Immobilienblase erläutern.

59 Vgl. die bewegenden Schilderungen von Abel in *Massenarmut und Hungerkrisen im vorindustriellen Deutschland* oder von Fischer über *Armut in der Geschichte*, z. B. der **Krisis von 1570/71**:

„Viel nackend vor den Kirchen stunden,
oft die Scham kaum decken kunden. [...]
Ich hab selbst viel Kinder gesehen,
denen der Leib heraus tät gan,
kunnten weder sitzen noch stan,
sie lagen elend auf der Gassen,
drei, vier beieinander saßen,
ihre Eltern hätten sich verborgen,
und mußten auf die Rodler sorgen,
die ihnen viel täten zu Leid."

Entnommen aus Abel 1972, S. 41f. „Rodler" waren Polizei oder Soldaten. In Stuttgart wurden ihm zufolge im Hungerjahr 1572 mehr als dreieinhalbmal so viele Sterbefälle gezählt wie in den Vorjahren.

60 Zitiert bei Stiglitz 2012, S. 180.

61 IWF 2012 S. 36. Hervorhebungen C.K.

62 Hier soll nicht auf die sonstigen, das soziale und individuelle Leben schädigenden Einflüsse von starker Ungleichverteilung eingegangen werden, wie es Wilkinson und Pickett in ihrem Buch beeindruckend tun, wo sie unter anderem das Ergebnis zitieren, „die **Ungleichheit** wirke wie ein **alles durchdringender Schadstoff** in allen Bereichen der Gesellschaft." Wilkinson/Pickett 2012, S. 211, Hervorhebungen C.K.

63 Quelle: OECD, Nov. 2011.

64 Der Gini-Koeffizient oder auch Gini-Index ist ein statistisches Maß, das vom italienischen Statistiker Corrado Gini zur Darstellung von Ungleichverteilungen entwickelt wurde. Ungleichverteilungskoeffizienten lassen sich für jegliche Verteilungen berechnen. Der Gini-Koeffizient nimmt einen Wert von 0 bei Gleichverteilung und einen Wert nahe 1 im Monopolfall (d. h. bei maximaler Ungleichverteilung) an. Mit Gleichverteilung ist dabei nicht die Gleichverteilung im mathematischen Sinne gemeint, sondern eine Verteilung mit einer Varianz von 0. Im häufigsten Anwendungsfall, der Einkommensverteilung in einem Staat, heißt das, dass das Einkommen eines jeden gleich hoch ist, und nicht etwa, dass jede Einkommenshöhe gleich häufig ist. Wikipedia, abgerufen am 31.9.2012.

65 Vgl. SZ vom 5.5.2008.

66 Frick/Grabka 2009, S. 59.

67 Hubert 2008, S. 337.

68 Horn 2011, S. 10.

69 SZ vom 20.10.2008.

70 Deutsche Bundesbank, Monatsbericht August 2008.

71 SVR 2011/12 vom 9.11.2011, Tabelle 31, S. 338.

72 Statistisches Bundesamt, Statistisches Jahrbuch 2011, S. 631.

73 Stiglitz 2012, S. 4.

74 Vgl. Stiglitz 2012, S. 2f.

75 Wall Street Journal vom 14.9.2011.

76 US Census Bureau 2012 S. 31.

77 Vgl. Center for Economic and Policy Research 2011 und Domhoff 2012.

78 Wall Street Journal vom 14.9.2011.

79 Schumpeter 2005, S. 112. Hervorhebungen C.K.

80 Auch Schumpeters Erklärung, warum die USA die Große Depression ab 1932 nicht hinter sich ließen – nicht der Kapitalismus ist schuld, sondern Regierungsmaßnahmen ab 1932 – zeigt, dass er über die eigentlichen Krisenursachen aus weltanschaulichen Gründen hinwegsieht. Vgl. Schumpeter 2005, S. 109.

81 Wilkinson/Pickett 2012, S. 211. Richard Wilkinson und Kate Pikkett sind Gesundheitswissenschaftler. Sie zitieren hier, implizit zustimmend, eine Studie von S. V. Subramanian und L. Kawachi, vgl. Fußnote 319, S. 358.

82 New York Times vom 25.3.2012: The Rich Get even Richer, vgl. auch Stiglitz 2012, S. 2f.

83 IWF 2012, S. 36.

84 Wall Street Journal vom 27.10.2008.

85 Wall Street Journal vom 27.10.2008.

86 Vgl. Koo 2009, S. 12 und Kindleberger 1984, S. 288.

87 Vgl. zum Folgenden tax justice network (2012) und Shaxson, Mathiason, Christensen (2012)

88 Tax justice network (2012), S. 5.

89 Ebd.

90 Vgl. Shaxson u.a. (2012), S. 3.: „Vermögende Menschen, oder im Bänkerjargon »High Net Worth Individuals« (HNWIs) genannt, haben normalerweise Berater, die alle Arten von offshore-Diensten anbieten: diese reichen von sanfter (legaler) Steuerplanung bis zu der Verschleierung von Kapital zum Zweck der Steuerhinterziehung sowie vielen weiteren Straftaten. Eine private, weltweite Infrastruktur aus Anwälten, Buchhaltern, Bänkern und Firmen- und Konzerngründungsberatern hat sich zur Aufgabe gemacht, das Kapital der weltweit reichsten Menschen zu verbergen – und dabei waren sie auf spektakuläre Weise erfolgreich.“

91 Vgl. tax justice network, Financial Secrecy Index, abgerufen am 25.4.2013.

92 „Europäische Länder wie Griechenland, Italien und Portugal wurden durch Jahrzehnte der Bankengeheimnisse und Steuerhinterziehung in die Knie gezwungen.“ www.financialsecrecyindex.comwww.financialsecrecyindex.com, abgerufen am 25.4.2013.

93 Ebd.

94 Zitiert nach Schwarz 1951, S. 16.

95 Quelle: Koo 2009, S. 12.

96 Galbraith 1992, S. 186.

97 Vgl. auch Kindleberger 1984, S. 288.

98 Zitiert nach Schwarz 1951, S. 16.

99 Vgl. BCG 2012, S. 4.

100 Vgl. IWF 2012, S. 190.

101 Zitiert nach Schwarz 1951, S. 31.

102 Z. B. einer der führenden Experten für die Weltwirtschaftskrise, Charles Poor Kindleberger, spricht auf S. 121 von Unterkonsumtion, die „durch ein Zurückbleiben der Löhne hinter den Gewinnen" bewirkt wurde.

103 So lagen die Nettoinvestitionen in den USA 1932 bei minus 6,6 Mrd. USD, die Bruttoinvestitionen waren 1932 praktisch zum Erliegen gekommen, d.h. die Abschreibungen waren höher als die Neuinvestitionen, so dass der verfügbare Kapitalstock netto um 6,6 Mrd. Dollar schrumpfte vgl. Kindleberger 1984, S. 202.

104 Vgl. Kindleberger 1984, S. 288. Der dortigen Tabelle kann man entnehmen, wie die desolate Situation in den USA bis 1939 anhielt.

105 Eigene Darstellung.

106 Vgl. Stiglitz 2012, S. 85.

107 Vgl. IWF 2012, S. 11 oder Wall Street Journal vom 1.10.2009 oder Stiglitz 2012, S. 13: „Mitte der 2000er Jahre, vor dem Einsetzen der Finanzkrise, gaben die Menschen der unteren 80 Prozent in der Tat ungefähr 110 Prozent ihres Einkommens aus."

108 Medianeinkommen ist das Einkommen, das ein Haushalt, der sich genau in der Mitte der Einkommenspyramide befindet, erhält, so dass 50 % der Haushalte mehr und 50 % der Haushalte weniger als der Medianhaushalt erhalten.

109 Bundeszentrale für politische Bildung 2012.

110 US Census Bureau 2012, S. 31.

111 Kindleberger 1984, S. 110.

112 Zitiert nach Galbraith 1992, S. 44.

113 Dies ist der Titel ihres 2012 erschienen Buches. Bert Rürup war von 2000 bis 2009 eines der fünf Mitglieder im Sachverständigenrat zur Begutachtung der gesamtwirtschaftlichen Entwicklung (die sogenannten „Fünf Weisen"), von 2005 bis 2009 deren Vorsitzender.

114 Vgl. Kindleberger 1984, Henning 1979 etc.

115 Die Exporte Chinas betrugen 2011 1.898.600 Mrd. US-Dollar. Bei

einem BIP von 7.298.150 Mrd. US-Dollar entspricht das einer Exportquote im Jahre 2011 von 26%.

116 Vgl. Borchardt 1985, S. 65.

117 Vgl. Henning 1979, S. 101.

118 Vgl. Hardach 1979, S. 59.

119 Vgl. Smiley 1993, S. 2.

120 Vgl. Landes 1983, S. 362, vgl. auch Henning 1979, S. 94 und Kindleberger 1984, S. 178. Laut letzterem sank die Industrieproduktion in den USA im Juni 1932 gegenüber den drei Jahren 1923–25 um 41 %.

121 Kindleberger 1984, S. 201f.

122 Galbraith 1992, S. 161.

123 Kindleberger 1984, S. 206ff.

124 Landes 1983, S. 366.

125 Vgl. Galbraith 1992, S. 186.

126 Vgl CBO 2009, S. 11.

127 IWF 2012, S. 10ff.

128 Vgl. Stiglitz, S. 10f.

129 Vgl. z. B. die Annahmen zum künftigen Budgetdefizit, CBO 2009, S. 11.

130 Vgl. CBO 2012, S. 31 und IWF 2012, S. 192: In letzterem werden z. B. Wachstumsraten der privaten Konsumausgaben in den fortgeschrittenen Volkswirtschaften für 2012 und 2013 von 1,2 % bzw. 1,9 % unterstellt.

131 Vgl. Henning 1979, S. 102.

132 OECD, Nov. 2011.

133 Vgl. Bedau 1999, S. 8; Uni Münster.

134 Quelle: Deutsches Institut für Alterssicherung 2005.

135 So stiegen allein von 2002 bis 2007 die weltweiten Kapitalvermögen um 11 % pro Jahr, vgl. BCG Mai 2011, S. 5.

136 Vgl. z. B. CBO 2009, S.10, Schaubild *Kreditbereitschaft von Banken 1970 bis 2008*. Der IWF schreibt im Januar 2012 in seinem *World Economic Outlook*, S. 102: „[…] eine Lockerung der Kreditbeschränkungen erlaubte es den Haushalten, ihre Schulden zu vergrößern. Diese steigende Kreditverfügbarkeit wurde mit Finanzmarktinnovation und -liberalisierung und einer Lockerung der Kreditstandards assoziiert."

137 Laut IWF 2012, S. 216 blieb die gesamtwirtschaftliche Sparquote in den USA zwischen 1990/97 und 2006, dem letzten Vorkrisenjahr, praktisch konstant und belief sich auf Werte zwischen 16,0 und 16,4 %. Global („world savings“) gesehen erhöhte sich die Sparquote jedoch von 22,1 % auf 24,0 % im selben Zeitraum.

138 Vgl. Stiglitz 2012, S.13 oder IWF 2012, S. 11 oder Wall Street Journal vom 1.10.2009.

139 So sprach der frühere Notenbankpräsident der USA, Alan Greenspan, 2006 von einem „conundrum“, einem Rätsel: Trotz starker Anhebungen der kurzfristigen Zinsen durch die US-Notenbank FED von 2004 bis 2006 fielen im gleichen Zeitraum die langfristigen Zinsen in den USA. Zu den Zinsanhebungen der US-FED vgl. Zoche 2009, S. 237f.

140 Zitiert nach Detlef Gürtler, *Spanien droht der Immobiliencrash*, Die Welt, 3.4.2008.

141 Wall Street Journal vom 15.1.2009.

142 Wall Street Journal vom 9.10.2008.

143 Zitiert nach Detlef Gürtler, *Spanien droht der Immobiliencrash*, Die Welt, 3.4.2008.

144 Vgl. z. B. CBO 2009, S. 5ff.

145 Galbraith 1992, S. 32.

146 Vgl. Galbraith 1992, S. 32–35.

147 IWF 2012, S. 102f.

148 Slade 2007, S. 128.

149 Vgl. hier im Absatz IWF 2012, S. 104, Kindleberger 1984, S. 274 sowie Slade, S. 128f.

150 CBO 2012, S. 50.

151 IWF 2012, S. 111: „[...] und das sogenannte Schatteninventar aus notleidenden Hypotheken lässt vermuten, dass diese Zahl signifikant ansteigen könnte.“

152 Entnommen aus Foodwatch 2011, S. 43.

153 Vgl. ebd., S. 13.

154 Vgl. Foodwatch 2011, S. 38ff.

155 Vgl. EZB 2011, S. 5.

156 Kindleberger 1984, S. 84ff.

157 Vgl. Henning, Landwirtschaft 1978, S. 193ff. oder Kindleberger 1984, S. 88ff.

158 Vgl. Deutsche Bundesbank 2007, S. 20.

159 Vgl. PEI Media 2007, S. 7.

160 Financial Times 17.3.2010.

161 Dunning/Lundan 2008, S. 21.

162 Gregoriou/Renneboog 2007, S. 3–5.

163 Deutsche Bundesbank 2007, S. 18ff.

164 Vgl. Kreiß, 2010a

165 Vgl. Deutsche Bundesbank 2007, S. 17.

166 Vgl. Betsch/Groh/Lohmann 2000, S. 343ff.

167 Vgl. Berk/DeMarzo 2007, S. 887.

168 Hirsch 2005, S. 5.

169 LBO heißt *Leveraged Buy Out* und ist ein Oberbegriff für Unternehmenskäufe, bei denen sehr viel Fremdkapital, d.h. Bankschulden zur Finanzierung des Kaufpreises eingesetzt werden.

170 Buffett 2006, S. 200.

171 Buffett 2006, S. 199.

172 Vgl. Brealey/Myers 2003, S. 979.

173 Vgl. Deutsche Bundesbank 2007, S. 16.

174 BVK, Jahresstatistik 2008, S. 15 und Statistik 1. Quartal 2009, S. 3.

175 Esty/Sesia 2010, S. 14.

176 Esty/Sesia 2010, S. 29.

177 Vgl. Yescombe.

178 Esty/Sesia 2010, S. 21, Exhibit 2b.

179 Esty/Sesia 2010, S. 14.

180 Esty/Sesia 2010, S. 14.

181 Vgl. Kirsch 2004, S. 176ff. oder Mueller 2008, S. 498–500.

182 PwC (PricewaterhouseCoopers) (2012): Autofacts

183 ACEA Juli 2011, S. 40f., *ohne* Beschäftigte im Rohmaterialsektor (Stahl, Aluminium, Glas usw.) und ohne Beschäftigte in den Bereichen Textil, Fahrschulen, Genehmigungen, Fahrzeugtests, Fahrzeugversicherungen und -finanzierung usw.

184 PwC (PricewaterhouseCoopers) (2012): Autofacts.

185 auto motor und sport 21.11.2007.

186 Freund 2009.

187 Vgl. Winterhagen 2009.

188 Zitiert nach Galbraith 1992, S. 30.

189 Vgl. Kindleberger 1984, S. 129.

190 Kindleberger 1984, S. 121. Die tatsächliche Autoproduktion 1929 belief sich auf 5,358 Mio.; vgl. Galbraith 1992, S. 31.

191 Kindleberger 1984, S. 129.

192 Landes 1983, S. 409 nennt hiervon abweichende Zahlen. Demnach betrug die US-Jahresproduktion 1929 4,587 Mio., 1933 1,573 Mio. Der Rückgang betrug nach diesen Zahlen 66 %, vgl. Smiley 1993, S. 4.

193 Stiglitz 2012, S. 13.

194 Beeindruckende Daten hierzu auf globaler Ebene finden sich bei BCG September 2011, S. 3, Exhibit 1.

195 Deutsche Bundesbank, Monatsbericht Juni 2007; vergleiche auch IWF 2012, S. 11.

196 Koo 2009, S. 6: Exhibit 12: "Americans spent $ 1.5 trn that Should Have Been Saved".

197 „Ein wesentlicher Teil der Deregulierung der Finanzmärkte in den USA bestand darin, den Niedrigverdienern den Zugang zu Krediten zu erleichtern. Dadurch waren sie in der Lage, ihre Konsumwünsche trotz der Einkommensmisere zu erfüllen; allerdings um den Preis einer deutlich erhöhten privaten Verschuldung." Horn 2011, S. 101. Vgl. auch Sinn 2009, S. 33ff., Kapitel 2: Leben auf Pump: Amerika lebte über seine Verhältnisse.

198 IWF 2012, S. 102.

199 Vgl. Wall Street Journal vom 18.2.2009 oder vom 30.10. 2008, Schaubild Bitte schickt Geld – Einige aufstrebende Märkte Europas sind auf Zuflüsse ausländischen Kapitals angewiesen.

200 Vgl. IWF 2012, S. 85.

201 Vgl. IdW, 11/2009.

202 EZB, Monatsbericht November 2008.

203 Vgl. Wall Street Journal vom 7.2.2008, EU Balance Gets Shaky.

204 Vgl. OECD 2011, *Divided We Stand.* Die OECD spricht in diesem Bericht, was globale Entwicklungen anbelangt, von „zunehmender Lohnungleichheit […] im Verlauf des letzten Vierteljahrhunderts bis zur Finanzkrise 2008–09."

205 Vgl. Berger 2009, S. 10 oder Stiglitz 2012, S. 71ff.

206 Quelle: 4. Armuts- und Reichtumsbericht der Bundesregierung, S. XX.

207 4. Armuts- und Reichtumsbericht der Bundesregierung, S. XX.

208 Stiglitz 2012, S. 138.

209 Kindleberger 1984, S. 318 zitiert hier aus einem Memorandum, das Hubert Henderson im Britischen Schatzamt 1943 verfasste.

210 Zitiert nach Schwarz 1951, S. 31.

211 Stiglitz 2012, S. 128.

212 Vgl. Stiglitz 2012, S. 128ff. und Kreiß (2013), S.24.Vgl. auch Krysmanski (2012). S.18: „Milliardäre bestimmen – mittels eines Geflechts von Stiftungen und Organisationen und durch die Informationsindustrie – das Bildungswesen ganzer Länder; ihnen gehören Privatuniversitäten, große Teile des Gesundheitswesens, die wichtigsten Zeitungs-, Fernseh- und Filmkonzerne. Sie verfügen über Privatarmeen. Wissenschaftliche Berater, Kunst- und Kulturstrategen, Politiker werden ohne große Unterschiede ‚eingekauft'."

213 Wall Street Journal vom 1.10.2009.

214 Stiglitz 2012, S. 118–145.

215 Vgl. Horn 2011, S. 10.

216 Horn 2011, S. 10.

217 Stiglitz 2012, S. 142. Hervorhebungen C.K.

218 Abgerufen am 22.7.2012.

219 Vgl. Chang 2004. S. 22.

220 Unruh 1918, S. 228.

221 Schwarz 1933, S. 16.

222 Unruh 1918, S. 228ff. Laut Bruner/Carr 2007, S. 12 war JP Morgan 1906 „die mächtigste Gestalt der amerikanischen Geschäftswelt, wenn nicht sogar der mächtigste Bürger der Vereinigten Staaten."

223 Vgl. Schwarz 1933, S. 14.

224 Insbesondere die Heinze-Morse-Thomas-Gruppe, deren Aktien laut Fritz Schwarz zu einem sehr geringen Kurs an Morgan übergingen. Bei der später einsetzenden Hochkonjunktur erzielte die Morgan-Gruppe erhebliche Kursgewinne, vgl. Schwarz 1933, S. 15.

225 „Jetzt konnten die Finanzleute daran gehen, die bis auf den untersten Punkt gesunkenen Aktien und Anteilsscheine der Unternehmungen zusammenzukaufen. [...] Morgan kaufte nachweisbar an einem Tage 100.000 Stück Aktien, die er zum dreifach höheren Kurs vor 8 Monaten verkauft hatte! Als er sich so verschafft hatte, was ihm begehrenswert schien, trat er als »Retter des Vaterlandes« hervor und verkündigte großartig den Wunsch, »die Spannungen zu

lösen«." Ebd.

226 Ebd, S. 16.

227 Ebd., S. 16. 1913 kontrollierten Morgan und Rockefeller 341 Großunternehmungen mit 22 Mrd. Dollar Kapital bzw. **20 % des US-Volksvermögens**, vgl. Kinder/Hilgemann 1979, S. 217.

228 1842–1921, Sohn von Hans Victor von Unruh, dem Präsidenten der Frankfurter Nationalversammlung von 1848, Studium des Eisenbahnbaus und der Architektur, 1890–1894 Landrat von Bromberg, ab 1894 leitende Stellungen im Eisenbahnbau und -betrieb, Verfasser von nationalökonomischen Schriften, zuletzt Geheimer Regierungsrat.

229 Bruner/Carr 2007, S. 10. Deren glorifizierende Schilderung der Person JP Morgan erinnert an frühere Lobhudeleien für Fürsten: „Ein hingebungsvoller Familienvater, ein willensstarker, gütiger, beschützender und großzügiger *pater familias*. Seine Integrität war unerschütterlich; [...] Am Morgen nach seinem Geburtstag verwüstete eine Katastrophe historischen Ausmaßes die Stadt San Francisco in Kalifornien und setzte eine Kettenreaktion in Gang, die schließlich all die Macht, Weisheit, Stärke und den Einfluss erfordern würde, die der ‚Alte Jupiter' aufbringen könnte."

230 Unruh 1918, S. 228. Auch der Zeitzeuge Rudolf Steiner schildert in einem Vortrag vom 15.9.1920 den Krisenverlauf von 1907/08 detailliert und kommt zu ganz ähnlichen Ergebnissen: „Das heißt, eine reine Finanzspekulation, hervorgerufen von einer gewiss geringen Zahl menschlicher Individuen, hat diese Krisis gemacht [...]. Es war also diese Krise eigentlich aus dem Willen jener Menschen bewirkt." Steiner 1920, S. 272.

231 Vgl. z. B. Bruner/Carr 2007.

232 Vgl. Schumpeter 2005, Kapitel *Monopolistische Praktiken*, S. 143ff. Wörtlich: „Sobald wir auf Einzelheiten eingehen und die einzelnen Posten untersuchen, bei welchen der Fortschritt am deutlichsten gewesen ist, führt uns die Spur [...] ausgerechnet zu den Toren der **großen Konzerne** [...] und es dämmert uns der schreckliche Verdacht, dass die Großunternehmung vielleicht mehr mit der Erhöhung als mit der Niedrighaltung dieses Lebensstandards zu tun gehabt hat." (S. 135) Hervorhebung C.K. Offenbar hat Schumpeter nicht die Einzelheiten und einzelnen Posten der Jahre 1907 und 1908 gemeint.

233 Creutz 2010, S. 7.

234 Buffett 2006, S. 100.

235 Zu den Wachstumsraten: IWF WEO 2009 und 2010, zu den Arbeitslosigkeitsraten: CBO 2009 und 2010.

236 Vgl. Galbraith 1992, S. 95f. und 163f. Er schildert anschaulich und lebhaft, wie renommierte Ökonomen von Princeton, Yale und Harvard gänzlich falsch lagen. Allerdings gab es damals auch Ausnahmen, etwa Paul M. Warburg von der International Acceptance Bank, der die Wirtschaftssituation bemerkenswert gut einschätzte. Er wurde von vielen Zeitgenossen dafür beschimpft und verachtet.

237 „Alles in allem wurden jene, die während des Zusammenbruchs verkündeten, die Ökonomie wäre »prinzipiell intakt«, nicht für ihre Worte zur Verantwortung gezogen." Galbraith 1992, S. 163.

238 Bergheim 2007.

239 Buffett 2006, S. 100. Die Aussage stammt aus dem Jahr 1988.

240 Vgl. Graeber 2012, S. 56.

241 Creutz 2010, S. 7.

242 Keynes 1964, S. 378, Hervorhebungen C.K.

243 Vgl. Journal Quality List, 46th edition, 13.7.2012, compiled and edited by Professor Anne-Wil Harzing, University of Melbourne, Australien oder VHB jourqal, www.vhbonline.org, abgerufen am 29.7.2012.

244 Graeber 2012, S. 39.

246 Vgl. zu Axiom z. B. http://wirtschaftslexikon.gabler.de/Definition/axiom.html.

247 „Das ist eine der **Schönheiten** eines reibungslos funktionierenden Preissystems", Coase 1960, S. 13. Hervorhebung C.K.

248 Wikipedia, „Coase-Theorem", abgerufen am 25.7.2012, Hervorhebungen C.K. Zur weiten Verbreitung und Akzeptanz des Coase-Theorems vgl. z. B. Sohmen 1976, S. 244.

249 Coase 1960, S. 2ff. Am Anfang des Beispiels wird davon ausgegangen, dass keine Zäune zwischen dem Grundstück des Landwirts und des Viehzüchters errichtet sind.

250 Coase 1960, S. 7: „Aber das Endergebnis (das den Wert der Produktivität maximiert) ist **unabhängig** von der Rechtslage [...]." Hervorhebung C.K. Auf Verteilungswirkungen wird in dem ganzen Aufsatz nicht eingegangen. Dies ist symptomatisch und wichtig. Vgl. auch Schmidtchen, S. 22. Vgl. auch Schumpeter 2005, S.111f., der ausdrücklich behauptet, dass „die kapitalistische Maschine, wenn sie sich selbst überlassen" bleibe, **zu keiner Veränderung der Einkommensverteilung** führe. – Eine komplette Fehlaussage!

251 Vgl. Hudson 2012.

252 Horn 2011, S. 255.

253 Galbraith 1992, S. 202, gekürzt; im Original lautet die komplette Aussage wie folgt: „The economic advisers of the day had both the unanimity and the **authority** to **force** the leaders of both parties to **disavow** all the available steps to check deflation and depression. In its own way this was a marked achievement – a triumph of dogma over thought." Hervorhebungen jeweils C.K.

254 Vgl. Galbraith 1992, S. 199f.: „Dabei scheint es sicher zu sein, dass die Ökonomen und jene, die wirtschaftliche Beratung anboten, in den späten 1920er und frühen 1930er Jahren **geradezu einmalig pervers** waren. In den Monaten und Jahren nach dem Börsencrash war die Last seriöser wirtschaftlicher Beratung unverrückbar an jene Größen gekoppelt, die **die Dinge verschlechtern** würden." Hervorhebungen C.K.

255 Kindleberger 1984, S. 182, Fußnote 7.

256 Zitiert nach Wolfgang Berger, Geld regiert die Welt, S. 3.

257 Brealey/Myers 2003, S. 14: „Letztlich ist ein Dollar heute mehr wert, als ein Dollar morgen, da ein Dollar von heute investiert werden kann, um direkt an den Zinsen zu verdienen. **Das ist das erste Grundprinzip der Finanzwirtschaft."** Erste Hervorhebung im Original, zweite Hervorhebung C.K.

258 Graeber 2012, S. 230.

259 Becker 2004, S. 82f.

260 Allerdings sind die Aussagen Beckers in ihrer Radikalität auch unter Mainstream-Ökonomen nicht unumstritten.

261 Becker 2004, S. 82f.

262 Weitere Grundannahmen sind: Unternehmer handeln als Gewinnoptimierer, die Wirtschaftssubjekte verhalten sich im Wesentlichen rational und folgen grob dem Modell des *homo oeconomicus*.

263 Graeber 2012, S. 39.

264 Graeber 2012, S. 31. Hervorhebung im Original.

265 Berk/DeMarzo 2007, S. 114.

266 Nach 100 Jahren würden aus den anfänglichen 1.000 US-Dollar bei 10% Zins pro Jahr 13,78 Mio., nach 200 Jahren 289 Mrd., nach 300 Jahren 2.617.010 Mrd. US-Dollar, also gut das 500-fache des derzeitigen deutschen BIP – eine Unmöglichkeit.

267 Buffett 2006, S. 283.

268 Graeber 2012, S. 47.

269 Graeber 2012, S. 47 und S. 56. Vgl. auch Berger 2006a, S. 1, der mehrere Beispiele von Forschern aufzählt, die totgeschwiegen oder abgewiesen wurden.

270 Hier sei noch einmal das wichtige Zitat von J. M. Keynes (1964) aus seiner General Theory, S. 378 wiederholt: „Unsere Kritik an dieser allgemein anerkannten klassischen Wirtschaftstheorie bestand nicht so sehr darin, logische Mängel in ihrer Analyse aufzudecken, sondern darin, darauf hinzuweisen, dass ihre impliziten Annahmen selten oder nie erfüllt werden; mit der Folge, dass sie die wirtschaftlichen Probleme unserer gegenwärtigen Welt nicht lösen kann."

271 Vgl. Berger 2009a S. 15.

272 Berger 2009b, S. 10.

273 Stiglitz 2012, S. xi; vgl. auch die Überschrift des ersten Kapitels seines Buches *America's 1 Percent Problem.*

274 Stiglitz 2012, S. xi.

275 Eon Geschäftsbericht 2011, S. 36.

276 Denn die Atomkraftwerk-Versicherungskosten wären auf dem privaten Versicherungsmarkt unerschwinglich teuer. Da die privaten Versicherungen und Rückversicherungen zur Übernahme der Kosten eines GAU nicht bereit sind, werden diese Kosten weltweit von den Staaten übernommen. Durch die Staatsgarantien wird Atomstrom so enorm verbilligt, dass er überhaupt erst wettbewerbsfähig wird. Dies führte detailliert **Hans Werner Sinn**, seinerzeit Inhaber eines Lehrstuhls für Versicherungswirtschaft an der LMU München, in einer seiner Vorlesungen Ende der 80er Jahre aus. Mit einem Wort: Atomstrom existiert laut Prof. Sinn nur deshalb, weil man die Marktgesetze ausschaltete und weiterhin ausschaltet.

277 Vgl. Berger 2006b.

278 Berger 2006b, S. 28.

279 Buffett 2006, S. 283.

280 Berger 2006b, Verantwortung für die Zukunft ist unrentabel, S. 28.

281 Luther, S. 196.

282 Vgl. Geitmann 1989, S. 1.

283 Vgl. Graeber 2012, S. 17.

284 Vgl. Zimmer 1976, S. 476.

285 Vgl. Geitmann 1989, S. 2.

286 Vgl. Graeber 2012, S. 298ff.

287 Martin Luther zur Definition des Begriffes Wucher: „Wo man Geld

leiht und dafür mehr oder besseres fordert oder nimmt, das ist Wucher – in allen Rechten verdammt. Darum sind alle diejenigen, so fünf, sechs oder mehr aufs Hundert vom geliehenen Gelde nehmen, Wucherer." S. 193 Für Luther ist demnach bereits ein Zins von 5 % Wucher!

288 Luther 1540, S. 229.

289 Koran in der Übersetzung von Max Henning, Leipzig 1979.

290 Vgl. Graeber 2012, S. 290.

291 Luther 1540, S. 203.

292 Frei erfundene Geschichte.

293 Vgl. Spiegel, Oktober 2008.

294 Vgl. Wall Street Journal vom 24.10.2010.

295 Graeber 2012, S. 387.

296 Vgl. auch Sinn 2009, S. 91ff.

297 Domhoff 2012, Schaubild 2a: *Wealth distribution by type of asset*, 2007: investment assets.

298 Eon Geschäftsbericht 2011, S. 34.

299 Eon Geschäftsbericht 2011, S. 204.

300 Siehe oben.

301 Für die staatliche Rettung von Produktionsunternehmen, z. B. General Motors, Chrysler usw. gilt das Gleiche wie für die Rettung von Finanzdienstleistern.

302 Vgl. auch Sinn 2009, der fordert, dass die Verluste bei den privaten Aktionären bleiben müssen, S. 305.

303 Stichwort „Helicopter-Ben". Der Chef der US-Notenbank (FED), Ben Bernanke, beschäftigte sich während seiner akademischen Tätigkeit intensiv mit der Großen Depression und zog daraus den Schluss, ehe sich eine solche Situation allgemein sinkender Preise (Deflation) wiederhole, würde er, wenn er Chef der FED wäre, eher US-Dollar-Noten aus dem Hubschrauber abwerfen, um steigende Preise zu erzeugen. Genau dies tut er seit 2008 auch intensiv, er hält Wort.

304 Vgl. Wee 1984, S. 28f.

305 Unter anderem führte die große deutsche Inflation zu einer Verringerung der Ungleichverteilung. Das lag vermutlich daran, dass damals eine große Anzahl von Rentiers ihr Vermögen in Schuldpapieren angelegt hatten: „Ergebnis des inflationären Prozesses in Deutschland war somit eine größere Gleichverteilung der persönli-

chen Einkommen." S. 273 des nach wie vor unübertroffenen Standardwerks von Holtfrerich 1980.

306 Schiller, S. 870.

307 Eigene Darstellung.

308 Keynes 1964, S. 221.

309 Keynes 1964, S. 376.

310 Keynes 1964, S. 376.

311 Keynes 1964, S. 376. Hervorhebung C.K.

312 Wie schon der Titel aussagt: Gleichheit ist Glück. Warum gerechtere Gesellschaften für alle besser sind, insbesondere Teil II: die Kosten der Ungleichheit. Vgl. Wilkinson/Pickett 2012.

313 Vgl. auch Graeber 2012, S. 392f.

314 Zu demselben Ergebnis kommen zahlreiche andere Studien oder Autoren: So schlug z. B. die Boston Consulting Group (BCG) im September 2011 die Einführung einer (einmaligen) Vermögenssteuer vor, S. 7f.; das Deutsche Institut für Wirtschaftsforschung Berlin (DIW) schlug im Juli 2012 Vermögensabgaben vor; Christian Felber in seinem im Februar 2012 erschienenen Buch *Retten wir den Euro* ebenfalls eine Vermögenssteuer auf Großvermögen über eine Mio. Euro (S. 57).

315 Keynes 1964, S. 221, Hervorhebungen C.K.

316 Frick/Grabka 2009, S. 60.

317 Andere Studien gehen von deutlich niedrigeren Freibeträgen aus, vgl. BCG 2011b, S. 8: 100.000 Euro, DIW Juli 2012, S. 3 für Alleinstehende 250.000 Euro, Ehepaare 500.000 Euro. Die hier gewählten relativ großzügigen Freibeträge sind unter dem Gesichtspunkt der Akzeptanz gewählt.

318 Vgl. WIFO 2/2000, S. 118: Nach internationalen Studien bewirkt die Senkung der Lohnnebenkosten um 1 Prozentpunkt eine Verringerung der Arbeitslosenquote um 0,1 bis 0,3 Prozentpunkte. Durch die Einführung der Ökosteuer in Deutschland wurden die Lohnnebenkosten um etwa 1,7 Prozentpunkte gesenkt. Durch diese Verbilligung der Arbeitskräfte wurden von den deutschen Unternehmen netto über 200.000 zusätzliche Stellen geschaffen, vgl. Umweltbundesamt 2002, S. 20 oder Rudolph 2009. Dabei wirken den positiven Beschäftigungseffekten der Senkung der Lohnnebenkosten die gestiegenen Energiekosten entgegen. Entfällt dieser negative Gegeneffekt, wie bei der obigen Maßnahme, sind die positiven Beschäftigungsauswirkungen noch deutlich höher.

319 Statistisches Bundesamt/Deutsche Bundesbank Sept. 2010. Vgl. auch Monatsbericht der Deutschen Bundesbank, Juni 2007, S. 25.

320 Der Wert der Schulden bezieht sich auf das Jahr 2006, vgl. Monatsbericht Bundesbank, Juni 2007.

321 Da sich das nicht selbstgenutzte Immobilieneigentum in Händen von lediglich etwa 10 % der Bevölkerung befindet, dürften die Freibeträge relativ schnell ausgeschöpft sein, Frick/Grabka 2009, S. 60.

322 Ein Teil dieser Vermögen befindet sich nicht direkt im Eigentum der privaten Haushalte, sondern wird von den privaten Haushalten indirekt über Immobilienfonds, Kapitalgesellschaften oder Stiftungen usw. gehalten. Dieses indirekte Eigentum an Wohnvermögen müsste von der Vermögenssteuer selbstverständlich ebenso erfasst werden, siehe unten, Vermögenssteuer auf Anteilsbesitz von Unternehmen.

323 Monatsbericht der Deutschen Bundesbank Juli 2012, Statistischer Anhang.

324 Allerdings würden hierdurch die deutschen Lohnstückkosten gesenkt und deutsche Produkte im Ausland wettbewerbsfähiger, was mittel- bis langfristig eines der zentralen Ungleichgewichte im Euroraum weiter verstärkt.

325 Die Einnahmen aus der Mehrwertsteuer betragen 2012 voraussichtlich 146,4 Mrd. Euro, IDW 2012, S. 73.

326 Siehe das Kapitel zum Euro.

327 Vgl. Felber 2012, S. 63: „Hand aufs Herz: Wenn Sie schwervermögend sind und sich aussuchen dürfen, ob Sie für einige Jahre zwei Prozent Vermögensteuer beitragen oder lieber a) den Zusammenbruch des Euro, b) das Ende der EU, c) Hyperinflation oder d) eine Währungsreform mit großer Vermögensvernichtung wollen, wäre dann die Vermögensabgabe nicht das kleinere Übel?“

328 Buffett 2006, S. 102.

329 Ebenfalls erfasst werden müssen Anteile an Rohstofffonds, Rohstoffzertifikate, Indexfonds usw.

330 Frick/Grabka (2009), S. 60.

331 HSBC 2011.

332 www.appell-vermoegensabgabe.de, abgerufen am 1.1.2013.

333 Destatis/Bundesbank 2010, S. 7 und 9. Von den gesamten Ausrüstungen in Höhe von 979,8 Mrd. Euro 2009 befanden sich 25,8 Mrd. in Staatshand, von den gesamten Nichtwohnbauten in Höhe von 2.797,2 Mrd. Euro 2009 befanden sich 1.036 Mrd. in Staatshand.

334 Hierin sind allerdings auch Wohnimmobilien und Bauland enthalten, die bereits oben berücksichtigt wurden und die daher an dieser Stelle, um Doppelzählungen zu vermeiden, nicht berücksichtigt werden dürften.

335 Vgl. dazu auch Urheberrecht, etwa unter https://de.wikipedia.org/wiki/Urheberrecht.

336 93 % der Aktien von ZF Friedrichshafen liegen bei der Zeppelin-Stiftung. Die Dividenden werden nach der Stiftungssatzung „ausschließlich für mildtätige und gemeinnützige Zwecke" verwendet, vgl. ZF.com, Homepage, abgerufen am 19.8.2011.

337 Vgl. Robert Bosch Stiftung, Jahresbericht 2010.

338 Zitiert nach Der Spiegel, 15.8.2011, Original in The New York Times vom 14.8.2011.

339 Von Henry Ford heißt es beispielsweise: „Die Integrität des Produkts stand stets an erster Stelle, die Verbrauchernachfrage kam als Zweites, **jegliches Profitdenken war nebensächlich**." Slade 2007, S. 33, Hervorhebung C.K.

340 Auch Keynes (1964) weist darauf hin, dass der eigentliche Unternehmer so begeistert von seiner Tätigkeit ist, dass er auch mit einer sehr viel geringeren Entlohnung leben würde: „Die Unternehmer […] die gewiss **dermaßen von ihrem Handwerk überzeugt** sind, dass ihre Arbeitskraft viel günstiger zu bekommen war als heutzutage", S. 376f., Hervorhebung C.K. Keynes unterscheidet hierbei sehr streng den eigentlichen ‚begeisterten Unternehmer' von eben jenem ‚funktionslosen Investor', dem Rentier, der abgeschafft gehört.

341 Vgl. Kocka 1975, S. 54–59. Das Vorhandensein des Gewinnmotivs wird natürlich nicht geleugnet. Aber die einseitige Reduktion unternehmerischer Tätigkeit einzig auf das Gewinnmotiv ist eine karikaturhafte Entstellung.

342 Weber 2004, z. B. Kapitel *Askese und kapitalistischer Geist* S. 139ff. oder *Luthers Berufskonzeption*, S. 67ff. Selbstverständlich ist auch für Max Weber das Gewinnstreben im Kapitalismus von großer Bedeutung (z. B. S. 11), aber bei Weitem nicht das einzige Motiv.

343 Schumpeter 2005, S. 148. Er zieht aus dieser Tatsache allerdings als anderen Schluss, dass allein der Köder, die Aussicht auf erheblichen Gewinn, als Motiv für unternehmerisches Handeln genüge, und er verfällt hier in Einseitigkeit.

344 Vgl. Eisenstein 2012, S. 58: „Die **Ideologie** der fortdauernden **Gewinnmaximierung** hat uns in einen derart trostlosen Zustand

der Armut **versetzt**, dass wir regelrecht nach Luft schnappen." Hervorhebungen C.K.

345 Keynes 1964, S. 357: „The idea behind stamped money is sound."

346 Im Wesentlichen also cash, deposits und bonds, vgl. BCG 2011, S. 7.

347 Vgl. z. B. Gesell, Silvio 2009; Kennedy 1996; Creutz 2003.

348 Vgl. Hermannstorfer 1992, S. 125ff.

349 Vgl. Creutz 2009, S. 3–7, Näheres dazu siehe unten.

350 Bereits der Titel der Ausführungen von Margrit Kennedy weist darauf hin *Geld ohne Zinsen und Inflation.*

351 Auch im Folgenden vgl. Onken 1997, S. 33ff. und Ottacher 2007, S. 30–32.

352 Vgl. Onken 1997, S. 38ff., Broer 2007, S. 57.

353 Vgl. auch im Folgenden Broer 2007, S. 51ff., Ottacher 2007, S. 30ff., Onken 1997, S. 41ff.

354 Onken 1997, S. 41, Hervorhebung im Original.

355 Broer 2007, S. 54f. zitiert hier einen Reporter der *Süddeutschen Sonntagspost* 1931.

356 Onken 1997, S. 42, Hervorhebung im Original.

357 Vgl. zum Folgenden im Wesentlichen Schwarz 1951.

358 Vgl. Ottacher 2007, S. 31f.

359 Wikipedia: „Wörgl", abgerufen Mai 2012.

360 Zitiert nach Ottacher 2007, Titelseite.

361 Dieses und andere regionale Freigeld-Initiativen waren unter den Anhängern Silvio Gesells allerdings umstritten, da Gesell selbst Freigeld auf nationaler Ebene einführen wollte, nicht als (regionale) Komplementär- oder Ersatzwährung, vgl. Godschalk 2007, S. 44, Gesell 2009, S. 246ff.: Kapitel *Wie der* ***Staat*** *das Freigeld in Umlauf setzt*, Hervorhebung C.K.

362 Aus einem Arbeitswertschein im Wert von 1 Schilling wurden so bei Hortung binnen 12 Monaten 0,8863849 Schilling.

363 Wikipedia: „Wörgl", abgerufen Mai 2012.

364 Vgl. Broer 2007, S. 72.

365 Der ökonomische Fachausdruck dafür ist „Attentismus".

366 1932 waren in Österreich im Jahresdurchschnitt 557.000 Menschen arbeitslos, was einer Arbeitslosenquote von 24,7 % entsprach, 1933

598.000 Menschen bzw. 27,2 %. Ottacher S. 12f. Vgl. auch Onken 1997, S. 7.

367 Broer 2007, S. 229ff.

368 So sagte Daladier damals: „Nur durch die Anpassung des Geldumlaufs an das Warenangebot wird man der Umlaufskrise abhelfen und dadurch dem kleinen Gewerbe, dem kleinen Handel Frankreichs Hilfe bringen, deren Zusammenbruch **durch die Krisenbestrebungen des Großkapitals verursacht wird**." Schwarz 1951, S. 28, Hervorhebung C.K. Wann genau und ob Daladier in Wörgl war, ist allerdings nicht eindeutig nachgewiesen, vgl. Broer 2007, S. 235ff., man geht aber in der Literatur allgemein davon aus.

369 Vgl. www.unterguggenberger.org, die Homepage des Unterguggenberger Instituts Wörgl, aufgerufen am 24.8.2012.

370 Vgl. Broer 2007, S. 230ff.: „Tiroler Flächenbrand in den USA". Kenner der Materie sahen dies von Anfang an voraus. Eine in der Schweiz erscheinende freiwirtschaftlich orientierte Zeitschrift schimpfte bereits im Februar 1933: „Diese Leute gehen ... mit echt amerikanischer Oberflächlichkeit an die Verwirklichung", vgl. S. 234.

371 Vgl. Gesell 2009, S. 244: „Das Freigeld verliert wöchentlich ein Tausendstel an Zahlkraft, und zwar auf Kosten der Inhaber." Ein Tausendstel entspricht auf das Jahr hochgerechnet einem Zinssatz von etwa 5 % bzw. aus einer Währungseinheit werden binnen Jahresfrist 0,94930 Währungseinheiten.

372 Silvio Gesell meinte zu überhöhten Gebühren des Umlaufsicherung: „Geld, das so stark schwindet, wird gemieden, es wird entweder zurückgewiesen oder dann nur ungern angenommen, kurz, der Warenaustausch wird wiederum gestört und funktioniert nicht richtig." Zitiert nach Broer 2007, S. 382, Fn. 925.

373 Auch vier weitere Gemeinden in Tirol mit insgesamt 16.000 Einwohnern beschlossen die Ausgabe von Arbeitsbestätigungsscheinen. Im Juni 1933 hielt Unterguggenberger in Wien einen Vortrag vor 170 österreichischen Bürgermeistern, die in ihren Städten und Gemeinden Freigeld einführen wollten. Vgl. Onken 1997, S. 46.

374 So meinte der unabhängige schweizerische Redakteur J. B. Rusch, der offenbar kein Anhänger der Freiwirtschaftstheorien war, in seinen *Republikanischen Blättern*, als Österreich dem Nationalsozialismus zum Opfer fiel. „Hätte man seinerzeit das Experiment in Wörgl nicht verboten, sondern es nach und nach für das ganz Land eingeführt, so wäre Österreich heute noch unabhängig und frei!" Zitiert

nach Schwarz 1951, S. 35.

375 Zitiert nach Schwarz 1951 S. 35.

376 Vgl. Broer 2007, S. 221. Unterguggenberger meinte später zu dem Verbot: „Dass mir die Geschichte hier verboten werden würde, das hab ich vorausgesehen! Ich hab es aber gemacht, weil ich der Welt ein Zeichen geben wollte, dass es möglich sei! Mir und der Welt hab ich es bewiesen! Jetzt muss diese Erkenntnis langsam in den Köpfen der Menschen reifen! Die Einführung der Eisenbahn hat man ja am Anfang auch erst verbieten wollen." Ottacher 2007, S. 59.

377 „Am 15. Oktober [1933] mussten Kürzungen der Löhne und Entlassungen erfolgen. Am 11. November war die Entlassung von 40 Mann notwendig, und am Samstag, den 25. November werden wieder 25 bis 30 Mann entlassen werden, weil die Gemeinde die Lohnerfordernisse nicht mehr aufbringt. Alle diese Maßnahmen hätten bei Belassung des Hilfszahlungsmittels [des Notgeldes, d.V.] nicht erfolgen brauchen. Hier ist die Not nicht von Gott gesandt, sondern durch Gesetze und menschliche Verirrung angeordnet." Leserbrief (in einer Zeitung) Michael Unterguggenbergers vom 23.11.1933, zitiert nach Broer 2007, S. 226.

378 Zitiert nach Broer 2007, S. 226.

379 Zitiert nach Schwarz 1951, S. 31.

380 Ebd., S. 32.

381 Diese Ansicht deckt sich mit obigen Ausführungen zur Weltwirtschaftskrise von 1907, die offenbar von JP Morgan bewusst herbeigeführt wurde, um seinen Reichtum und seine Macht zu erhöhen.

382 Zitiert nach Schwarz 1951, S. 31.

383 Vgl. Hermannstorfer 1992, S. 125ff.

384 Wilkinson/Pickett, Titel des Buches 2012.

385 Vgl. Felber 2010, S. 65 und S. 68.

386 Wozniewski 2009, S. 39.

387 Ebd., S. 40.

388 Alle Zahlen, die folgen, sind dem Geschäftsbericht 2011 der Daimler AG entnommen.

389 Exakt: 9.773 Euro.

390 6.029 Mio. Euro Konzernergebnis nach Steuern plus 306 Mio. Euro Nettozinszahlungen ergibt 6.335 Mio. Euro, geteilt durch die Anzahl der Beschäftigten (271.370) ergibt 23.345 Euro pro Beschäftigten im Jahr 2012. Natürlich wäre es kurzsichtig, **alle** Gewinne

an die Beschäftigten auszuzahlen und keine eigenkapitalerhöhenden Rücklagen für die Zukunft zu bilden. Aber eine Lohn- und Gehaltserhöhung um ca. 1.000 bis 1.500 Euro pro Monat wäre problemlos darstellbar.

391 Bei einem unterstellten durchschnittlichen Jahreslohn von 40.000 Euro.

392 Zitiert nach Detlef Gürtler, *Spanien droht der Immobiliencrash*, Die Welt, 3.4.2008.

393 Vgl. Bergheim 2007, Schaubild 4.

394 Vgl. Sinn 2011.

395 Vgl. Sinn 2011 oder Maurer 2011, S. 86.

396 Horn 2011, S. 22.

397 Maurer 2011, S. 86.

398 Vgl. Sinn 2011, S. 50ff.

399 Vgl. Sinn 2011, S. 50ff.

400 ebd.

401 Zitiert nach SZ vom 13.12.2011.

402 Vgl. Wall Street Journal (Europe edition) vom 28.11.2011.

403 Wall Street Journal (Europe edition) vom 28.11.2011. Hervorhebung C.K.

404 Bergheim 2007: 2006 wurden demnach in Spanien 800.000 Wohneinheiten „fertig gestellt, d. h. mehr als in Deutschland, Frankreich und Italien zusammen". Oder auch SZ vom 21.5.2008: „Obwohl die Krise bereits abzusehen war, entstanden 2007 in Spanien noch einmal 600.000 neue Wohnungen, in den fünf Jahren zuvor waren es insgesamt 5 Millionen – mehr als in Deutschland, Frankreich und Italien zusammen."

405 So spricht z. B. Stefan Bergheim von der Deutschen Bank Ende 2007 von einer „Erfolgsgeschichte", die nun weitergehe.

406 Vgl. Bergheim 2007, S. 2 und 10, wonach der Bausektor in Spanien zwischen 2000 und 2006 16,5 % zum Anstieg der spanischen Wertschöpfung beitrug und der Anteil der privaten Wohnungsbauinvestitionen am BIP 2006 8,1 % betrug. Vgl. auch Wall Street Journal vom 8.7.2008: „investment in housing accounted for nearly 10 % of gross domestic product, more than twice the euro-zone average"; Fira de Barcelona, Mayo 2007, S. 6; IdW 18.10.2007.

407 Vgl. Finanzstabilitätsbericht der Deutschen Bundesbank vom 19. November 2009 und Bergheim 2007, S. 10.

408 Börsen-Zeitung 11.10.2007: Nervosität vor Preiskorrektur in Spanien.

409 Bergheim 2007, S. 4.

410 www.tradingeconomics.com, abgerufen Dezember 2012.

411 IdW, März 2009 oder trading economics „Spain Current Account".

412 www.tradingeconomics.com, abgerufen Dezember 2012.

413 Deutsche Bundesbank, Monatsbericht Juni 2007, S. 27f.

414 Creutz 2010, S. 7.

415 Wall Street Journal vom 14.9.2009.

416 IWF 2012, S. 90.

417 Wall Street Journal vom 5.1.2011.

418 Broer 2007, S. 86f.

419 Broer 2007, S. 86f. Hervorhebungen C.K.

420 Broer 2007, S. 86.

421 Ottacher 2007, S. 11.

422 Ausführungen zur Umsetzung der Einführung von Vermögenssteuern, deren Koordination auf europäischer oder weltweiter Ebene und Rahmenbedingungen finden sich bei Felber 2012; BCG September 2011 oder Bach 2012.

423 „Eines geht aus den von uns ausgewerteten Studien jedoch deutlich hervor: Mehr Gleichheit bringt deutliche Vorteile auch für die Menschen in der obersten Berufsgruppe, auch für das reichste und am besten gebildete Viertel oder Drittel der Gesellschaft, zu dem dann auch die kleine Minderheit der Superreichen gehört." Wilkinson/Pickett 2012, S. 213.

424 Vgl. z.B. Kreiß 2010b.